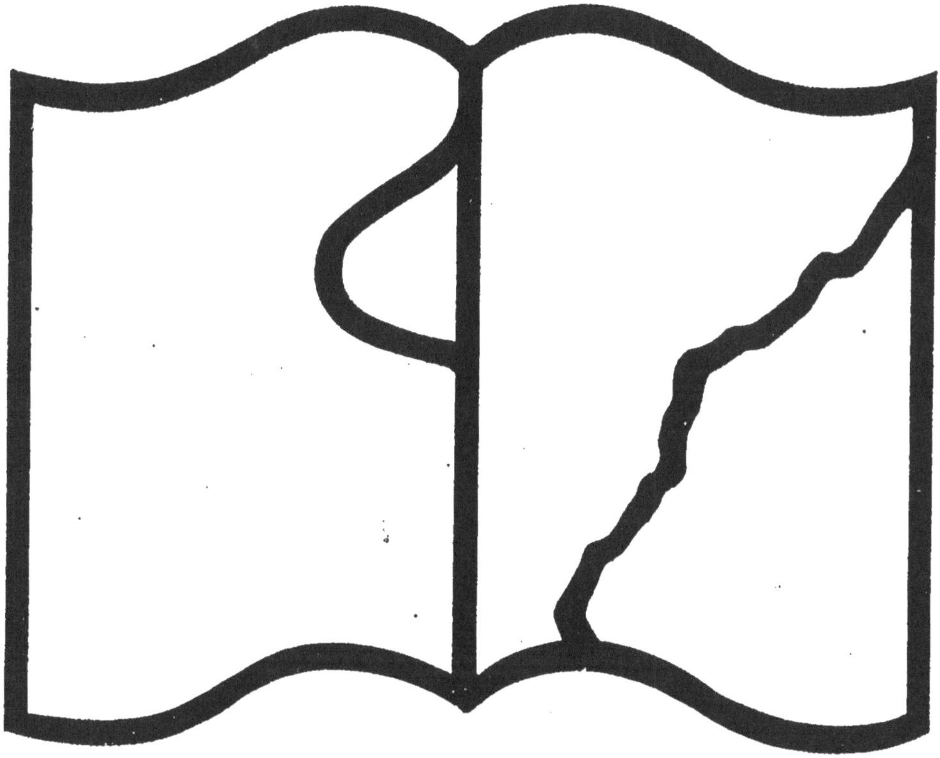

Texte détérioré — reliure défectueuse

NF Z 43-120-11

Symbole applicable
pour tout,ou partie
des documents microfilmés

LE TRAVAIL D'IDÉATION

DU MÊME AUTEUR

En préparation :

Les Activités organique et psychique (Hypothèses sur les réactions périphériques et centrales dans les phénomènes organiques et psychiques).

Théorie constructive de l'art littéraire.

LE
TRAVAIL D'IDÉATION

HYPOTHÈSES SUR LES RÉACTIONS CENTRALES

DANS LES PHÉNOMÈNES MENTAUX

PAR

EDME TASSY

PARIS

LIBRAIRIE FÉLIX ALCAN

MAISONS FÉLIX ALCAN ET GUILLAUMIN RÉUNIES

108, BOULEVARD SAINT-GERMAIN, 108

—

1911

Tous droits de traduction et de reproduction réservés.

A MONSIEUR TH. RIBOT

MEMBRE DE L'INSTITUT
PROFESSEUR HONORAIRE AU COLLÈGE DE FRANCE
DIRECTEUR DE LA *Revue philosophique*

Ce livre est dédié en témoignage d'admiration, de gratitude et de respect.

E. T.

LE TRAVAIL D'IDÉATION

INTRODUCTION

I

LA CONSCIENCE MODERNE ET LA THÉORIE DE L'ÉRÉTHISME IDÉATIF

Dans un petit livre fort documenté, paru il y a quelques années (1), on a signalé l'envahissement des méthodes biologiques dans tous les départements de la science et dans la psychologie. Il me semble que si la biologie a pu envahir la psychologie, l'esthétique et la morale, c'est parce que les données de la conscience obtenues par les procédés actuels de l'analyse deviennent insuffisantes. Pour la philosophie de l'esprit et la compréhension de ses lois, le fait scientifique est un moyen de contrôler la préconscience que nous pouvons avoir de ce fait en nous. Une science progresse par la conscience qu'elle a de son objet et les vérifications qu'elle impose à celle-ci. Comment supposer que la science de l'esprit puisse progresser seulement par des hypothèses objectives, c'est-à-dire médiates par rapport

---

(1) J. Grasset, *les Limites de la biologie*. F. Alcan, 1903.

à son objet ? C'est parce que l'élément conscience avait été bien préparé par Condillac, Bonnet et l'abbé Dubos que Taine a pu utiliser l'élément science avec le profit que l'on sait. Qu'arrive-t-il si le premier élément est en état d'infériorité par rapport au second? La science s'arroge alors une priorité d'hypothèse qu'elle n'a pas et la philosophie de l'esprit risque de s'abîmer dans le mysticisme comme dans cette période finale de la philosophie grecque où les sciences avaient sur la psychologie une avance considérable. Il arrive conséquemment que beaucoup de données scientifiques restent inutilisées pour la connaissance de l'esprit.

Songe-t-on suffisamment à déduire les conséquences qui découlent pour la vie de l'intelligence des travaux importants du docteur Flechsig sur les centres d'association ? Personne de nos jours n'oserait soutenir cette distinction catégorique qu'établit Bichat entre la vie animale et la vie végétative et qui rendit des services très grands ; la conception de la métamérie l'a ruinée. Cependant a-t-on pensé à utiliser en psychologie les rapports devenus évidents entre le système nerveux et le système sympathique ? Deux thèses : H. Verger, *Des anesthésies consécutives aux lésions de la zone motrice*, et E. Long, *les Voies centrales de la sensibilité générale*, relatent des faits anatomiques et cliniques capables d'étendre nos connaissances sur la sensation ; de même les études si curieuses sur le mimétisme.

Avouons franchement que, dans l'esprit philosophique moderne, la donnée conscience est en retard sur la donnée science. Jamais pourtant la conscience n'a été si aiguë, mais par éclairs, par trouées. Avec une analyse psychologique renouvelant sa méthode, on parviendrait peut-être à obtenir une clairvoyance plus étendue et plus continue.

Le premier facteur contribuant à l'élargissement de la conscience est, sans nul doute, la diminution de l'effort matériel. Une civilisation dont le progrès facilite la vie, rend l'intelligence plus participante à nos actes en rapprochant la pensée de la réalisation et l'excite à aspirer plus ardemment à des réalisations de plus en plus faciles. L'idée naît des sensations par des modes d'une logique qui nous a échappé jusqu'à maintenant ; l'objet qui sert à notre usage habituel, la machine et tout autre moyen de l'artifice sont les produits de nos idées grâce à ces modes qui ont rendu l'intelligence possible. Les organes sentent l'analyse du travail de l'idéation objectivé, mécanisé par ce matériel qui les aide désormais à vivre et prolonge leur activité. Aussi pour un cerveau servi par des organes si finement éduqués du reflet de leur activité propre, l'analyse mentale ne tarde pas à s'imposer, tendant à rendre possible l'aperception des modes qui produisent l'idée ; nous tâcherons ici de les découvrir.

Un second facteur du progrès de la conscience, sans doute d'apparence très paradoxale, est donné par l'artificielle méthode avec laquelle on essaye de nous apprendre les langues mortes, à rebours de l'ordre naturel. Pour les vivantes, depuis peu, on se conforme à l'ordre suivant lequel s'acquiert la langue maternelle. Pour cela, le maître s'impose de ne pas prononcer un mot ou une phrase sans leur donner une application immédiate dans un objet présent ou un fait actuel. La conséquence est que, dans l'esprit de celui qui apprend, l'expression verbale fait pour ainsi dire corps avec les accidents extérieurs, de telle sorte que cette expression, d'abord nouvelle, paraît ensuite comme un attribut ajouté aux choses extérieures et tend à ne plus s'en dissocier. Une pomme est un objet rond, de saveur aigrelette, correspondant à la sensation tactile d'une surface lisse et aux sensations auditives des syllabes *Apfel* ou *apple*. Le mot ainsi acquis s'engrène presque aussitôt dans le mécanisme automatique par lequel l'impression reconnue appelle l'expression correspondante. Au contraire, par la méthode opposée, le mot survit comme ébauché, sans cette forme définitive qui lui eut été donnée par des applications nombreuses et strictes ; les groupements des mots en phrases sont hésitants, soutenus par l'effort créateur de la conception. La vie du mot dépend donc dans ce cas de ces mécanismes supérieurs par lesquels la pensée consciente d'elle-même s'élabore.

Qu'on examine de près l'exercice de la version latine ou grecque tel qu'il est imposé aux jeunes intelligences et on verra aussitôt le profit que la conscience tire de ce travail. Quelques phrases ayant été extraites d'un tout, il s'agit de leur trouver un sens. Le dictionnaire et la grammaire ont donné la valeur de chacun des mots qui composent chacune des phrases. Avec un dictionnaire, une grammaire et de la patience, on peut faire un thème ; mais, pour la version, une chose de plus serait nécessaire: s'être familiarisé avec les mots et leur assemblage en tant que signes de réalité, sans cela la traduction sera rencontrée à la manière d'une solution de problème. Quoi qu'il en soit, il faut trouver un sens au texte proposé. Lentement il se devine. On a abandonné la première phrase ; heureusement la seconde était plus facile et cela permet de revenir à la première. Pour la troisième, on a été aidé par la chance : une longue expression qui formait à elle seule la moitié de la phrase a été découverte, traduite tout entière dans le dictionnaire. En revanche, il est impossible de comprendre ce que signifie la proposition suivante ; rien

INTRODUCTION 5

d'étonnant, elle se rapporte à un fait contenu dans le paragraphe précédant celui que l'on a à traduire. L'heure passe, le délai fixé pour cet exercice approche de son terme ; alors commence le travail spécial de l'intelligence auquel je faisais tantôt allusion.

Il s'agit, pour obtenir un sens, de combiner toutes les significations possibles des mots que l'on a sous les yeux pour essayer leurs concordances. A travers le mot, l'effort porte sur l'idée dont il produit systématiquement l'extension ; il *faut franchir l'expérience du sensible*. Il faut prévoir toutes les nuances que les termes du langage peuvent prendre avec la variation de leurs rapports. Le résultat de cet exercice concernant l'acquisition même de la langue étudiée, est, en général, assez faible ; cependant l'effort employé est considérable et sa trace ne peut manquer d'être profonde. Cet effort a été répété plusieurs heures de la semaine pendant des années, par un grand nombre d'individus et par une suite de générations. Le cerveau qui échapperait à ce système d'études en recevrait quand même par contagion quelque chose ; car à la longue, quelques-unes des qualités mentales de notre race ont dû être modifiées par cela. Nous ne voulons pas examiner si le système est en tout point bienfaisant, s'il a toujours sur l'éducation du caractère et de la volonté une influence heureuse et s'il convient bien aux exigences actuelles de la vie sociale ; nous voulons seulement indiquer son résultat avantageux sur les intelligences qu'il n'atrophie pas et qui répandront ensuite sur les autres l'avantage acquis (1). Toutes nos idées sont plus ou moins analogues ; cela tient à ce qu'elles sont toutes formées des mêmes éléments, par des différenciations successives, et

---

(1) « L'utilité du latin, dit Taine, est tout autre qu'on ne le croit généralement ; il ne s'agit pas d'apprendre une langue, mais une

qu'elles conservent, plus ou moins apparentes, les marques de leurs rapports d'origine. Or, un effort comme le précédent, nécessité par le besoin de contourner les difficultés que la méthode, par elle-même impratique, impose, consiste à rechercher la signification la plus étendue possible d'un terme, afin de démêler le sens contenu dans un assemblage de termes ; il a pour conséquence d'accorder de l'importance au fait suivant lequel toutes nos idées sont analogues. Dans l'usage courant de la pensée ce fait paraît des plus superficiels ; pourtant il représente la réalité des liens entre les idées ; il a présidé à leur formation. L'intelligence qui s'exerce à spéculer sur la valeur représentative des mots, arrive à leur accorder une étendue plus vaste ; les limites entre leurs significations deviennent de plus en plus imprécises ; leur relativité s'accentue. A cette discipline la pensée se détache de la réalité extérieure, tend à franchir les données de l'expérience, sent s'accroître la puissance de sa propre réalité interne. Les formes verbales acquièrent ainsi un pouvoir plus grand de réceptivité ; et en retour, les représentations extérieures auront une résonance plus prolongée et plus subtile.

Au moment où se produit la crise sentimentale provoquée par l'avènement de la puberté, l'habitude intellectuelle contractée par la pensée spéculant sur ses formes, commence à donner chez l'adolescent ses premiers fruits ; elle prolongera la crise bien au delà de sa durée normale. La poussée du sentiment profite de l'extension que les mots ont prise, les emplit et étend

---

méthode d'analyse et de raisonnement. Grâce aux déclinaisons et conjugaisons, à la construction sobre et différente de la nôtre, chaque phrase devient un problème à résoudre pour l'élève, analogue aux problèmes de géométrie et d'arithmétique ; seulement, la matière du problème est morale et non physique. » H. TAINE, *Correspondance*, t. IV.

encore leur sens. La pensée devient émotive et par l'effet de sa plénitude verbale, l'adolescent qui se promène seul sur la route et phrase ce qu'il voit, sent qu'il existe pour faire converger en lui les reflets caressants du monde et leur donner leur raison d'être la plus élevée. Il voit des images vivantes ; cependant les mots demeurent derrière celles-ci, les éclairent par transparence de lueurs mentales, leur font perdre quelque chose de leur réalité, juste assez pour qu'elles puissent jouer plus librement dans les champs de l'intelligence; mais comme elles sont vivantes, quand même elles tendent à dominer et le jeune être ébloui, qui leur prête sa pensée, aime à se croire halluciné par elles. Elles agissent, s'opposent ou se combinent, il semble, d'elles-mêmes ; mais grâce aux mots qui ne les quittent pas, leur agitation prend une vertu de raisonnements. Est-ce à comprendre, est-ce à exprimer? Cela n'a pas plus de sens qu'une fête; la joie ressentie en est profonde et détentrice de compréhension, car ce qui la produit est la matière intellectuelle qui, avec ordre, remue.

Il ne faudrait pas attacher à ce fait transitoire plus d'importance qu'il n'en comporte ; il est dû en somme à un accident de physiologie cérébrale. La puberté, qui arrive avec une révolution générale de l'organisme, fournit des éléments nouveaux à l'idéation, et jusqu'au moment où leur acquisition sera définitive, ceux-ci produiront une extension *esthétique* de la conscience, esthétique au double sens étymologique et convenu de ce mot. La révolution mentale conséquente est assez puissante pour mettre fin à beaucoup de cas d'idiotie de naissance, comme les aliénistes l'ont souvent remarqué ; elle est normalement de courte durée. Or elle se prolonge chez celui qui a contracté l'habitude de diriger son attention sur les rapports analogiques par lesquels les mots se rattachent les uns aux autres. Par cela même, à l'époque où la sentimentalité devient envahissante, au lieu de recouvrir la pensée, elle la soulèvera et la pensée se complaisant dans cette exaltation, s'appliquera à l'alimenter. Ce sont des idées riches en nuances, mais pauvres en précision et peu nombreuses qui bercent alors l'intelligence ; mais leur petit nombre, leur répétition, leur intensité, porte l'esprit à s'apercevoir des sensations délicates et sourdes que matériellement elles nécessitent ou provoquent. Cela offre pour l'extension de la conscience un précieux avantage ; il est infime et s'accroît lentement avec l'hérédité ; il est constituant des qualités de finesse et d'acuité qui caractérise notre pensée moderne ; il marque la possibilité de percevoir la *sensibilité mentale* (on s'expliquera longuement dans ce livre sur la convenance de ce terme) ; il est encore à peine perceptible, et, bien plus, on peut mettre en doute sa valeur. « Le processus mental conscient, a-t-on dit, trahit une imperfection de l'organisme cérébral, car il indique la présence d'une activité nouvelle, insolite, qui vient déranger l'équilibre de l'automatisme inné ou précédemment acquis et qui ne trouve point de mécanisme prêt à le desservir. » (Maudsley, Herzen.)

Cette crainte n'est pas entièrement justifiée. S'il s'agit d'un cerveau débile, c'est bien la conscience qu'il a de certaines répercussions grossières et inutiles de son mécanisme mental qui signifie sa débilité ; mais un cerveau sain, très complexe, trouvera toujours à utiliser pour son progrès immédiat ou futur tous les renseignements que lui donnera la conscience. C'est sans doute une activité nouvelle que le processus mental conscient trahit, mais nouvelle dans le sens de neuve ; il serait profitable si la réflexion sur les états sensibles de la conscience parvenait à saisir leur rôle causal par rapport au développement et à l'exercice de l'idéation. On ne peut nier que la conscience se soit accrue par les résonances de la sensibilité.

L'esprit moderne veut « sentir ses pensées et penser ses sensations » (Taine) ; il s'est fait par le progrès des sciences et de la conscience un monde d'activité factice qui lui soumet de plus près les réalités de la nature. Ce monde, il le sent son œuvre, il l'a créé, et continue à l'avancer ; il lui doit une diminution d'effort matériel, un accroissement de bien-être, un prolongement ; en cela surtout l'esprit prend conscience de son pouvoir créateur. Lorsqu'une émotion le lui rappelle, il en frémit ; le cerveau est devenu sensuel et voluptueux ; la jouissance qu'il reçoit de l'art est plus que jamais une jouissance de création, génésique de ses méthodes, de sa puissance à comprendre, de ses aspirations, de sa beauté et de ses possibilités accrues, de la courbe qu'il parcourt. Le beau antique ou classique appelle pour être senti par nous un état intense d'activité. Le beau moderne, en soulevant l'âme, la tend dans une secousse plus nerveuse et lui donne l'intuition du possible, un rappel obscur de ses facultés de créer. Entre création, humainement parlant, et action, il n'y a qu'une nuance ; c'est cette nuance qui permet d'apprécier la différence qui existe pour nous entre l'art classique et l'art moderne ; le premier nous met dans un état d'esprit actif, le second dans un état d'esprit créatif.

La part toujours plus grande que le livre prend sur la vie a déformé ou transformé des qualités en notre âme ; on ne saurait l'oublier parmi les facteurs concourant à l'évolution de la conscience. L'expérience du moderne est faite de lectures et quand c'est la vie qui la lui fait (la vie des villes) c'est encore, par un détour, la lecture. La vie et le livre (le roman) se réfléchissent et s'avancent vers on ne sait quelle expérience plus complète ; ils s'enfièvrent tous deux de leurs communications. L'évolution littéraire de notre époque nous indique avec précision le point où aboutit notre degré de conscience.

L'analyse dite psychologique eut dans la pensée moderne trois phases. Elle fut d'abord curiosité malsaine en ce sens qu'elle portait au pessimisme et à l'inaction (René, Obermann, Adolphe); elle inspira le lyrisme souvent faux et déclamatoire du romantisme, mais elle en dicta aussi les plus belles pages. Elle devint avec Stendhal, désintéressée, constatation pure, annihilant par avance ses conséquences morales, en un mot desséchante. Stendhal ne prit son vrai rang dans l'évolution que bien après le courant romantique ; on l'avait ignoré. C'est alors que la tendance à l'analyse psychologique devint une riche faculté, libre dans son jeu, c'est-à-dire dégagée de sentimentalité; elle entra ainsi dans sa seconde période. Appliquée à des œuvres objectives, elle engendra une série de beaux livres, cependant, chez quelques-uns, elle causa des lourdeurs étrangères à l'esprit français et des prétentions déplaisantes à la science, ainsi que du dilettantisme et de l'aberration. Son influence morale, sous ce dernier rapport, serait fâcheuse, mais elle paralysa en même temps le pessimisme dogmatique qui nous vint de l'Allemagne. A vrai dire, elle paralysa généralement toute impulsion spontanée de la conscience. L'intelligence fut reconnue négative.

Dominique (1863), *le Sens de la vie* (1889), pour ne citer que ces deux livres, firent pourtant ressortir le pouvoir assagissant de l'analyse que l'on remarquerait encore moralement utile chez le psychologue au tempérament gai, sachant modérer son ironie. Enfin dans une troisième phase, l'analyse psychologique dépasse la constatation du fait sentimental essayant de le dominer et de le prévoir avec M. Maurice Barrès. Dès le moment où eurent paru les premiers livres de M. Barrès, dans lesquels un esprit pénétrant signala l'avenir, on put se demander si l'intelligence, alimentant l'action, ne pourrait être positive.

Il est à noter que dans cette triple période, Stendhal dut attendre la fin de la première pour être goûté ; du reste il le prévoyait lui-même. Je crois que *le Sens de la vie* marque la fin de la seconde et l'avènement de la troisième. *Dominique* qui vit le jour en 1863 ne fut apprécié dans toute sa valeur qu'à l'époque où parut le livre de M. Rod. Parallèlement à son œuvre, M. Paul Bourget a eu le grand honneur de présider à l'avènement de cette troisième phase de notre évolution littéraire par les signes qu'il indiqua, de la diriger, de la régler en quelque sorte ; tandis que par son œuvre même, depuis quelques années, il tend à une phase nouvelle d'art où la morale rejoint l'esthétique.

En recherchant les complications et les sinuosités du sentiment, on a obtenu une plus grande lucidité de la pensée dont le mécanisme a été rendu plus sensible. La vue d'un geste humain provoque, par réflexe mental, l'exécution du même geste. Une phrase bien représentative d'une impression, une description rapide et exacte d'une nuance sentimentale nous paraissent l'une et l'autre juste par une sorte de *réflexe vérificateur*, par un « mouvement » mental plus ou moins compliqué demeuré jusque-là peu conscient, qui marque donc ainsi une extension de la conscience et nous fait dire : « c'est bien ce que nous pensons ; c'est cela même que nous éprouvons ; nous n'aurions su l'exprimer aussi exacte-

ment, et maintenant nous nous en rendons bien compte. »
La pensée conduite par là à réfléchir directement sur
son mécanisme a pu être amenée à la recherche de satisfaction esthétique plus particulièrement mentale. Je fais
allusion à cette tentative prématurée artistique et littéraire qui sévit de 1885 à 1890 et qui laissa dans de
maladives absurdités l'indication d'un art subtil et profond. Toute proportion gardée de talent et d'importance,
elle nuisit à l'intelligence comme *René*, *Obermann* et
Adolphe nuisirent à la volonté. Les jeunes littérateurs
de ce moment montrèrent bien l'attention qu'ils prêtèrent au mécanisme de la pensée; la tournure générale des phrases où il est cherché par le procédé du néologisme l'émotion mentale, la présentation des idées sous
la phase tourmentée de la conception, et tant d'autres
signes l'indiquent. Mais ces recherches ont-elles été
préparées par une sérieuse analyse ? La tentative avorta.

Le caractère général du roman moderne est de montrer comment l'individu s'abandonne au moins grand
effort et à l'impulsion du désir immédiat, comment il est
lâche, menteur et perfide. Il y a du plaisir élevé à lire
de telles analyses, je parle de celles conduites avec
finesse, parce que la curiosité réfléchie qu'elle provoque
nous donne conscience d'être très intelligents. La conséquence est de nous laisser croire que nous valons
plus parce que nous savons comment nous cédons aux
impulsions malfaisantes ; et cette conséquence est en
elle-même déplorable, mais elle nous rapproche du
moment où les choses ne nous paraîtront plus ainsi.
Viendra une époque où les causes de notre passivité, à
force d'être prévues, se présenteront à notre esprit d'une
façon tout à fait objective et n'offriront plus qu'un
intérêt médiocre. La pensée jouit encore de surprises
malsaines ; les épuisant, elle s'en lassera. L'idée de

« mérite », le fait moral, a aussi sa physiologie, elle part d'un fonds simple, le même chez tous, mais elle peut s'élever à des états complexes capables de retenir l'attention. Elle a fourni matière à des œuvres naïves, fades, établies sur des données niaises, en somme peu intelligentes, mais de nouvelles apparaissent déjà montrant que la clairvoyance intellectuelle ne conduit pas au nihilisme mental. Elles seront sans doute plus nombreuses lorsque l'analyse psychologique actuelle, renouvelant sa méthode et parvenant à faire ressortir la part exacte d'autonomie, sans doute très relative dont nous jouissons, laissera entrevoir la possibilité d'accroître volontairement cette autonomie.

En attendant que les voies s'ouvrent plus larges, la pensée s'énerve aux jeux enfiévrés de ses mécanismes ; plus habile à sentir les rapports entre idées et leur réelle relativité, elle se complaît à les fausser consciemment d'où l'esprit d'ironie qui ne s'est jamais manifesté avec autant d'intensité qu'aujourd'hui, plaisir subtil que n'éprouveraient pas les demi-complexes et que par des langues moins souples que la nôtre, telle l'allemande, on obtiendrait mal. Il est au fond très misérable, mais il est transitoirement utile malgré ses menaces de destruction, car il repose sur un fait primordial, l'origine analogique des idées et tend inconsciemment à rendre plus consciente l'importance méconnue de ce fait. Il est utile au devenir de l'intelligence comme la gymnastique l'est au corps qui se développe, et comme cette culture forcée dont nous parlions tantôt, qui, faute de méthode naturelle, pour la majorité de ceux qui y sont soumis, réduit l'étude des langues mortes à obtenir toute l'extension possible des signes du langage.

Le progrès de la philosophie doit compter aussi

comme facteur du progrès de la conscience, mais son influence ne semble pas devoir être immédiate. La science industrielle n'est point la même que celle du laboratoire ; on pourrait presque dire que leur fond diffère. De même le philosophe n'a pas à s'inquiéter du résultat pratique de ses recherches et de ses doctrines ; cependant c'est dans la pratique qu'elles se vérifient. Avec la montée de la conscience moderne n'est-il pas permis de croire que celle-ci puisse obtenir un profit pratique immédiat des recherches spéculatives faites sur elle et par elle ?

L'idée directrice de la psychologie française contemporaine est qu'il n'est pas un état intellectuel qui ne corresponde à un état effectif. Par son œuvre et son influence M. Th. Ribot a donné à cette idée une valeur considérable. Par elle un grand pas s'est fait. Amenant l'esprit à réfléchir sur l'affectivité de ses manifestations, elle permet l'avènement de la méthode dite introspective. A vrai dire celle-ci a bien été la toute première en date, car c'est au témoignage seul de la conscience qu'a dû se rapporter la philosophie de l'esprit à ses débuts ; englobant les spéculations métaphysiques, elle tomba dans le discrédit. Tout le courant devant aboutir à la psychologie expérimentale tendit à la rejeter. Quand on osa la reprendre, ses nouveaux partisans furent comparés au baron de Crac, essayant de se tirer d'un marais par son propre toupet.

Avec l'introspection, la philosophie reprend son vrai rôle qui est de proposer des hypothèses et de susciter les recherches de l'expérimentation devant contrôler ce qu'elle avance. Par cette méthode, le sujet et l'objet sont confondus, de sorte que la conscience peut profiter immédiatement de ses découvertes. La découverte d'un « mouvement » spécial de la pensée jusque-là automatique et inconscient est tout aussi théorique que pratique ; pensé par d'autres qui ont été prévenus, il tend à se produire également chez eux en *réflexe vérificateur*, et ainsi une théorie, dans la partie où elle ne cherche qu'à agrandir l'étendue de la conscience persuade autrui, si elle est exacte ; le « mouvement » indiqué à faux ne pourrait être retrouvé. Le danger de la méthode est que souvent, faute d'une analyse assez poussée et sur la foi des idées admises, on peut être conduit à fausser l'observation interne et arriver à des résultats qui apparaîtront justes tout en ne l'étant pas, se montrant sous une apparence superficielle ; telles sont, comme nous le montreront les tentatives faites pour trouver dans les lois de l'association des idées, le mécanisme de leur formation. Dans ce cas, la vérification expérimentale ne saurait intervenir utilement parce qu'il s'agit de faits trop reculés et trop menus pour pouvoir être objectivés dans l'expérimentation. Il manque donc à la méthode introspective une sorte de critérium psychologique pouvant permettre de spéculer sur des faits primitifs échappant à l'expérience, et de manière à diminuer les chances d'erreur ; nous pensons l'avoir indiqué dans notre théorie de l'éréthisme idéatif.

L'esprit de cette méthode a, assez récemment, engendré deux nouvelles tendances de la pensée philosophique : l'une par opposition, l'autre directement. La première considérant la conscience comme un épiphénomène a conduit à rechercher la « conscience élémentaire » dans les manifestations cellulaires des organes sensoriels et des centres. Ces études, pour ainsi dire microscopiques, de psycho-physiologie nous ont livré de précieuses indications parmi lesquelles nous citerons comme de grande importance les remarques de M. Le Dantec sur la genèse de l'imitation. Pour la seconde, la conscience est réelle et créatrice; la méthode dont elle use est différente de celle des sciences naturelles et veut continuer celle de l'introspection par l'intuition immédiate du vécu développée par l'attention ; elle espère « atteindre, au delà du fait conscient, le fait mental tout entier ».

Par cette dernière forme de la philosophie actuelle, on pouvait atteindre à des résultats pratiques immédiats pour la conscience ; il n'en est pas ainsi parce que son principal interprète lui donna une direction métaphysique et la fit aboutir magnifiquement à une conception grandiose du monde qui apparaît dans un état de continuelle création et dont la réalité ne correspond pas aux formes de la pensée scientifique, mais à notre conscience profonde « où rien n'est figé, où la succession est hétérogénéité croissante sans déterminisme ». Mieux que toute autre, elle nous fait sentir l'immanente analogie qui relie les différenciations dont est faite la pensée pratique. Par là elle est bien caractéristique de notre intelligence moderne qui en s'accroissant tend de plus en plus à prendre conscience de son principe, l'*analogue*, qui est la « forme » de la connaissance dans le sens où l'on voulait jadis que l'espace et le temps fussent les « formes de la sensibilité ». Aussi, voit-on de nos jours se multiplier les œuvres dans lesquelles, par l'analogie, se rejoignent les départements de la connaissance.

Comme un leit-motiv, en examinant le double progrès de la psychologie et de la conscience actuelles, ce terme *analogie* est plusieurs fois revenu. C'est qu'il représente une réalité vraiment conductrice ou inspiratrice de l'intuition du psychologue et productrice de l'extension de la conscience, car à mesure que celle-ci plongeant en elle-même, reculant les limites de l'inconscient, se rapproche de ses éléments, l'analogie qui a toute puissance sur eux en rendant leur union possible, pénètre de plus en plus la conscience sous la forme de sentiment. A la surface, ce sentiment demeure extrêmement vague, devenant plus intense avec le progrès de la conscience, alors qu'il devrait l'éclairer, pour ne pas avoir été reconnu dans sa réalité, il l'obscurcit comme un brouillard qui se fait opaque. Il joue un rôle capital dans le fond de l'intelligence, mais, étant élémentaire et le plus reculé, le sens de ce rôle nous échappe presque entièrement ; nous voudrions pourtant essayer de l'indiquer.

Une vérité large, imprécise, banale est que toutes nos idées sont plus ou moins analogues. La sensation elle-même paraît analogue à l'excitant ; ainsi un son de cloche perçu est pour l'intelligence comme s'il était analogue aux vibrations extérieures provocatrices, de sorte que le souvenir de ce son pourra paraître ensuite strictement analogue au son lui-même dans le moment où sa cause extérieure se produisait. C'est du moins ce qu'il semble, et si on ne veut voir dans ce fait que la simple apparence mentale, sans supposer que les rapports d'analogie entre l'interne et l'externe impliquent identité de nature (ce que nous ignorons absolument), si donc l'on se borne à affirmer que la sensation paraît mentalement d'analogie adéquate à l'excitant, on ne fait qu'exprimer une apparence, mais une apparence ultime, critérium psychologique sans lequel l'édification de l'intelligence serait impossible, puisqu'elle serait privée, à la base, de certitude relative à sa nature. Dans ce sens on peut dire qu'une idée juste est mentalement adéquate à l'objet auquel elle correspond ; mentalement inadéquate, elle serait fausse. C'est ainsi que peut être interprêté, je crois, ce que Spinoza appelait simplement : idée adéquate, idée inadéquate.

Essayons de chercher à quelle réalité physiologique correspondent ces apparences. L'analogie constatée entre l'interne et l'externe n'est peut-être seulement qu'une illusion mentale ; mais entre les éléments de la pensée, elle peut être réelle, car il s'agit alors de choses de même nature. On comprend aisément que si tous les éléments de l'esprit étaient analogues au même titre et au même degré, il en résulterait une confusion ou une compénétration des uns dans les autres ; ce serait l'anarchie dès la base ; mais ils se distinguent par catégories et par les régions cérébrales où ils se centralisent ; ils sont de spécificité différente, telles les sensations visuelles par rapport aux auditives ou aux olfactives, etc. ; ils se distinguent par leur spécificité même et, par là, sont pour ainsi dire inanalogues entre eux, inaptes à fusionner par eux-mêmes pour former les groupes de neurones, représentants substratifs des idées. Mais par l'effet des concomitances d'éléments extérieurs perçus dans un même objet, des éléments divers de spécificité différente sont appelés à se représenter dans le même moment, et par ce fait, concourent à composer un groupe distinct, correspondant à la représentation de l'objet. Les représentations ultérieures du même objet, tombant à nouveau sous nos sens, tendront à fortifier l'existence distincte de ce groupe qui est en somme de *spécificité composite*. C'est ici qu'intervient utilement la notion d'analogie prenant une signification physiologique précise. Si les éléments a, d, c, r, s, l sont comme inanalogues parce qu'ils sont, chacun par rapport aux autres, de spécificité différente, les groupes ars, csa, srd sont de spécificité composite plus ou moins voisine ; ils ont des parties communes, ils se ressemblent plus ou moins ; ils sont plus ou moins analogues, d'où le sentiment vague, que nous avons plus tard, d'analogie entre nos idées, terme qui concerne l'apparence et dont la réalité physiologique correspond au plus ou moins d'affinité que les groupes élémentaires de neurones, ont les uns pour les autres de par leur spécificité composite plus ou moins voisine. En particulier, c'est parce que par sa spécificité, tel organe sensoriel se trouve en rapport avec telle catégorie de phénomènes extérieurs que les sensations fournies par cet organe nous *paraissent* ensuite mentalement analogues à leurs causes provocatrices extérieures. Le terme *analogie* transporté dans le langage physiologique signifie donc *affinité spécifique*.

On est amené à se demander comment les groupes de neurones de spécificité composite, imposés par l'ordre externe, peuvent entrer en connexion utile par l'intermédiaire des courants intercellulaires afin de concourir à la formation d'autres groupes, faisant ainsi progresser l'idéation en différenciations de plus en plus complexes. On montrera dans ce livre ce qui fait la possibilité de ces rencontres, constituant des modes différents d'éréthisme idéatif, ainsi nommés parce que le travail histologique de la pensée effectué par eux est accompagné d'éréthisme mental quelquefois perceptible.

Si je ne m'abuse, la théorie de l'éréthisme idéatif pourrait être appelée à remplacer celle de l'association des idées dans les prétentions qu'a celle-ci d'expliquer la formation des idées et tout le mécanisme du raisonnement. On constate que deux idées s'associent par ressemblance lorsqu'elles se sont déjà rapprochées, et dire qu'elles s'associent par ressemblance n'est pas expliquer la raison de leur association ; dire qu'elles s'associent par contraste, donc parce qu'elles diffèrent, semble un non-sens, si au delà de la constatation, on ne remonte pas à l'explication de la possibilité; il est clair aussi que l'association par contiguïté ne représente rien autre qu'une fonction de la mémoire. Le mécanisme histologique de la formation de l'idée nous fait supposer que celui-ci dépend d'une sensibilité fonctionnellement autonome, car toute répercussion de la sensibilité générale tant soit peu intense aurait pour effet de perturber ou d'arrêter l'exercice de l'idéation. Cela nous met sur la voie pour proposer l'hypothèse de fonctions distinctes dans l'intelligence.

Le passage si obscur de l'état organique à l'état représentatif que ne parvient pas à montrer la théorie « physiologique » de l'émotion et que n'explique pas non plus celle « idéaliste » doit être, semble-t-il, fourni par le plan sur lequel se projettent et s'enregistrent toutes les modifications corporelles et sensorielles, devenant éléments de l'idéation et se trouvant là sur le même pied. L'émotion primitive, joie, colère, peur, etc., est une modification corporelle pouvant se produire sans l'intermédiaire de la représentation, étant donc antérieure à la connaissance; si l'on pouvait montrer que les jeux des éléments peuvent eux aussi obéir à des provocations immédiates de l'extérieur, donc indépendantes de la représentation, et, par ce fait, causant des répercussions affectives mentales pouvant être antérieures à la connaissance, on obtiendrait par là une explication du passage cherché. — De même que tout état intellectuel correspond à un état affectif si intime soit-il, de même il doit correspondre nécessairement au jeu d'histologie mentale permettant l'édification de l'intelligence et la soutenant constamment.

L'étude de ces mécanismes histologiques nous livrerait un instrument des plus fins pour l'analyse, correspondant à ce qui fait la vie profonde de la pensée ; elle nous a paru nécessiter de nouvelles divisions de l'activité intellectuelle, divisions non factices et choisies pour la commodité de l'analyse, mais réelles, vivantes, telles que les comporte l'examen d'un être en pleine vie et correspondant à ce qu'en physiologie on appelle la fonction.

II

L'IDÉE DE FONCTION EN PSYCHOLOGIE

Il a été fort utile jadis, pour obtenir de l'ordre, d'étudier les mécanismes de l'intelligence comme correspondant à diverses facultés. On y a renoncé depuis assez longtemps, les psychologues paraissant abandonner quelque peu les études systématiques et d'ensemble se sont livrés à des recherches morcelées auxquelles nous devons une série de très précieuses monographies. A l'idée de faculté qui nous donne des divisions plus ou moins factices de l'activité intellectuelle, ne pourrait-on pas avec avantage substituer l'idée de fonction ? C'est ainsi que procède la physiologie : la fonction correspond à l'organe étudié, celui-ci se différenciant des autres organes non seulement par sa structure, mais en ce qu'il jouit d'une certaine autonomie, son activité propre étant fonctionnellement dissociée de celle des autres. Si dans l'intelligence on pouvait pareillement distinguer des mécanismes étroitement liés entre eux, de manière à assurer aux départements auxquels ils correspondent une autonomie relative et une dissociation fonctionnelle par rapport à d'autres départements, on obtiendrait par là des divisions correspondant à des fonctions véritables, et l'analyse après s'être assurée que ces divisions sont bien réelles et en avoir étudié les mécanismes dont la coordination compose la fonction, s'emploierait ensuite à examiner les manières dont se coordonnent les diverses fonctions intellectuelles.

La division de la conscience en latente, personnelle et individuelle, adoptée par un certain nombre de philosophes allemands, donne à supposer que ces états sont fonctionnellement dissociés. Les études de M. Janet (*l'Automatisme psychologique*, 1899) et de M. Sollier (*Cénesthésie cérébrale et mémoire. Revue philosophique*, 1899. *La Conscience et ses degrés, idem,* 1905) ont montré jusqu'à quel point peuvent se produire les dissociations fonctionnelles de la conscience. Toutes les observations relatives à l'inhibition que les centres en travail exercent les uns sur les autres, à la possibilité de la suggestion et de l'exercice automatique de la pensée et à tant d'autres phénomènes tantôt prédominants, tantôt éclipsés pour la conscience, impliquent également l'idée de fonctions intellectuelles dissociables. Cette idée est déjà nettement employée par Maudsley (*Physiologie de l'esprit*, trad. Herzen, 1879) qui parle de *fonctions cérébrales réflexes* et de la *fonction mentale*; elle n'est donc pas nouvelle, mais elle demande à être précisée.

N'est-il pas étonnant que nous puissions éprouver à la fois de la tristesse et de la joie par l'intermédiaire d'une même pensée? Sans doute, celle-ci peut nous causer des sentiments différents par les différents avantages et désavantages que simultanément sa réalisation nous procure; dans ce cas, les sentiments opposés qui en résultent se combattent. Nous ne voulons pas parler de ce cas général, mais de celui esthétique, dans lequel, par exemple, la représentation d'une chose triste nous procure du plaisir. Il existe alors entre ces deux tons affectifs des liens de causalité : le premier occasionne le second. *Pour qu'ils ne se combattent pas, bien qu'étant opposés, il faut que l'un et l'autre appartiennent à des départements distincts de l'activité intellectuelle.* La dissociation fonctionnelle des activités alors en jeu, l'autonomie de l'une par rapport à l'autre, empêche l'antagonisme des tons affectifs de se produire dans ce cas. En d'autres termes, des tons peuvent s'accorder bien qu'étant opposés, parce qu'ils ne sont pas liés immédiatement au même département intellectuel. — Pourquoi rions-nous d'un fait dans lequel nous ne sommes pas intéressés et n'en ririons-nous pas si notre personnalité s'y trouvait engagée ? — Comment pouvons-nous ressentir à la fois une crainte dans l'attente d'un événement et un désir de le voir se réaliser ? — Pourquoi la représentation d'un plaisir attendu, satisfaction d'amour-propre, de propriété, de gourmandise, etc., devenant intense fait-elle s'évanouir le plaisir que nous éprouvions d'une œuvre d'art ? Les tons affectifs sont cependant non opposés dans cette circonstance, ils devraient, semble-t-il, s'accorder. S'ils sont antagonistes, n'est-ce point parce qu'ils ne correspondent pas à la même fonction ? On ne peut avoir chance de trouver une explication satisfaisante de ces faits que par une analyse admettant la distinction d'activités spéciales correspondant à des fonctions intellectuelles spéciales.

Il est certain que lorsque sur un champ de courses, je parie tacitement pour un cheval, si ce cheval n'arrive pas au poteau le premier, je serai moins affecté que si j'avais fait le même pari à haute voix devant des personnes auprès desquelles je voudrais passer pour un amateur expérimenté, ou que si j'avais engagé sur le nom de ce cheval une somme d'argent. Il n'est pas douteux non plus que le souvenir de la perte d'un ami m'affecte moins que la nouvelle de cette perte. Si je me représente moi-même comme je le fais en ce moment, écrivant cette page, l'idée de ma personne se représente au même titre que l'idée de la feuille de papier sur laquelle j'écris ou du porte-plume que je tiens entre mes doigts ; je n'en reçois aucune émotion spéciale. Il n'en est pas de même lorsque je me souviens de la perte d'un ami ou d'une satisfaction d'amour-propre éprouvée jadis ; je retrouve affaiblie l'émotion ressentie alors du fait que l'idée de mon moi a été en quelque chose altérée par l'un ou par l'autre de ces deux événements. Les émotions spéciales, en ce sens qu'elles ne se produiraient pas si l'idée de personnalité ne se trouvait étroitement reliée à la représentation qui les occasionne, appartiendraient à une activité spéciale de l'intelligence, *l'activité psychique*, et celle-ci correspondrait à la fonction intellectuelle d'après laquelle, dans certains cas, nos actes et impressions se rattachent immédiatement à l'idée synthétique de notre unité, de notre personne distincte, du moi. — Le travail de l'idéation peut employer l'idée du moi comme toute autre idée sans provoquer les réactions spéciales de l'activité psychique, comme je puis avoir l'idée d'une douleur corporelle sans l'éprouver ou du moins en la ressentant d'une façon infiniment atténuée. Le travail de nos idées qui n'entraîne pas les réactions actuelles psychiques appartiendrait à *l'activité mentale*. Celle-ci correspondrait, non seulement à toutes les représentations de l'activité psychique désintéressée ou devenues inconscientes et automatiques, mais à tout le travail intellectuel opérant sur des idées sans entraîner de réactions psychiques ; ainsi nous pouvons fort bien résoudre un problème sans faire intervenir l'idée de notre moi. L'activité mentale correspond à la fonction intellectuelle suivant laquelle nos idées se forment et s'exercent sans le concours effectif du moi intéressé. Elle est antérieure à l'activité psychique, la dernière venue. Le contraire laisserait supposer que nous avons besoin de nous faire une idée claire de notre propre personnalité avant de commencer à penser, ce qui n'est pas à concevoir, ou que notre pensée a commencé par nous représenter comme personnalité distincte, ce qui est peu probable. — Antérieurement à la représentation même, se produisent un très grand nombre de phénomènes qui, appelés ensuite à se représenter, ne restent pas en dehors de l'intelligence; ce sont les divers réflexes et modifications corporelles marquant les réactions de nos organes aux excitations extérieures et internes. (L'excitation sensorielle en tant qu'antérieure à la représentation fait partie de cette catégorie.) Ils correspondent à la fonction intellectuelle d'après laquelle la matière nerveuse réagit à l'excitation; c'est l'activité que, faute d'autres noms, nous appellerons *activité organique*. Considérer l'activité organique comme une fonction intellectuelle paraît tout d'abord impossible à admettre; un phénomène pouvant se produire en dehors de la représentation est, pourrait-on dire, en dehors de l'intelligence. Pourtant si l'on montre que devenant ensuite objet de représentation, il concourt effectivement à la fonction et à l'exercice de l'intelligence, on est bien obligé d'admettre qu'il fait partie de la fonction générale intellectuelle.

Faut-il ajouter que la dissociation fonctionnelle des activités organique mentale et psychique n'est que relative, qu'aucune de ces activités ne saurait exister sans le concours des autres, comme l'estomac cesserait de fonctionner sans le concours des autres organes. On se rend compte de la possibilité de ce double état d'indépendance et de dépendance relative, en constatant ce qui se passe lorsque l'on sectionne le long du tronc rachidien un certain nombre de racines sensitives ; les mouvements des membres qui y correspondent, sans être abolis, sont troublés ; c'est ce qui a lieu aussi chez les tabétiques pour des raisons analogues. Ce fait nous montre l'intime union constante entre les fonctions sensitives et les fonctions motrices, qui, bien que dissociées par leur propre activité, ne sauraient l'être totalement. C'est une telle dissociation qui existe entre les trois départements de l'activité intellectuelle.

La très savante théorie de M. Grasset sur la dissociation fonctionnelle des centres nerveux [théorie du polygone cortical] (1) donnerait un appui à nos propres idées ; mais nous ne saurions mettre en parallèle les divisions qu'elle comporte avec celles que nous proposons. Parti d'un point de vue clinique, M. Grasset cherche avant tout à satisfaire le clinicien. Avec de nombreux arguments empruntés à l'anatomie et à la pathologie cérébrale, il établit une distinction fonctionnelle entre les centres dont l'activité répond au psychisme supérieur (volontaire et conscient) et ceux répondant au psychisme inférieur (automatique et inconscient). Comme de tout temps on a paru confondre les termes psychique et mental, le célèbre professeur de Montpellier déclare : « Le mot psychique est plus général que le mot mental et il serait dangereux de confondre ces deux mots comme synonymes. L'aphasique est un psychique ; ce n'est pas un mental. Il y a des

---

(1) J. GRASSET, *Leçons de clinique médicale*, t. III, 1895 ; *les Maladies de l'orientation et de l'équilibre*, 1901 ; *le Psychisme inférieur*, 1906 ; *Anatomie clinique des centres nerveux*, 1905 ; *Demi-fous et demi-responsables*, 1907.

malades qui ne parlent pas par état mental; ce sont des malades d'un tout autre ordre (certains paralytiques généraux par exemple). Et ceux qui ne parlent pas par trouble mental ont leur lésion dans un point du cerveau différent de celui où siège la lésion des aphasiques qui ne parlent pas par trouble psychique (1). »

Tout en tenant compte des données que la clinique fournit, le principe de la dissociation fonctionnelle restant le même, les points de vue adaptés ici diffèrent quelque peu de l'exposé précédent. On voudra bien reconnaître que la pensée, tout en restant consciente (à plus forte raison si elle s'exerce inconsciemment) peut effectuer son jeu sans l'intervention de l'activité psychique, sans intéresser effectivement, autrement qu'au titre de simple représentation, le *moi*, c'est-à-dire cet ensemble de phénomènes répondant à une provocation qui s'adresse à la personne intéressée en tant qu'individu distinct d'autrui. A ce point de vue psychologique, la distinction si claire et si utile, établie en clinique entre le psychisme supérieur et celui inférieur, deviendrait obscure. Il y aurait un psychisme, celui inférieur, qui ne demanderait pas l'intervention effective de l'activité psychique. Il en est de même en ce qui concerne la distinction clinique entre le psychique et le mental, telle que nous l'avons rapportée quelques lignes plus haut. Sans vouloir donc pour l'instant établir de comparaison avec la théorie polygonale (2), mais pour préciser da-

---

(1) J. GRASSET, *Introduction physiologique à l'étude de la philosophie*, 1908, F. Alcan, p. 37.

(2) Nous nous proposons plus tard de démontrer, dans un livre faisant suite à celui-ci, que notre point de vue, sans infirmer en rien les faits sur lesquels reposent les conclusions pratiques de la clinique, pourrait cependant introduire, avec avantage, une distinction nouvelle, que, dans ses applications psychologiques, la théorie polygonale paraît ne point prévoir.

vantage ce que nous avançons nous-même, on dira que l'activité psychique est celle qui se rapporte à la conscience *personnelle* ; l'activité mentale, pouvant s'exercer sans l'intervention effective de la précédente, se rapporte à une forme de la conscience qu'on pourrait appeler *impersonnelle*, ou d'intellectualité pure, tandis que l'activité organique, lorsqu'elle se représente, emprunte l'une ou l'autre forme de la conscience et concerne les rapports immédiats de nos organes avec l'extérieur.

Cette triple dissociation doit nécessairement reposer sur des états différents de la sensibilité ; on ne saurait la concevoir autrement. En ce qui concerne l'activité organique par rapport aux deux autres, la preuve de la dissociation est fournie par le fait que l'animal privé de ses hémisphères est encore apte à produire les signes objectifs se rapportant à cette activité. On pourrait presque même la localiser ; les couches optiques en seraient les centres coordonnateurs les plus élevés. Il ne s'agirait alors, bien entendu, que des manifestations objectives de l'activité organique ; subjectives, intégrées dans l'intelligence, elles se projetteraient, suivant toute vraisemblance, sur l'écorce.

Si les centres où s'effectue le travail de la formation des idées et de l'exercice désintéressé de la pensée ne possédaient pas une sensibilité (celle mentale) fonctionnellement dissociée, il en résulterait que le mécanisme fin, permettant ce travail, serait perturbé ou inhibé par les moindres répercussions des activités psychique et organique. Ce n'est là qu'une hypothèse, mais elle paraît fort plausible. — D'autre part, comme on l'a déjà dit, le fait que le plaisir consécutif à l'exercice de la pensée désintéressée est quelquefois altéré ou détruit par celui consécutif à la pensée intéressée, prouve bien que la mentalité et le psychisme ne se rapportent pas au même plan de la sensibilité. Une difficulté très grande s'élève ici. En supposant que la sensibilité mentale soit celle propre aux centres où s'opère le travail de l'idéation, les plus élevés, ceux d'association, la vie psychique s'établit aussi sur ces centres ; comment donc supposer que ces mêmes centres puissent fournir deux modes différents de la sensibilité ?

L'activité mentale reposerait sur l'apport du monde extérieur amené par l'intermédiaire des organes sensoriels et causant par conséquent des modifications corporelles réduites ; elle ne serait pas en rapport direct avec la sphère de la sensibilité générale ou organique, d'où son caractère désintéressé. L'activité psychique, au contraire, recevrait plus directement l'apport des modifications organiques profondes. La passion est engendrée par elle, par la recherche exclusive que la personne consciente d'elle-même fait du plaisir consécutif à la satisfaction de tel ou tel besoin : comme celui du boire ou du manger, celui de la reproduction, celui de l'exercice progressif de la pensée, de telle sorte que le besoin s'exaltant crée les aberrations de l'ivrogne, du gourmand, du voluptueux, du savant ou de l'artiste, aberrations auxquelles convient également le nom de passion et dont la conséquence est de nuire à l'économie générale de l'individu au profit d'une seule tendance. Le psychisme se trouve donc étroitement relié, non seulement avec l'activité mentale, mais aussi avec toute l'économie organique d'où le caractère intéressé de son jeu.

Ces remarques trouvent une confirmation dans les recherches de la physiologie cérébrale, qui nous fournit des arguments précieux en faveur de la distinction que nous essayons d'établir. Nous savons par les travaux de Flechsig que les centres d'association se partagent en deux grandes régions. L'une, la zone postérieure, reçoit l'apport des sphères visuelle, auditive et olfactive et d'une faible partie de la sphère tactile sensitivo-motrice ; elle se trouve donc plus particulièrement soumise aux excitations du monde extérieur ; la seconde, la zone antérieure, est en rapport direct avec la sphère sensitivo-motrice, et, par elle, reçoit toutes les impressions venues de la peau, des muscles, des muqueuses et des organes internes. « C'est dans le centre postérieur que les sensations visuelles et auditives s'associeraient respectivement avec les représentations constituées par les images graphiques et verbales des mots ; des sujets porteurs d'une lésion de ce territoire cortical seraient donc capables d'avoir des sensations, mais incapables de leur adjoindre les images correspondantes antérieurement acquises.

« Le centre frontal ou antérieur a des rapports étroits avec la sphère de sensibilité générale ; ses lésions sont surtout caractérisées cliniquement par l'abolition des concepts généraux avec conservation de la faculté représentative ; les malades présentent une modification plus ou moins profonde de la personnalité ou conscience du moi ; ils s'oublient en quelque sorte et perdent la notion de leur propre personne (1). »

Vouloir réduire toute l'activité mentale au travail de la zone postérieure et celle psychique à celui de la zone antérieure serait une prétention bien invraisemblable, non que les critiques adressées contre les recherches de Flechsig aient pu en démontrer l'erreur (il restera toujours acquis que « les processus pathologiques agis-

---

(1) W. BECHTEREW, *les Voies de conduction du cerveau et de la moelle*, trad. Bonne, 1900, p. 686.

sent sur la zone antérieure, ébranlent les fondements de la personnalité, tandis que les affections de la zone postérieure amènent des troubles de l'idéation, de l'orientation, des confusions de personnes et d'objets (1) » mais cette localisation stricte paraît impossible, parce qu'il est évident que les activités psychique et mentale travaillent sur des mêmes images ; du reste, les deux zones antérieure et postérieure sont en rapport immédiat l'une avec l'autre par des voies directes d'association contenues dans le centre ovale. Néanmoins ce qui précède nous autorise à croire que l'activité mentale repose plus particulièrement sur le travail de la zone postérieure et se dissocie de l'activité psychique, laquelle dépend davantage de la zone antérieure, et par cette zone se trouve en rapport plus direct avec l'activité organique.

Cette union plus intime entre le psychique et l'organique, et que le fait de la passion met en évidence, apparaît bien plus encore dans la pathologie de l'esprit. Par la distinction des départements de l'activité intellectuelle en psychique, mentale et organique, on obtiendrait une classification de la folie toute aussi rationnelle et bien plus simple que beaucoup de celles en cours, et pouvant fournir un nouvel argument en faveur de notre hypothèse. C'est à l'activité mentale que se rapporte le type de folie dite essentielle, bien que son essentialité ne puisse jamais être absolue. Seraient donc folie mentale toutes les perturbations des mécanismes producteurs du fait mental. Ainsi les folies résultant d'une tendance exagérée à l'imitation et qui sont essentielles sauf certaines, rares, comme la névrophonie quelquefois symptomatique seulement de la chorée. La tendance à l'imitation

---

(1) BECHTEREW, *loc.cit.*, p. 746.

est en effet, comme on le verra, étroitement liée à la production du fait mental ; de même la tendance à la réalisation de l'idée dont le dérèglement peut prendre toutes les formes de l'impulsion : la pyromanie, la kleptomanie, etc. L'idée tend à se réaliser, non seulement par la parole, le geste, l'acte, mais aussi par sa propre image, son image extérieure réelle, d'où cette folie bizarre de la nostalgie qui, d'abord mentale, ne tarde pas à atteindre le psychisme. En général, toutes les folies mentales qui sont accompagnées d'ischémie cérébrale atteignent en évoluant le psychisme. Les manies sont encore dues au déséquilibre mental : les unes, essentielles, restent mentales ; les autres, symptomatiques, finissent par troubler la vie psychique comme toutes les manies à forme lypémaniaque : ainsi l'idée de persécution, l'exaltation religieuse.

Tandis que les folies mentales demeurent pour la grande majorité de cas toujours mentales, les folies organiques ne sont presque jamais essentielles, mais symptomatiques et aboutissent à la perturbation du psychisme, comme les états aigus de mélancolie et d'hypochondrie ; la raison en est dans l'union plus intime constatée tantôt entre les activités psychique et organique ; mais même dans la terrible maladie de la paralysie générale à la première période, la folie organique se distingue encore de celle psychique jusqu'au moment où commencent les délires de négation et de grandeur montrant que le malade est atteint alors dans la conscience qu'il prend de sa personnalité. Enfin il est des cas où les activités mentale et organique restent saines et où le psychisme seul est atteint dans le sentiment de personnalité qui s'altère ; de même avec la folie du doute, le psychisme est seul lésé.

On pourrait craindre qu'en adoptant les divisions que paraissent pourtant imposer les fonctions dissociées de l'intelligence, on ne vienne encore surcharger la nomenclature psychologique déjà bien compliquée ; au contraire on l'allégerait ; on la rendrait moins abstraite et plus précise. Qu'on se souvienne par exemple du chapitre dans lequel Spencer établit la classification des états de conscience (1). Pour n'avoir pas distingué au début les dissociations fonctionnelles des départements intellectuels, on n'en peut bien saisir ensuite les différentes combinaisons et coordinations, mais le caractère des uns et des autres se retrouvera toujours dans l'analyse ; comment le rendre appréciable ? C'est alors que la nomenclature se surcharge d'une façon bien gênante, à mon sens. On distingue sans peine, quand Spencer les expose, les différences qui existent entre les *sentiments présentatifs*, les *sentiments présentatifs-représentatifs*, les *sentiments représentatifs*, les *sentiments doublement représentatifs*, mais ensuite, quand ces termes reviendront, il faudra un effort constant pour retrouver leur signification, qui cependant correspond à des divisions importantes. On emploie souvent le mot *plaisir physique* pour opposer ce qu'il représente au *plaisir moral*, lequel signifie, dans ce cas, l'état agréable consécutif à une représentation. De quel terme se servira-t-on alors pour exprimer le plaisir consécutif au sentiment du devoir accompli et qui correspond à l'instinct proprement moral ? Le *plaisir intellectuel* signifie quelquefois celui consécutif au travail de la pensée ; le *plaisir esthétique* n'est-il pas intellectuel lorsqu'il porte sur l'activité mentale et à vrai dire tout plaisir n'est-il pas

---

(1) H. SPENCER, *Principes de psychologie*, trad. Ribot et Espinas, F. Alcan, 1875, t. II, pp. 532 et suiv.

intellectuel en même temps que physiologique? Il faut avouer que le plus souvent, on crée ces termes pour le besoin du moment, comme un artifice commode afin de pouvoir démêler l'extrême complexité que l'on rencontre dans les investigations de l'analyse. Tandis que, si dès le début, pour désigner les grandes divisions du travai de l'intelligence, on adopte des termes conservant toujours la même signification précise, l'emploi de ces termes dans les discussions futures permettra toujours de se représenter aussitôt la fonction à laquelle ils correspondent. Par là il sera plus facile d'obtenir une explication dynamique des mécanismes intellectuels et de suivre leur action simultanée, de découvrir les états où ils s'emboîtent en genèse, ceux où ils fusionnent en fonctions nouvelles, ceux où ils divergent pour se spécialiser. La question d'origine qui est bien moderne y gagnerait en clarté. Elle est presque toujours double. Pour un même sentiment il faut distinguer *l'origine constituante* concernant la possibilité de ses manifestations et *l'origine de spécialisation* concernant le sens intellectuel que ces manifestations peuvent prendre. Ainsi l'origine constituante de la peur, ou de la colère, ou de l'instinct sexuel dépend de l'activité organique, mais les manifestations de ces états ne prennent un sens intellectuel précis, peur ou colère proprement dites, amour, que dans l'activité psychique. La sympathie tire son origine constituante de l'activité mentale, de la facilité avec laquelle le mécanisme mental reproduit les manifestations de la nature, des animaux, d'autrui; mais elle ne devient sympathie proprement dite qu'interprétée par l'activité psychique. De même encore, l'action des variations spatiales des excitants sensoriels détermine des états sensibles qui sont l'origine constituante du sentiment de l'espace; l'origine de spécialisation intellectuelle de ce sentiment est fournie par l'activité mentale. On prévoit que l'on pourrait, par cette distinction, que légitime la division du travail intellectuel, espérer obtenir une classification naturelle de nos états affectifs.

Si, suivant l'ordre du développement naturel, nous pensons que l'activité organique, base de l'édifice, apportant ce qui est antérieur à la représentation, apparaît la première, puis celle, la mentale, qui travaille à former les représentations et en dernier lieu celle, psychique, par laquelle l'individu se saisit comme intéressé dans la matière et les mécanismes qui lui ont permis de se constituer, ce n'est point cet ordre qu'il convient d'adopter pour l'étude systématique des trois activités. L'étude de l'activité mentale s'impose la première parce qu'elle nous permet de recueillir des renseignements utiles à l'analyse des deux autres activités.

Dans le présent ouvrage, on ne s'occupera que de l'activité mentale ; plus tard, nous nous proposons de traiter des deux autres et nous essayerons, en dernier lieu, de démontrer jusqu'à quel point nos analyses peuvent convenir aux données actuelles de la neurologie.

Pour la vie mentale, la question capitale est celle qui concerne la formation des idées. Il s'agit de saisir comment s'organise la complexité qui fait le progrès de l'idéation ; la théorie de l'éréthisme idéatif nous aidera à le comprendre. Le progrès mental est à l'origine automatique jusqu'au moment où il se heurte à un empêchement qui nécessite l'intervention de l'attention et de la volonté proprement dite. On montrera que ces états se réduisent à des phases de la formation des idées, mais les plus élevées et les plus complexes. Le travail mental repose sur une sensibilité spéciale ; les états de celle-ci sont nombreux et pour être presque toujours de répercussion très réduite, ne doivent pas être négligés.

Le sentiment de ressemblance et de différence, la gêne ou la satisfaction qui accompagnent l'avènement d'une idée nouvelle et qui sont des critériums physiologiques de la vérité ou de l'erreur par rapport à l'acquis, le phénomène sensitif de la reconnaissance, la provocation du réflexe mental du rire, le plaisir morbide de l'écholalie, celui que procure le rythme et la rime et l'emploi du néologisme, celui qui marque l'impression esthétique dans les manifestations de la pensée n'appelant pas le sentiment proprement dit, le plaisir bizarre de surprise agréable que l'on éprouve à une déformation légère de la réalité (c'est-à-dire mentalement de l'acquis) sont des états affectifs qui intéressent immédiatement la sensibilité sur laquelle repose le travail de l'idéation, la sensibilité mentale. Certaines de ces particularités de la vie mentale, le phénomène de la reconnaissance entre autres, sont, par elles-mêmes, intéressantes à connaître; on peut espérer y arriver en démêlant la cause provocatrice de leur état affectif mental sous-jacent.

Il paraît bien difficile de nier que la formation de l'idée ne corresponde strictement et par le fait, ne se ramène à un travail de nature histologique. D'autre part, ces mouvements de matière cérébrale consécutifs au travail de l'idéation, engendrent dans certains cas que nous indiquerons des états émotifs que n'implique pas la représentation elle-même en tant qu'idée précise. Avec la peur qui fait suite à la vue d'un ours, avec la joie qui éclate à l'annonce d'une bonne nouvelle, ce sont des représentations nettes, des idées ayant pris sens psychique qui entrent en cause occasionnelle. Nous sommes affectés avec ces cas, dans notre moi, c'est-à-dire dans l'idée que nous nous faisons de notre personne. Mais avec les émotions auxquelles nous faisons allusion, il n'en est pas de même; elles sont dues à des faits qui ne sont pas toujours postérieurs à la connaissance ; elles marquent différentes réactions de l'activité mentale agissant dissociée ; elles sont indifférentes au moi. *Comme elles se trouvent liées sans intermédiaire au mécanisme par lequel l'idéation se forme et s'exerce, on est en droit de les considérer comme autant de manifestations histologiques centrales.*

Chaque jour sont de plus en plus nombreuses les tentatives d'application à la psychologie des travaux des la neurologie en ce qui concerne les rapports immédiats de la pensée avec les faits de structure ou d'activité de la matière nerveuse. On doit à MM. R. y Cajal, H. Piéron, G. R. d'Allonnes, E. Maigre et à quelques autres des remarques fort intéressantes capables d'ouvrir des voies nouvelles. Ici les questions spéciales ont été négligées. De l'histologie cérébrale, on n'a exposé que les hypothèses suffisantes pour permettre le développement de vues d'ensemble.

Nous voici bien loin, semble-t-il, des conclusions pratiques que nous espérions pouvoir atteindre, comme nous l'annoncions tantôt.

En s'appliquant à reproduire aussi exactement que possible les mouvements extérieurs de la mimique correspondant aux sentiments, on arrive à éprouver ceux-ci, mais sans doute très atténués (paradoxe du comédien). La tâche du psychologue est de retrouver l'ordre et la complexité des « mouvements » intérieurs qui conditionnent les phénomènes de l'intelligence lesquels correspondent toujours à des états affectifs plus ou moins intenses. Prétendre qu'en les prévoyant on pourrait ensuite les faire renaître volontairement est tout aussi faux que de s'imaginer qu'en connaissant le mécanisme intime de la faim on pourrait avoir faim à volonté.

Du reste, ce serait une grande illusion de croire à la possibilité d'arriver jamais à une connaissance complète de telles conditions. Mais si l'attention parvient à saisir l'enchaînement de quelques « mouvements » conditionnant certaines formes et certains états de la pensée, elle en augmentera l'impression quand on les retrouvera. Par là, on jugera de l'exactitude de l'observation intérieure, car le résultat d'une observation fausse serait le plus souvent paralysant, ne s'accommodant pas à la marche naturelle du phénomène. Par là encore si l'on peut dire, sans paradoxe de la plupart des hommes que leur cerveau pense pour eux, on dira des lucides qu'ils pensent avec leur pensée.

Le bel avantage ! objectera-t-on. S'il s'agit d'une jouissance d'art, ne doit-on pas craindre au contraire que le reploiement de la réflexion n'arrête l'élan que l'intelligence allait prendre ? Sans doute les premières fois. Le chef d'orchestre qui surveille les exécutants jouit peu de la symphonie qu'il veut diriger, mais lorsqu'il se sentira maître de tous, il y a quelque chose qui distinguera son plaisir de celui de l'auditeur : il aura conscience de produire et de dominer, d'être le dirigeant. De même, la suractivité de la réflexion, gênante pour le sentiment lui-même, quand elle se sera intégrée en lui, le prolongera et dans les moments où par l'art, l'intelligence se libère, celui qui aura su créer des échos à sa pensée, aura la conscience de se libérer plus largement et sa jouissance sera accrue par l'effet des résonances qui se produisent en lui. Le dilettantisme le guette ; mais sera-t-il complexe en vain pour ne le point prévoir et l'éviter ? S'il s'agit de pensées concernant la vie pratique, la connaissance exacte des mobiles ne changera rien aux déterminations ; en particulier l'idée de mérite ou de démérite ne prend plus alors qu'un sens bien relatif et le guide qu'eût trouvé en elle l'être simple semble misérable. Que penser aussi de l' « impératif catégorique ? » Faut-il, de cette entité, sourire discrètement ? Quand l' « obligation morale » est surprise et reconnue comme mécanisée dans les relations entre les départements de l'activité intellectuelle, elle a de fortes chances d'apparaître comme réellement nécessaire à la bonne conservation de l'activité générale et ainsi la réflexion n'est pas loin de se changer en persuasion. S'il s'agit de spéculation pure, l'avantage de l'accroissement de lucidité obtenue par l'intégration dans la conscience générale de la conscience particulière portant sur tel ou tel mécanisme de l'intelligence devient évident.

Je voudrais que l'on reconnût la pratique de l'analyse intellectuelle, celle mentale surtout, non point comme une culture de luxe, mais comme une nécessité primaire, comme un *a b c* pour celui qui prétend faire usage autonome de sa pensée. Ceux qui, par cette analyse, sont arrivés à pénétrer plus avant dans la connaissance consciente des jeux de la mentalité et de leurs combinaisons, ont acquis la conviction que cette connaissance leur était pratiquement utile.

Afin que cette vérité soit dès maintenant reconnue, on souhaiterait que la théorie fût exposée de manière à en faciliter l'intégration dans la pratique. C'est ce qui est exprimé très nettement dans les lignes suivantes :

« Des siècles de spéculation profonde et raffinée ont précisé la conception de la philosophie et l'ont simplifiée. La philosophie n'a plus la prétention de dépasser ou de supplanter la science ; elle refuse de s'égarer volontairement dans l'imagination de l'inconnaissable ; elle est la réflexion méthodique de l'esprit sur lui-même. La vérification en est indépendante de l'initiation dialectique ou de l'érudition historique; elle ne réclame que le témoignage intérieur de l'être pensant, et, au besoin, elle crée elle-même ce témoignage en donnant à l'être conscience de sa vie spirituelle. La philosophie, ainsi conçue, est accessible à toute personne qui y apporte une attention libre de préjugés ; il suffit qu'elle soit exposée, sous une forme directe, dégagée de tout ce qui pourrait en obscurcir la certitude théorique et en altérer la fécondité morale (1). »

(1) Léon Brunschvicg, Avertissement de l'*Introduction à la vie de l'esprit*, Alcan, 1900.

CHAPITRE PREMIER

L'ÉRÉTHISME IDÉATIF

I. *Provocation artificielle et naturelle de l'activité mentale.* — § 1. L'image littéraire; condition de son intensité; son renforcement. — § 2. Renforcement de l'idée dans l'hypnose. — § 3. Parallélisme du renforcement à l'état hypnotique et normal; effet de l'analogie. — § 4. Cas de provocation naturelle de l'activité mentale : exaltation, coïncidence, reformation des perceptions.
II. *Les modes de l'éréthisme idéatif.* — § 5. Valeur apparente de la notion d'analogie. — § 6. Conception histologique de l'acquis; la spécificité composite. — § 7. Les modes de rencontre entre courants intercellulaires. — § 8. Propriétés des modes de l'éréthisme idéatif.
III. *Conditions générales de l'avènement de l'idée.* — § 9. Sentiment de l'éréthisme idéatif. — § 10. Schéma de la formation de l'idée. — § 11. L'impression esthétique. — § 12. La sensibilité mentale; sa dissociation fonctionnelle. — § 13. L'autonomie mentale; indifférence de l'affectivité histologique à l'égard de la connaissance et des relations de celle-ci avec les sensibilités psychique et organique. — § 14. La « surprise » histologique et le plaisir mental. — § 15. L'aberration mentale. — § 16. Conclusion.

I. — PROVOCATION ARTIFICIELLE ET NATURELLE DE L'ACTIVITÉ MENTALE.

§ 1. *L'image littéraire; condition de son intensité; son renforcement.* — Au sujet qu'il domine l'hypnotiseur dira : « Voyez ces oiseaux traversant le ciel! » Il n'en est rien; mais par la suggestion de cette phrase, la personne interpellée lèvera la tête et suivra du regard une fuite d'oiseaux. La représentation se produira grâce à l'état particulier du sujet auquel s'adresse l'expérimentateur. Mais nous savons bien qu'à l'état normal, ce n'est pas ainsi que les choses se passent. Si, dans une description littéraire, je rencontrais cette phrase : « Des oiseaux traversaient le ciel », j'en aurais une idée très réduite, très faible, autant dire abstraite ; elle tendrait très peu à la représentation. Cette tendance à l'extériorisation comporte plusieurs degrés. Penser un mouvement est le premier acte de l'extériorisation ; exécuter ce mouvement est en extérioriser l' « image » (1); et tout le monde est capable d'une telle extériorisation. Quelques personnes peuvent, à l'état normal, extérioriser une couleur et la voir réelle au point d'en obtenir ensuite la complémentaire par le seul fait de porter ensuite leurs yeux sur une surface blanche. Si une sensation isolée est, quelquefois, à ce point objectivable, il n'en est pas de même pour un objet dont la représentation nécessite un concours de sensations ; cette objectivation ne se produirait que dans des états anormaux. Entre le commencement de l'extériorisation et l'extériorisation totale, l'écart dynamique est

---

(1) Le mot *image* tel que nous l'employons ici et dans le courant de ce livre est simplement un terme commode pour signifier la représentation mentale des objets extérieurs mais ne doit pas laisser supposer que cette représentation se fasse par des images cérébrales survivant comme telles à leur provocation. Nous pensons au contraire que, par exemple, « il ne se forme pas d'image visuelle dans le cerveau et que toute perception sensible exige l'activité de plusieurs groupes de centres et qu'ensuite la motilité est aussi indispensable à la perception sensible qu'elle l'est, soit aux réflexes, soit à l'action de l'attention ». (G. Dwelshauers, *la Synthèse mentale*, F. Alcan, 1908, p. 14.) Le terme image tel que nous l'employons ici, signifie donc un complexus de mouvements cérébraux acquis et tel que sa provocation d'origine intellectuelle redonne l'impression d'origine extérieure qui le détermina. Pour ne point nous priver de ce terme commode, mais afin qu'on ne le prenne point dans le sens qui lui fut d'abord conféré, nous aurons soin de le placer entre guillemets.

considérable; nous pouvons l'éprouver à différents degrés. Toutes les descriptions littéraires n'agissent pas sur notre mentalité avec une même énergie. A moins d'être circonstanciée d'une façon très habile, la phrase citée tantôt ne pourra que très faiblement se représenter. Mais en voici d'autres.

C'est le steppe de Pologne, en mars; une rumeur intense faite de mille petits bruits compose la voix du printemps et semble élargir l'espace sensible. *Des éperviers planent immobiles, croix suspendues dans l'azur* (Sienkiewicz).

Juliane et Tullio, couple marié et encore jeune, viennent revoir la villa où ils passèrent leurs premiers mois d'amour; après un long malentendu qui faillit les séparer, ils sont redevenus amants. Tullio raconte les impressions qu'il éprouva sur le seuil de la vieille maison. *Des hirondelles gazouillaient sur nos têtes et leurs sifflements légers se détachaient pour ainsi dire sur un fond de silence* (d'Annunzio).

Plus que la précédente, ces deux dernières phrases ont chance de « faire image »; elles excitent davantage la tendance à l'extériorisation. On les sent mieux, bien qu'elles ne nous fassent apparaître aucune représentation évidente. C'est un rapprochement de mots et, sous les mots, d'images qui fait la puissance représentative de la première. Dans la seconde, le rapprochement est plus subtil; l'expression *un fond de silence* laisse comprendre que le gazouillis des hirondelles se détache du silence comme des tons légers sur le fond d'un tableau et nous sommes impressionnés par le grand calme des profondeurs aériennes. S'il est malaisé d'analyser l'impression produite sur notre mentalité par ces phrases, il est facile d'en découvrir le procédé. C'est celui de la comparaison à deux termes dont usa et abusa la vieille rhétorique. « Achille tel qu'un lion, etc... » Cette forme lourde et banalisée ne produit plus qu'un effet très faible sur notre mentalité moderne plus exigeante et plus fine. L'ample comparaison perd de sa force par son ampleur même ; l'esprit a le temps de se représenter plus ou moins chaque terme isolé, donc affaibli ; la raison peut même intervenir et se froisser de l'irréalité d'un tel rapprochement. Comparer Achille à un lion, quelle absurde idée, peut-on se dire ! et l'effet est détruit comme au théâtre lorsque le glaive ne veut pas sortir du fourreau au moment où l'acteur devait le plonger dans la poitrine de celui qu'il menace. Je pourrais bien citer une autre phrase dans laquelle l'homme est comparé à un animal, et je suis sûr qu'elle produira sur le lecteur un effet d'émotion mentale, même en l'en prévenant comme je le fais.

Il s'agit d'une bande de gueux. *La nuit était sombre, cependant je distinguais tout autour de moi. Nous autres, les pauvres, les bien pauvres nous y voyons la nuit* (F. Gras). N'est-elle point provocante cette phrase ? Son procédé est toujours celui de la comparaison, mais finement sous-entendue. Les bien pauvres, ceux qui ne possèdent rien, qui sont pauvres comme les bêtes, sont comparés à des bêtes en ce sens qu'il leur est reconnu l'attribut d'une catégorie d'animaux, les nocturnes, la faculté d'y voir dans l'obscurité ; et tout cela est entendu en une fois. La mentalité s'en émeut. Peut-on exprimer une idée aussi complexe sous une forme plus simple ? « Nous autres, les pauvres, les bien pauvres nous y voyons la nuit ! »

Ces différents exemples nous suggèrent quelques réflexions.

Ce qui nous paraît tout d'abord le plus évident dans toutes ces phrases, c'est que deux images ou deux idées rapprochées se renforcent; pour cela, on devine bien qu'il leur faut une qualité commune ; il faut qu'elles soient analogues. Rien de plus vague et de superficiel que cette constatation. Que veut dire *analogue*? Pour peu qu'on réfléchisse sur une idée quelconque, on ne manque pas de lui trouver une foule d'analogues. Toute représentation a ses analogues et ses contrastes, doit-on ajouter. Considérée sous ce rapport, la pensée n'est que fuyance et heurt. Le tissu de l'analogie est lâche, sans consistance et sans limites. En disant que les idées sont entre elles plus ou moins analogues, s'agit-il d'une qualité appréciable? Et comment l'apprécier si on n'en peut saisir les limites? Aucune réponse ne nous est encore possible; nous sommes obligés de revenir au même point, qui est de constater simplement que deux idées analogues, présentées en succession de manière à ce que toutes deux se représentent l'une par l'autre, accroissent par leur rapprochement même l'activité mentale. En quoi consiste ce renforcement? A cette question nous pouvons du moins, dès maintenant, répondre.

§ 2. *Renforcement de l'idée dans l'état hypnotique.* — On sait que dans la suggestion hypnotique, le sujet n'extériorise pas toutes les idées suggérées avec la même facilité. Une opinion généralement admise est « qu'il existe chez les sujets hypnotisés ou impressionnables à la suggestion une aptitude particulière à transformer l'idée reçue en acte (1) ». Prise à la lettre cette opinion serait la négation de toute l'activité intellectuelle. La tendance à l'extériorisation est primitive; nous aurons souvent l'occasion de le reconnaître; elle n'est pas une aptitude

---

(1) Bernheim, *De la suggestion dans l'état hypnotique et dans l'état de veille.* Paris, 1884, p. 85.

particulière au sujet hypnotisé ou hypnotisable, elle est générale et se trouve chez tous ; elle paraît s'exalter dans l'état hypnotique parce que les activités qui, dans l'état normal font inhibition au développement complet de la tendance sont dans ce cas suspendues. Leur évanouissement n'ajoute certes rien de plus à la pensée, mais la tendance se rapportant alors tout entière à telle ou telle idée, celle-ci se développe librement et aboutit à son terme extrême qui est sa réalisation effective en image hallucinante ou en actes. Insuffisamment libérée, d'autres éléments demeurant encore actifs, elle résiste, inhibée par ceux-ci. Il existe plusieurs manières d'annihiler l'effet de ces inhibitions. La plus simple sera de soumettre le sujet à une impression périphérique, par exemple à lui montrer un disque rouge (1). Inversement on a reconnu qu'une excitation périphérique trop forte peut faire disparaître totalement une suggestion qui s'effectuait. « Si l'on suggère à B... la vue d'un oiseau, dit Ch. Féré, et qu'on la soumette à une excitation cutanée un peu forte, l'hallucination disparaît pour ne plus se reproduire quand l'excitation cesse. Lorsqu'il s'agit d'une impulsion motrice, il en est de même. Je lui suggère de plier des papiers, elle se met à l'œuvre ; je lui serre fortement le genou gauche, elle s'arrête, et non seulement elle ne peut vouloir plier les papiers, mais au bout d'un instant elle les jette avec une expression de dégoût et refuse de les ramasser (2). »

Bien que diverses, ces expériences sont susceptibles d'une même interprétation. L'idée suggérée, par le fait d'être idée distincte est une différenciation de l'activité mentale ; toute excitation indifférenciée ou très peu

---

(1) A. Binet, L'intensité des images mentales. *Revue phil.*, mai 1887.
(2) Ch. Féré, *Sensation et Mouvement*. Paris, F. Alcan, 1900, p. 153.

différenciée, augmentant la dynamogénie générale du sujet, est apte à renforcer l'idée suggérée. L'augmentation d'activité non perçue différenciée est absorbée au profit de l'idée hésitante qui dès lors se réalise. Mais que l'excitation périphérique s'accroisse, se précise et par cela, se différencie nettement, elle s'opposera à l'idée suggérée. La personne à qui l'on avait suggéré l'idée d'un oiseau, ne voit plus cet objet lorsque l'opérateur le soumet à une excitation cutanée vive. En réalité, suivant l'ordre physiologique, une sensation visuelle est bien mieux différenciée qu'une sensation tactile, mais l'intensité de cette dernière est plus forte et arrivant à être perçue différenciée, elle exerce une inhibition sur l'idée suggérée.

§ 3. *Parallélisme du renforcement dans l'état hypnotique et normal*. — Dans l'état de veille, l'effet d'une excitation périphérique est toujours notable ; mais n'a pas la même efficacité que précédemment. Une foule de sensations internes et externes se produisent en même temps et sont pour ainsi dire en lutte continuelle. Chaque sensation, à cause de l'inhibition exercée par les autres, est d'intensité à peu près égale. Une sorte d'équilibre s'établit et s'oppose à l'extériorisation totale des représentations. Mais la neutralité se trouve rompue dès que deux idées analogues s'accouplent ; l'une ou l'autre, ou les deux paraissent renforcées dans la tendance générale à l'extériorisation.

Deux idées sont analogues entre elles parce que, bien que différentes, elles sont de différenciation voisine. Dans l'état hypnotique, pour qu'il y ait renforcement, il faut que l'excitation qui le provoque ne soit pas sentie à part ; étant différente de l'objet suggéré, elle ferait inhibition. Dans l'état de veille, il en serait de même. Cependant dans ce cas le renforcement d'une idée peut être obtenu par une seconde idée de différenciation voisine ; celle-ci étant dans les conditions requises pour être perçue le moins possible à part ; étant saisies toutes deux pour ainsi dire par le même effort mental, le renforcement a lieu. Il n'y a donc pas de contradiction entre ce qui se passe dans l'état hypnotique et dans l'état de veille. Deux idées analogues comprennent un certain nombre d'éléments constituants semblables ; quand elles entrent en activité, les éléments semblables ne peuvent naturellement se contrarier, ils se renforcent parce qu'ils sont par le fait excités deux fois. Comme on vient de le dire, il s'en suit que les idées dont ils sont une partie constitutive se renforcent elles-mêmes (1). Il est à remarquer qu'on ne saurait concevoir autrement l'acte nécessaire à la formation d'une idée nouvelle : deux idées analogues dont le rapprochement engendre par suite une différenciation nouvelle. Peut-on dire, à proprement parler, que le rapprochement de deux idées telles que nous les avons rencontrées, accouplées dans les phrases citées tantôt, doivent donner naissance à une autre idée, nette, claire, précise comme elles le sont elles-mêmes ? Non, sans doute ; mais le fait histologique qui se produit alors sous l'effet du rapprochement est mécaniquement le même que celui nécessaire à l'avènement d'une idée nouvelle, d'où, avec l'accroissement d'activité mentale qui se traduit par le renforcement des images composantes, l'illusion d'accroissement d'intelligence accompagnant toujours un tel rapprochement.

(1) Le contraste produit le même effet que l'analogue ; l'affirmer dès maintenant serait faire naître une foule de contradictions qui ne sont qu'apparentes, car l'effet de l'analogie et du contraste se ramène, ainsi que nous le montrerons dans la suite, au même mécanisme. Pour l'instant, bornons-nous à constater les effets de la seule analogie.

Que faut-il en conclure? Que l'analogie actionne l'activité mentale, qu'elle concourt à la formation des idées, qu'elle est le fond de l'intelligence puisque le sentiment qu'elle nous donne est celui d'un accroissement de l'intelligence? Il serait bien hardi encore de le prétendre. Les exemples donnés tantôt sont dus à l'extrême élaboration de la pensée. L'analogie est leur condition, cela est vrai; mais est-elle la condition essentielle du phénomène mental observé? Pour oser le prétendre, il nous faudrait surprendre le même phénomène dans le travail de la pensée, non pas repliée sur elle-même, mais en contact avec les accidents naturels du milieu extérieur. Plus simplement, il nous faudrait surprendre les différents cas où la rencontre d'objets naturels produit une excitation sensible de l'activité mentale.

§ 4. *Cas de provocation naturelle de l'activité mentale : exaltation, coïncidence, reformation des perceptions.* — Combien de journées n'avons-nous point passées dans une sorte d'atonie mentale, sans qu'aucun détail de ce que nous avons vu nous ait intéressés? même au cours de nos promenades, nous sommes restés indifférents au spectacle qui s'offrait à nous. De même pendant nos lectures récréatives, si nous avons pu être séduits par l' « histoire », la trame des événements que nous lisions, que de pages ternes, insignifiantes nous avons parcourues sans être intéressés par le moindre détail. Pour qu'une notation littéraire nous intéresse, il faut qu'elle remplisse certaines conditions; nous venons d'en reconnaître une tantôt. Les images que nous recevons directement de l'extérieur doivent aussi être conditionnées pour exciter notre intérêt, sans cela elles effleureront à peine notre conscience et s'évanouiront sans laisser de trace. Ces conditions concernent l'ordre de leur situation en dehors de nous et l'ordre de leur présentation. Essayons de le découvrir.

Un objet extérieur peut ne pas arrêter notre attention, mais si sa rencontre est répétée : ou bien son image descendra dans l'inconscience, ou bien elle s'imposera à la conscience. Les jardiniers le savent bien, eux qui usent de la symétrie pour arriver à augmenter l'intensité de l'impression visuelle. L'aspect régulier d'une allée, présentant une succession d'arbres ou d'arbustes uniformément taillés, retient le regard. La simple vue d'une plate-bande piquetée d'agaves, tous de formes semblables et de semblables couleurs, placés à égale distance les uns des autres, produit une impression de plus en plus intense, celle que donne la multiplicité dans l'unité ; et de même la vue d'un régiment, réunion d'hommes sous le même uniforme, arrêtés dans des attitudes identiques ou défilant avec des gestes semblables. On éprouve à ces représentations une sorte d'hyperesthésie des mêmes sensations répétées ; on ressent le besoin de franchir l'image multipliée et qui dépasse la compréhension que l'on en a normalement, pour en atteindre d'autres qui la justifieront, la rendront supérieurement compréhensible. La répétition, le prolongement, l'étendue d'une perception, en un mot son exaltation contient donc un effet d'excitation mentale. Ainsi s'expliquerait l'« état d'âme » que l'on éprouve en présence d'un spectacle dont la qualité principale est d'être grand : une vaste plaine, une statue colossale, la mer.

Cependant, c'est en vain que certaines impressions se prolongeraient en nous, elles se perdraient sans profit pour l'idéation, si d'autres ne venaient coïncider avec elles.

Je regarde, au-dessus d'une ville maritime, un horizon crépusculaire barré de nuages sombres : c'est un soir d'hiver. Toutes les lignes verticales, mâtures, hautes cheminées, profils d'églises et de maisons s'accentuent ;

les couloirs des rues plongent sur du rouge ; le froid paraît immobiliser l'eau dans les darses. L'impression que je reçois de ce spectacle est très intense et très complexe ; je n'en éprouve pourtant qu'une faible possibilité d'idée. Mais tout à coup un long appel est poussé par l'une des sirènes de l'arsenal. Une nouvelle perception s'ajoute à celles que j'ai déjà ; elles coïncident, concordent. Avant le signal donné par la sirène, ma faculté d'idéation était excitée vaguement ; mais le cri déchirant a précisé la détresse du spectacle et un flot d'idées qui s'y rapportent soulève ma pensée.

Ces deux précédentes catégories d'effets idéatifs distinguées, inutile d'amasser d'autres exemples, le lecteur le fera lui-même sans aucune peine. Nous en signalerons une troisième qui nous apparaîtra aussitôt d'une utilité pratique immédiate. Elle contient la genèse de toute découverte due à l'observation directe des faits extérieurs.

Je suis sur le bord d'un bassin ; je regarde des poissons rouges qui glissent entre des tiges de lotus et cela m'amuse un moment, puis me lasse. Me voici indifférent. Soudain, à la surface de l'eau, j'aperçois un tout petit brin de paille ; il a la forme d'un arc et ne repose sur l'eau que par un point de l'arc, de sorte que, donnant de la prise aux mouvements de l'air, il s'avance par saccades, en zigzags. Je suis aussitôt intéressé par cette chose qui paraît vivre : c'est, semble-t-il, un fait anormal. — De même j'aperçois une troupe de paysans sur une route à quelque distance ; le vent, que je ne sens point de l'endroit où je suis, emporte tout bruit, de sorte que cette foule très animée passe devant moi silencieuse. C'est un fait anormal par rapport à mon acquis. J'ai acquis par l'expérience l'idée qu'un bruit de voix produit à une distance telle que celle dont je me trouve éloigné de ces passants m'est perceptible ; dans ce cas je ne le perçois plus ; ma curiosité en est éveillée. — Galvani, ayant écorché et coupé par le milieu du corps des grenouilles, les suspend contre un balcon de fer après les avoir fixées à un fil de cuivre et ces grenouilles mortes et mutilées paraissent éprouver de vives convulsions; c'est un fait, semble-t-il, anormal et qui excite l'intérêt du physicien. — Davy, ayant mis un fragment d'hydrate de potassium en contact avec les deux fils en platine d'une pile, voit l'un de ces fils se couvrir de globules qui s'enflamment au contact de l'air. L'hydrate de potassium étant alors considéré comme un corps simple, cette décomposition l'étonne ; c'est un fait anormal en apparence comme dans tous ces derniers exemples. Il est anormal par rapport à l'acquisition mentale de Davy ; il est une apparence qui contredit toute la science antérieure : il n'est analogue à rien de ce qui se passerait en pareil cas avec un corps simple. Comme tantôt nous avons reconnu que le rapprochement de deux idées analogues opérait mécaniquement un renforcement de l'activité mentale, l'apparition d'un fait en opposition avec l'acquis produit dans notre esprit une action d'arrêt, suivi du renforcement des idées contrariées ; le maintien de la pensée dans le non-analogue étant impossible, les idées heurtées appelleront une analogie justificatrice. Le sauvage, qui voit pour la première fois un de nos soldats abattre un oiseau d'un coup de fusil, pense que l'homme blanc est un sorcier se servant de la foudre. Davy, décomposant l'hydrate de potassium avec la pile et obtenant un fait non analogue à celui qu'on pouvait atteindre d'un corps simple en conclut que l'hydrate de potassium est analogue à un corps composé. Galvani, en voyant les muscles des grenouilles mortes s'agiter, pense que le muscle est analogue à un condensateur.

Dès maintenant, bien que la notion d'analogie conserve encore pour nous un caractère très vague, nous pouvons mieux que tantôt apprécier son effet. Il est bien apparent dans le dernier groupe d'exemples que nous venons de donner. Quand la pensée rencontre un fait extérieur anormal par rapport à son acquis, elle éprouve un arrêt suivi aussitôt d'un accroissement de l'activité mentale. Le phénomène provient bien d'un sentiment du manque d'analogie, c'est-à-dire que l'analogie est sentie par son absence comme une chose essentielle qui viendrait à faire défaut. Que devient alors l'acquis? Il subit une *reformation*. C'est sous ce nom que nous désignerons les cas où s'opère le travail particulier de la pensée en présence d'un fait qui ne lui est pas encore acquis et qu'elle peut acquérir.

Dans les autres cas, il est encore plus aisé de reconnaître l'intervention de l'analogie. Une impression d'origine extérieure, exaltée par son prolongement ou sa répétition, se renforce au point d'occuper bientôt tout le champ de la conscience; si elle doit opérer une adjonction avec une idée antérieurement acquise, elle le fera avec celle dont les éléments constitutifs sont analogues aux siens. Les cas où ce travail s'opère sont ceux de l'*exaltation* de l'élément mental. Et enfin il faut que deux idées ou impressions soient analogues pour que leurs effets au lieu de s'annihiler s'ajoutent et soient perçus en *coïncidence*.

L'*exaltation*, la *coïncidence* et la *reformation* perceptibles des éléments de la pensée sont trois modes incitateurs de l'activité mentale; ils aident la pensée à s'affirmer dans ses différenciations et à dépasser les différenciations acquises pour en acquérir de nouvelles. N'est-ce pas, à le considérer substrativement, le travail nécessaire à la formation des idées?

II. — Les modes de l'érétiisme idéatif.

§ 5. *Valeur apparente de la notion d'analogie*. — La plupart des psychologues n'ont guère compris l'analogie que de deux façons, ou comme un luxe de la pensée, ainsi dans les images littéraires que nous présentions au commencement de ce livre, ou comme un procédé du raisonnement lâche et trompeur, ne pouvant être, à défaut d'autres, quelquefois utile que dans les sciences biologiques; la troisième façon de la considérer est celle qui la discrédite le plus ; je fais allusion aux vertus qui lui ont été prêtées de tout temps par les mystiques. Or ce n'est pas seulement un luxe de la pensée ou un procédé particulier du raisonnement; liée à « l'image, » elle est le fond même de l'intelligence. Supprimons la masse intermédiaire des jugements acquis qui soutiennent l'exercice de notre pensée comme les mots appris soutiennent le langage et, au même titre, l'analogie sera notre unique moyen de raisonner. Chez les déments, chez les primitifs, comme pour l'intelligence saine mais fruste, cet intermédiaire marque à peine, et l'individu sans culture ne juge que par analogie ou anthropomorphisme, ce qui revient au même dans ce cas. Nous-mêmes, nous ne saurions voir les arabesques d'un tapis, les échancrures des montagnes, les formes des nuages sans songer aussitôt à des formes analogues plus nettes.

L'analogie semble impropre à des observations précises parce qu'elle est un lien très lâche entres les idées, indéfini dans le sens du moins au plus ou du plus au moins. Ne trouve-t-on pas en cela l'application de la loi formulée par Bain sur la relativité de la connaissance: *on ne définit une chose, on n'en a l'idée claire qu'en la délimitant de son genre prochain et de ses différences*, c'est-à-dire de ses analogies et de ses contrastes. La limitation peut être imparfaite ; ainsi une idée fausse n'est que relativement juste ; l'idée fausse est une limitation imparfaite qui sera rejetée ou se modifiera dans la suite. Imparfaite, elle peut être utile à la façon de telle hypothèse scientifique reconnue plus tard fausse. Le problème de la formation des idées est celui de la limitation des analogies ; l'idéation, en progressant en différenciations, tend à détruire, comme on le verra, les différenciations imparfaites. C'est le progrès s'aidant de toutes transitions. Ce qui fait que la notion d'analogie inspire méfiance est ce pourquoi nous devrions nous empresser de l'accepter ; elle est vaste, souple et sans discontinuité, tandis que les cas par lesquels, en les réduisant à des associations de sensations, on a si souvent essayé d'expliquer la fonction des idées, sont fragmentaires, et de plus on est alors amené par eux à considérer les idées comme des entités distinctes qui s'attirent, ou se repoussent par elles-mêmes, conception dont les philosophes modernes commencent à apercevoir l'impossibilité.

Spencer définissait l'intelligence l'adaptation de l'ordre interne à l'ordre externe ; la sensation serait le début de cette adaptation et sous peine de compromettre tout l'édifice, elle serait l'adaptation stricte du phénomène extérieur : serait-elle analogue à lui ? Les vibrations internes qui conditionnent subjectivement la couleur rouge sontelles analogues aux vibrations externes provocatrices ? Impossible de répondre. Nous savons, et c'est tout ce qu'on peut savoir, que le sentiment que l'on a d'un son de cloches est pour l'intelligence analogue aux mouvements vibratoires extérieurs, puisque plus tard le rappel mémoriel de ce son sera adéquatement analogue pour l'intelligence au son au moment où il se produisait. C'est là un phénomène d'apparence, mais le plus reculé, celui qui exige le moindre intermédiaire, qui est donc le moins sujet à l'erreur et qui, en fait, constitue l'ultime apparence. La sensation apparaît mentalement analogue à l'excitant : cela est la première des certitudes. Cette façon de parler est, bien entendu, toute subjective ; elle n'implique aucune affirmation d'analogie entre substances, ce qui serait franchir le seuil du sensible. Elle est une constatation de forme banale ; mais, grâce à la généralisation dont elle est susceptible, elle prend une valeur que je voudrais montrer en indiquant comment on pourrait par elle obtenir une explication ferme et très simple de l'activité mentale.

Si l'on ne peut parler entre l'externe et l'interne d'analogie autrement que comme un fait de simple apparence, entre les éléments internes de l'intelligence, comme il s'agit alors de parties ayant entre elles des liens d homogénéité fondamentale, rien ne s'oppose à ce qu'on les puisse considérer comme réellement analogues. Encore faut-il interpréter cette possibilité. Les sensations ne sont pas en réalité analogues, mais *préanalogues*, c'est-à-dire capables d'entrer plus tard en relation les unes avec les autres. Si dès le début les éléments a, b, c, d étaient strictement analogues, il ne leur servirait à rien d'être différenciés ; il en résulterait une confusion totale. Ce ne sont point les éléments qui sont analogues, mais les groupes qui les emploient. Ainsi, les groupes $d\,a\,b$, $a\,d\,c$, $b\,c\,d$ sont plus ou moins analogues grâce au plus ou moins grand nombre d'éléments communs qu'ils possèdent (1). Après cette première remarque il convient d'en faire une autre relative au degré d'ana-

---

(1) On ajoutera qu'il ne suffit pas que deux groupes de spécificité composite aient un plus ou moins grand nombre d'éléments communs pour être perçus comme plus ou moins analogues ; leur *analogie*

logie entre les groupes. A cause de l'immense variété de combinaisons qui peuvent être opérées entre les éléments, ce degré est infiniment variable du plus au moins ou du moins au plus. Le terme *analogue* appliqué à deux idées signifie que celles-ci ont des éléments communs suffisants pour apparaître à la conscience comme parentes. Étant le moins analogue possible, on les dirait en *contraste*. La possibilité du contraste ne peut détruire l'idée que dans la pensée tous les groupes d'éléments sont plus ou moins analogues entre eux ; la possibilité du contraste absolu ou du contraire ruinerait cette affirmation ; mais le contraste physiologique n'est pas le contraire (le chaud n'est pas le contraire du froid, ni le rouge du vert), il n'est que l'extrême différenciation, le plus grand éloignement de termes sur l'échelle d'une même gradation. Enfin le rapprochement de deux idées peut ne produire aucun effet mental particulier ; dans ce cas, les groupes rapprochés sont entre eux *inanalogues*, c'est-à-dire que leurs éléments communs ne sont ni en assez grand nombre, ni en nombre assez réduit pour que cette particularité de leur composition puisse apparaître à la conscience en produisant soit l'effet de l'analogue, soit l'effet du contraste.

Nous ne nous dissimulons point que ces affirmations, par elles-mêmes très obscures, ressemblent fort à des données de pure spéculation ; nous ne leur aurions accordé aucune importance si nous ne parvenions à montrer les réalités physiologiques auxquelles elles correspondent (1).

repose encore sur l'ordre de leur groupement, lequel n'est pas toujours reversible ou changeable.

(1) En somme l'analogie, telle que nous la comprenons ici, n'est que le principe d'union entre les éléments intimes de l'intelligence ; elle est possible par l'homogénéité fondamentale des éléments biologiques capables de concourir à l'unité. On sait que le progrès de l'esprit est

§ 6 *Conception histologique de l'acquis ; la spécificité composite*. — Chaque organe sensoriel bien différencié est dit en relation spécifique avec l'extérieur, la spécificité est la condition physiologique de ce qui fait que l'excitation paraît dans son résultat mentalement adéquate à l'excitant. Nous allons voir que la spécificité composite acquise des éléments internes, et ensuite des groupes d'éléments, fait que ces groupes sont et paraissent analogues entre eux. — On n'aura aucune peine à admettre que les éléments qui détiennent en puissance au centre la sensation une fois constituée et qui en permettent le rappel mémoriel, n'aient ce pouvoir par les vibrations spécifiques qu'ils ont enregistrées. En d'autres termes, les différences qualitatives des diverses vibrations, susbtrata d'idées, proviennent des diverses impressions nerveuses combinées. De même qu'en particulier tel organe des sens appréhende à la périphérie telle caté-

de l'indéfini au défini ; mais il se trouve que pour l'organisation biologique et intellectuelle, l'indéfini est le simple et le défini le complexe. Avec l'indéfini simple, l'analogie n'est que possible, elle ne devient effective qu'en réunissant les sensations ; avec le complexe défini, si elle continue de construire, elle ne peut plus que resserer les pièces de l'édifice et elle accomplit un rôle de synthèse jusqu'à la résorption de l'intelligible dans l'unité inintelligible. Cela n'est point pure déduction invérifiable ; on peut le constater. La pensée dans un état analytique extrême, quand elle subit une sensation unique, tombe dans l'hypnose ; l'intelligence s'y délie ; l'analogie ne peut s'exercer. Dans un état synthétique extrême comme lorsqu'elle s'arrête sur l'idée d'être ou sur toute idée, sommet de convergences idéatives, l'intelligence s'évanouit, car l'exercice de l'analogie est devenu impossible ainsi que nous aurons l'occasion de le montrer. Ces quelques réflexions nous font comprendre le parallélisme étroit qui existe entre l'exercice de l'analogie et l'activité biologique ; il y a plus que parallélisme, l'analogie est l'envers conscient de ce qui dans l'activité biologique est susceptible d'arriver à la conscience. Dans un organisme simple, l'intelligence n'est que possible ; dans un organisme complexe, les parties composantes sont foncièrement homogènes ; fonctionnellement dissociées, elles sont partiellement hétérogènes ; elles sont donc foncièrement *préanalogues* et dans l'exercice des fonctions associées, elles deviennent *analogues*.

gorie d'excitants extérieurs, en vertu de sa spécificité ; de même au centre, tel élément cellulaire antérieurement impressionné est spécifique de son impression et pourra entrer en rapport avec toute idée dont l'une des diverses catégories de vibrations combinées en elle répond à la spécificité de cet élément. Spécifique veut dire, dans tous les cas, appréhensif de tel mode de vibrations. Une idée, si abstraite soit-elle, est de spécificité composite ; aussi est-elle appréhensive de telles idées ayant une spécificité se rapprochant de la sienne, et peut-elle être appréhendée à son tour par celles-ci dans le cours de l'exercice de l'idéation. Cela veut dire que si telle idée est produite par les vibrations a, d, b, c, f combinées, elle pourra entrer en rapport avec toute autre idée dans la combinaison de laquelle entre un des modes de vibrations a ou d ou b, etc. Les idées n'ont pas d'affinité les unes pour les autres, reproche adressé à l'associationisme, mais les éléments extérieurs transposés en données primaires de l'idéation sont réduits par rapport au nombre de nos idées et entrent en combinaisons multiples suivant les variations des circonstances extérieures ; les combinaisons se font par spécificité ; c'est dans ce sens que les idées ont substrativement des affinités entre elles et sont appréhensives les unes des autres. Vu le nombre restreint des données primaires, il est facile à prévoir que l'acquis subit sans cesse tantôt une confirmation tantôt une reformation par les impressions nouvelles, d'où diverses catégories de modes de rencontre entre les groupes d'éléments acquis, et entre ceux-ci et l'impression actuelle nouvelle.

Les progrès de l'histologie nous permettent de concevoir l'acquis et sa reproduction indéfinie avec plus de sûreté que les théories anciennes. D'après Taine, les vibrations de la cellule nerveuse seraient produites par un mouvement des molécules qui, très nombreuses dans chaque cellule, après avoir joué, reviennent chacune à sa place. Il admettait cinq familles de cellules, les tactiles, acoustiques, gustatives, optiques et olfactives. « Sous l'impulsion du nerf afférent, chaque famille exécuterait son type de danse, la diversité des rythmes introduirait des espèces et des variétés correspondantes à celles que par la conscience nous remarquons dans nos sensations... Plus le courant nerveux a été énergique et fréquent de telle cellule à telle autre, plus il a de pente pour passer de la première à la seconde. Quand la préparation a été assez forte et assez longue, la pente devient irrésistible ; arrivée à la première cellule, désormais le courant prend le chemin qui conduit à la seconde. Il se peut que de cette cellule partent deux, trois, quatre, dix filets; entre ces dix filets le courant en choisit un par force et toujours le même, celui qui est habitué à le recevoir. » (1)

En supposant une modification morphologique durable des éléments de la cellule, on expliquerait encore mieux le caractère définitif de l'acquis. Il faut tenir compte, en outre, des excitations autres que sensorielles. Pour essayer de démêler la complexité du travail cérébral dans l'idéation, nous admettons, quitte à le justifier ensuite avec restriction, qu'un même courant est susceptible de passer par toute cellule, quelle que soit la famille à laquelle celle-ci appartienne, qu'un courant est modifié qualitativement par la cellule ou la chaîne des cellules qu'il traverse, que la qualité du courant est la détermination possible de la pensée, de ce qui sera son expression.

La cellule et ses prolongements ou le neurone, suivant

---

(1) H. Taine, *De l'intelligence*, t. I, liv. IV, ch. I, pp. 309-312.

l'appellation convenue, n'aurait pas avec la cellule qui la précède et celle qui la suit, dans la chaîne, une communication constante ; en d'autres termes, les neurones ne communiquent point par contiguïté, mais par contact. Ils auraient le pouvoir de se rétracter ou de s'allonger comme l'amibe, d'où passage ou interruption du courant. Telle est l'hypothèse que M. Mathias Duval a le plus contribué à répandre sous le nom de théorie de l'amœboïsme (1). Les prolongements des neurones, étant de nature plastique, pourraient se modifier pendant le contact suivant des formes, qui bientôt acquises, expliqueraient l'acquis. Bien que très ingénieuse, cette théorie a le tort de présenter cette grave difficulté : comment s'établirait le courant dans une chaîne de neurones qui, contractés, se trouveraient dans un état ne permettant point son passage ?

Pour résoudre la difficulté, M. Duval ayant remarqué la présence de fibres nerveuses reliant entre elles les cellules d'une manière continue, supposa que ces fibres commandaient l'activité amiboïde des neurones. Ainsi reliés, « outre les chaînes de neurones dont l'action physiologique se succède de façon que l'entrée en jeu de l'un détermine l'activité de celui qui suit, certains neurones placés en dehors de cette chaîne ou faisant partie d'une chaîne différente interviendraient pour modifier les rapports des éléments qu'ils commandent. Ainsi s'expliqueraient les phénomènes de l'attention, de même qu'inversement ceux de l'inhibition normale et pathologique (2). » Modifiée de la sorte, l'hypothèse de

---

(1) E. Hédon, *Précis de Physiologie*. Paris, 1889, pp. 435, 439 ; Mathias Duval, *Cours de physiologie*. Paris, 1897, pp. 7, 114 et suiv. (théorie histologique du sommeil).

(2) Mathias Duval, *l'Amœboïsme des cellules nerveuses*, in *Revue scientifique*, t. IX, p. 321.

l'amœboïsme est plus soutenable, mais le caractère acquis des courants n'est point démontré d'une façon rigoureuse.

L'école neurologiste allemande accorde un rôle prépondérant aux fibrilles traversant les corps cellulaires; la cellule serait réduite à servir de station électrique aux courants transmis par les fibrilles; théorie qui a le tort d'assimiler trop complètement les phénomènes nerveux à un phénomène physique. M. Prenant (1) pensa que si les théories de l'amœboïsme et fibrillaires n'arrivaient pas à satisfaire entièrement, c'est parce qu'elles ne tiennent pas compte de tous les éléments de la cellule nerveuse. Celle-ci comprend, outre son noyau, ses prolongements cylindraxiles et protoplasmiques, des molécules ou corps chromatiques. La cellule ébranlée par le passage du courant nerveux subit une double modification de forme et de volume que lui confère son pouvoir d'amœboïsme et une modification chimique persistante dans ses corps chromatiques : « L'expression fameuse « le cerveau « sécrète la pensée » n'est pas seulement un mot, mais renferme une idée. S'il est inexact de dire que la cellule nerveuse fabrique l'influx nerveux, puisqu'elle reçoit un mouvement nerveux, une excitation qui lui vient du dehors, il est légitime de croire qu'excitée par ce mouvement, elle l'influence à son tour, en tirant de sa propre substance, en sécrétant quelque chose de matériel qui le modifie. C'est par la formation des corps chromatiques que la cellule nerveuse, élément glandulaire, manifeste son activité. L'apparition de ces corps, leurs variations quantitatives et qualitatives sous les influences fonctionnelles, normales ou pathologiques, leur disparition

---

(1) A. PRENANT, *les Théories du système nerveux* in *Revue générale des sciences*. 15 et 30 janv. 1900.

(chromatolyse) sont le seul phénomène objectif qui marque l'activité cellulaire. » Les modifications reçues par les corps chromatiques sont susceptibles de durer un certain temps ; donc si un courant, qualitativement le même, passe, un certain nombre de fois, à travers une cellule, la modification qu'en recevra celle-ci aura des chances de persister. Par là, elle acquerra un pouvoir de vibrations spécifiques ou modifiera celui qu'elle avait déjà. Il est bien entendu que cela n'est qu'une hypothèse, mais de toutes les théories expliquant les modifications fonctionnelles de la cellule, elle nous a paru la plus claire et nous l'avons choisie (1).

On conçoit sans peine que si les cellules d'un centre sensitif ne pouvaient être en rapport qu'avec leurs terminaisons périphériques, les sensations ne seraient jamais matière de pensée, et resteraient étrangères à la connaissance ; étant isolées par centres distincts, elles se produiraient en vain. Il faut donc admettre théoriquement que dans les zones d'association, toutes les cellules sont d'abord susceptibles de recevoir tous les courants, quelle que soit leur origine. Ainsi un courant étant toujours qualitatif, et détenant par là une possibilité de détermination de la pensée, en passant par des cellules éduquées par d'autres courants se modifie encore qualitativement, et, de la sorte, on voit que malgré le nombre restreint d'éléments premiers de la connaissance, les combinaisons sont infinies.

---

(1) Quelques auteurs entre autres G. DURANT (*Revue neurologique*, nov. 1903, p. 1089) ont nié la possibilité du neurone. Le cylindre-axe d'un tube nerveux naîtrait des réseaux de plusieurs cellules ganglionnaires. Un groupe de ces cellules pourrait envoyer ses fibrilles dans le même cylindre-axe. D'après cela il semble bien que c'est le cylindre-axe et non le corps fibrillaire qui joue le rôle de différenciateur. L'une ou l'autre de ces hypothèses nous servirait également ; rien d'essentiel ne serait changé dans la théorie que nous proposons.

D'une façon toute schématique, on peut se représenter la possibilité de l'idée comme détenue par la qualité complexe d'un courant. Il est bon de préciser ce schéma pour ne pas nous laisser surprendre par sa simplicité extrême. Une cellule éduquée par un courant antérieur est incapable de détenir une idée, et mise en branle, de la donner en représentation à l'intelligence. Le courant provocateur de l'idée est en réalité une *avalanche de courants* (expression de M. Ramon y Cajal). Une sensation est provoquée par un simple courant afférent, mais elle n'est pas détenue par lui, ni par telle cellule ou telle chaîne de cellules en particulier : « La sensation n'est pas un phénomène cellulaire, elle est une fonction systématique(1). » L'idée ne serait certes pas détenue physiquement et mécaniquement par le mouvement cellulaire intestin de telle cellule ou chaîne de cellules, mais par le passage en avalanche du courant modifié par les *rencontres* de cellules éduquées qu'il traverse ; en d'autres termes, la cellule éduquée ne joue ici que le rôle de différenciateur. L'idée est le résultat de l'ébranlement d'une masse, ébranlement modifié dans son résultat final (le sentiment de telle idée) par des étages successifs de différenciateurs.

Nous pouvons maintenant revenir au schéma proposé tantôt, étant prévenu de son extrême simplification. Une impression venue du dehors par l'intermédiaire d'un sens arrive au cerveau, modifie suivant sa spécificité, c'est-à-dire sa qualité vibratoire, la cellule ou l'association de cellules où elle aboutit au centre. Si l'impression a été assez forte pour imprimer à la cellule une modification durable, cette cellule redonnera au cerveau l'impression

---

(1) Morat et Doyon, *Traité de physiologie; Fonction d'innervation*. Paris, 1902, p. 122.

qu'elle détient ; mais étant capable d'être mise en branle par un courant autre que celui dont elle a acquis sa spécificité vibratoire, en vibrant sous l'influence d'un autre courant, elle modifiera par sa spécificité la spécificité de celui-ci d'où naîtra une impression composée, apte, si elle est suffisamment intense, à préparer d'autres cellules à l'acquérir, la détenir, et la reproduire plus tard. On reconnaîtra qu'une cellule ou une association de cellules détenant une qualité idéative par sa modification intestine, équivaut, pour le transfert de sa qualité vibratoire, au courant qui opère ce transfert ; autrement dit : le courant x équivaut à la cellule x dont il détient les qualités vibratoires. En résumé, la cellule centrale joue le triple rôle d'un appareil enregistreur, reproducteur et compositeur-différenciateur, puisqu'elle conserve l'impression, la reproduit et, en la reproduisant sous l'action d'un courant qui lui est étranger, elle modifie par sa qualité vibratoire la qualité vibratoire de ce courant.

A la théorie générale énoncée plus haut, une restriction pratique s'impose. Pratiquement, tout groupe de cellules idéatives ne peut recevoir tout courant et tout courant ne peut traverser tout groupe comme on le verra ; mais l'expérience nous révélera que le nombre des rencontres entre courants dépasse infiniment la nécessité de l'intelligence pratique sans nuire à l'entendement.

On a dit tantôt que les éléments sont *préanalogues* et que seuls les groupes d'éléments peuvent être analogues entre eux : ainsi les groupes $d\,a\,b$, $a\,d\,c$, $b\,c\,a$. On prévoit qu'au début ces groupements sont imposés immédiatement par l'ordre des concomitances d'éléments externes entrant dans un même objet. Ainsi, un cheval, un onagre, un arbre, la foudre se présentent à nous avec une concomitance très complexe d'éléments ; les idées correspondantes sont entre elles très différenciées par les groupes d'éléments différents qui les composent. De telles différenciations ne dépassent pas l'ordre des apparences immédiates. Si l'intelligence était rivée à cette seule apparence première, ce serait pour elle une source irrémédiable d'erreurs et l'impossibilité d'arriver à la représentation des rapports vrais entre les phénomènes externes ; mais elle peut se parcourir, accroître ses limites, se libérer en quelque sorte de l'apparence immédiate, la dépasser, grâce aux possibilités que les courants cérébraux ont de se rencontrer et de provoquer ainsi de nouvelles différenciations. Il faut chercher quels sont les cas possibles de rencontre entre courants.

§ 7. *Les modes de rencontre entre courants intercellulaires.* — Il ne peut se présenter que trois modes de rencontre entre les courants.

a) Un groupe de cellules de spécificité composite, exalté par la durée, l'intensité ou la répétition de sa provocation, tend de plus en plus à se décharger ; il le fera évidemment dans les groupes qui sont, par rapport à lui, de spécificité voisine, puisqu'avec ceux-ci l'effort du transfert sera moins grand, c'est-à-dire dans ses analogues ; ou bien il provoquera ceux de spécificité la plus lointaine, ses contrastes, et toujours en vertu du moins grand effort parce qu'il faudrait à ces derniers plus de force pour résister, tandis qu'ils sont irrités par leur résistance même, que pour entrer en jeu.

b) Quand deux groupes différents entrent en excitation dans le même moment, l'un annihile l'effet conscient de l'autre et un seul est perçu, ou bien si tous deux ont des qualités analogues leur effet s'ajoute : ils sont alors aptes à être perçus en coïncidence (1).

(1) Il ne faudrait pas confondre la *coïncidence* telle que nous l'expo-

c) Enfin, un groupe ayant acquis une qualité idéative donnant passage à un courant peut être modifié par lui ; il y aura reformation du groupe, mais le phénomène ne se produira que si les qualités que détient le groupe et celles que transporte le courant sont analogues.

Reconnaît-on dans ces trois cas ceux que nous avons constatés tantôt comme étant incitateurs de l'activité mentale : l'*exaltation*, la *coïncidence* perceptible et la *reformation* des éléments de la pensée? Ils nous ont apparu incitateurs d'énergie quand nous examinions le travail mental tel qu'il se révèle à l'observation superficielle ; en réalité, nous voyons maintenant qu'ils représentent le travail tout primitif du progrès de la pensée, travail accompagné d'éréthisme souvent perceptible à la conscience, comme nous aurons l'occasion de le vérifier ; c'est pour cette raison que nous les avons appelés modes de l'éréthisme idéatif. Avec eux nous assistons à la manifestation du progrès mental ; ils précisent et accroissent les différenciations qualitatives dans lesquelles consiste substrativement ce progrès.

Pour la première fois, nous voyons intervenir, avec l'éréthisme d'exaltation, l'effet du contraste. Un groupe exalté par la répétition, la durée ou l'intensité de sa provocation tend, disions-nous, à se décharger dans d'autres de spécificité composite la plus voisine de la sienne, ou à éveiller ses contrastes. Comme on l'a déjà remarqué, la possibilité du contraste ne peut ruiner l'idée que dans la pensée tous les éléments composites sont plus ou moins analogues entre eux. La possibilité du contraste absolu ruinerait seule cette affirmation ; le contraste absolu ou

---

sons avec le cas appelé par les associationistes *contiguïté* dans le temps et dans l'espace, lequel est imposé par l'ordre des concomitances des éléments externes. Il ne s'agit ici que des combinaisons dues à la réaction du travail cérébral sur lui-même.

le contraire sont des conceptions logiques ; le contraste physiologique n'est que l'extrême différenciation, l'éloignement de termes sur une échelle de même gradation. Si tous les groupes, analogues dans leur composition à celui en activité, sont susceptibles d'en éprouver la décharge, si les autres n'en peuvent être atteints et restent indifférents, pourtant ceux qui sont de spécificité contraire éprouvent une résistance, et cette provocation indirecte sera quelquefois capable de les faire entrer en représentation. Sans nous demander sur quoi repose la possibilité de ce phénomène (1), tâchons de surprendre la différence dynamique qu'il présente par rapport à l'affinité de l'analogue. — Un courant nerveux dont la durée se prolonge un certain temps a une tendance à se propager, de même s'il se produit avec intensité ; un groupe d'éléments de spécificité composite, en se déchargeant dans ses analogues, le fait suivant la loi du moins grand effort, loi applicable à toute l'activité organique. Le groupe de spécificité composite contraire sera éveillé par sa résistance, parce que, ainsi qu'on l'a remarqué tantôt, il lui faudrait plus d'effort pour ne pas entrer en jeu que pour y entrer. Dans la sphère d'activité la plus élevée, nous savons que nous sommes capables par effort volontaire d'arrêter la réalisation d'acte s'effectuant; mais nous savons aussi, par notre propre expérience, qu'il nous est plus pénible de l'arrêter que de laisser libre cours à son développement. Il s'agit là de deux forces opposables, opérant sur des masses considérables ; un groupe unique et réduit d'éléments serait incapable d'exercer lui-même sur lui-même une action d'arrêt. Ainsi l'éveil du contraste comme de l'analogue est toujours selon le moins grand effort; le dif-

---

(1) On l'a essayé dans la prochaine note, p. 71.

férence entre les deux cas tient à ce que l'éveil de l'analogue se produit selon le moins grand effort d'une façon absolue, celui du contraste se fait par le moins grand effort relativement à un plus grand qui dans cette circonstance serait impossible. Cette différence dynamique est appréciable dans l'état hypnotique. On sait que dans cet état la pensée se trouve réduite à un minimum d'activité ; or on a observé que dans le sommeil hypnotique le sujet dont les idées peuvent fort bien être éveillées par ressemblance ou analogie est presque incapable d'en éprouver l'évocation par contraste (F. Paulhan). Dans l'état de veille, la différence est inappréciable.

De ce qui précède, il résulte que l'analogie et le contraste doivent produire le même effet mental. Au début de ce livre, nous nous sommes bornés à donner des exemples d'images littéraires conditionnées par l'analogie. Le contraste produit la même impression de renforcement. Le *qu'il mourût* de Corneille, placé dans la bouche d'un père, en est un bel exemple. En voici un autre : « Le matin, en me promenant dans le Jardin Botanique, j'ai rencontré un petit enfant à qui un démonstrateur faisait connaître les plantes ; c'était un enfant du grand-duc. *On aime à voir les enfants des rois dans la nature.* » (Dupaty.) Le contraste, comme l'analogie, produit l'impression d'un accroissement de l'idéation, car, comme elle, il donne l'illusion d'une idée nouvelle en reproduisant les conditions de la différenciation qu'implique le progrès idéatif ; et en effet on ne peut avoir conscience claire d'une idée qu'en la distinguant de son genre prochain ou de ses dissemblances.

Une autre remarque est nécessaire pour nous éclairer sur la réalité que représente le schéma indiqué tantôt. Si un groupe de spécificité composite éveille son contraste, il est clair qu'il ne s'agit pas là de fusion entre éléments ni de rencontre matérielle. S'il provoque ses analogues ou s'il est perçu en coïncidence avec eux, c'est par des éléments communs ; le terme de rencontre peut être pris dans le sens topographique qui lui est donné dans le langage courant. Mais lorsqu'il y a reformation d'un groupe par un autre, il est hors de doute que la rencontre est topographique ; il s'agit alors de fusion, de refonte du corps du neurone. C'est du reste par ce travail que s'enregistre une nouvelle différenciation, seul progrès réel. L'exaltation qui aboutit au contraste ne crée rien ; elle affirme une différenciation ancienne. Ainsi que l'exaltation qui aboutit à la représentation de l'analogue, la perception de coïncidence entre analogues prépare seulement un travail nouveau qui se réaliserait par la reformation des groupes excités. Par là on découvre encore l'erreur fondamentale des associationistes pour qui les différents cas d'association entre idées sont sur le même pied. Le progrès de la pensée implique un travail élémentaire que la théorie associationiste est incapable de montrer, d'où son impuissance devant le problème de l'origine des idées.

§ 8. *Propriétés des modes de l'éréthisme idéatif.* — En dehors de l'explication de la formation de l'idée que les modes de l'éréthisme idéatif peuvent nous donner, chacun d'eux nous aidera encore à découvrir l'origine de certaines particularités de l'activité mentale.

Le mode d'exaltation de l'élément mental marque le point génétique où la pensée échappe au déterminisme du milieu extérieur. L'élément interne, provoqué par l'élément externe, est rigoureusement déterminé par lui ; mais exalté par l'intensité de l'excitation, il tend à se décharger dans ses analogues. Le courant d'excitation est limité et précis ; celui de décharge est plus ou moins diffus ; la provocation des analogues n'est donc pas rigoureusement déterminée et l'on peut voir en cela la cause primitive de l'autonomie relative de l'intelligence, bien plus manifeste si l'on considère que l'élément exalté ne provoque pas seulement ses analogues mais aussi quelquefois ses contrastes (1). Le mode d'exalta-

(1) H. BEAUNIS cite dans ses *Recherches expérimentales sur les conditions de l'activité cérébrale et sur la physiologie des nerfs*. Paris, 1884, p. 115, une expérience qui pourrait nous éclairer sur la possibilité et la réalité du contraste. « Quand on excite un nerf par un courant constant, il se produit à l'*anode* une *onde d'arrêt* (*Hemmungswelle*) qui se reconnaît à la diminution de l'excitabilité du nerf et qui se propage lentement des deux côtés de l'anode en diminuant graduellement d'intensité et de vitesse; en même temps se produit au *cathode* une *onde d'excitation* (Erregungswelle) qui se propage des deux côtés du cathode avec une vitesse et une intensité plus grandes. Un nerf excité se trouve parcouru à la fois par une onde d'arrêt et une onde d'excitation et son excitabilité qui se mesure par l'amplitude de la contraction, par sa durée et par la durée de l'excitation latente, n'est que la résultante algébrique de ces deux actions contraires. A la rupture du courant, les effets inverses se produisent. C'est au cathode que se montre l'onde d'arrêt, à l'anode l'onde d'excitation, sauf pour les courants faibles pour lesquels l'onde d'arrêt de fermeture persiste dans l'anode... Il résulte de ce fait fondamental : que dans un nerf excité il se produit en même temps deux actions contraires, une excitation et un arrêt et que l'effet de l'excitation n'est que la résultante de ces deux actions. » On ne voit guère tout d'abord le rapport qu'il peut y avoir entre le caractère de l'excitation d'un nerf et celui de l'excitation mentale d'un groupe de neurones ; il existe cependant. Le fait précédent nous montre la dualité que comporte l'action physiologique et par là sa différence par rapport à l'action mondiale. Il serait inconcevable qu'un même phénomène physique puisse se manifester par deux actions contraires puisque cela laisserait croire ou bien que sa manifestation n'est pas tout entière impliquée par ce qui le détermine ou bien que son effet suppose la participation d'autre chose que lui-même. Il serait, s'il est permis de s'exprimer ainsi, plus riche en possibilité que sa cause déterminante et moins parfait qu'elle, puisque sa réaction serait relative à autre chose que lui-même. De pareilles propositions qui, jusqu'à preuve du contraire, ne paraissent pas convenir à la réaction physique trouvent leur application dans ce en quoi consiste la fonction physiologique. Celle-ci n'existe que relativement aux autres fonctions d'un même organisme et son action suppose toujours la participation des parties dont elle se distingue. Toutes les sensations ont leurs contrastes; pour les couleurs on les appelle les complémentaires ; elles ne seraient point perceptibles si elles ne s'en distinguaient pas. Or la

tion permettant de contourner pour ainsi dire le déterminisme imposé par l'extérieur, mécanise la possibilité qu'à l'intelligence de s'élever à des opérations qui dépassent l'expérience sensible telles que la généralisation, l'abstraction, l'induction, la déduction.

L'éréthisme idéatif de coïncidence est dû à la perception simultanée de deux impressions analogues ; mais ces deux impressions peuvent être causées par deux excitations externes simultanées ou bien être l'une interne et mémorielle, l'autre d'origine externe et actuelle, et dans ce cas l'impression interne antérieure rappelée par l'externe peut

perception de l'une d'elle implique l'action sous-jacente des éléments qui contribuent à la perception de sa complémentaire. Ainsi la vision prolongée du rouge fera ensuite apparaitre le vert si l'on ferme les yeux ou si l'on regarde une surface blanche; la même cause produit les deux effets. Transportons-nous dans le domaine de l'idéation. L'idée se distingue de son véritable genre prochain et de ses véritables différences, de ses vraies analogues et de son véritable contraste; la première distinction est comme positive et s'oppose à la seconde qui est comme la négative de la précédente, son contraste ou sa complémentaire. L'idée de mort est la complémentaire de l'idée de vie ; sans la première nous n'aurions de la seconde qu'une notion très confuse. De cette remarque passons au mécanisme histologique dont dépend la représentation mentale. La représentation d'une idée nécessite non seulement l'activité des éléments que cette idée emploie directement, elle nécessite encore la résistance de ceux qu'elle n'emploie pas (ses contrastes), donc aussi l'action sous-jacente de ces derniers. La distinction de l'idée n'est mécaniquement possible que par l'appréciation dynamique sensible de ces différentes résistances, opération complexe et délicate, dont la complexité s'accroit avec le progrès de la pensée et qui ne tarderait pas à devenir impossible sans l'intervention du mot, signe abstrait permettant de retrouver sans les effectuer les opérations nécessaires à l'évocation de l'idée signifiée. L'arrêt de la pensée sur une idée a pour conséquence de faire apparaitre toutes les conditions d'existence de cette idée : ses analogues et ses contrastes. Nous aurons l'occasion dans un prochain ouvrage faisant suite à celui-ci, d'interpréter dans la théorie de la musique le sentiment du besoin de résolution impliqué par la dissonance comme étant l'effet intellectuel du contraste et nous verrons aussi comment, de cette possibilité qu'a l'idée de présenter deux conditions opposées d'existence, naît le doute. L'expérience de Wundt ne répond pas seulement à l'action du nerf mais aux conditions de tout phénomène intellectuel.

paraître non seulement plus ou moins analogue à celle-ci, mais être sentie comme son analogue stricte, ce qui représente schématiquement le phénomène si souvent discuté de la reconnaissance. Peut-être pourrons-nous par là en obtenir l'explication d'origine. Le mode d'éréthisme de coïncidence permet encore d'expliquer les adjonctions tout à fait irrationnelles d'idées comme il s'en présente dans le sentiment de la superstition et dans les autres circonstances où l'adynamie d'une représentation sous l'effet de la crainte ou du doute se satisfait d'idées analogues renforçantes ; toute représentation symbolique se conditionne aussi par ce mode.

La reformation d'un groupe d'éléments nous apparaît comme la condition immédiate du progrès intellectuel ; les deux précédents modes le préparent en cherchant ou en signalant l'analogie ; ce dernier enregistre la nouvelle différenciation, si, suivant notre schéma, le passage du courant différenciateur dans un groupe est assez intense pour y laisser sa trace. Le mode de reformation est l'aboutissant des deux précédents. Quelle condition la reformation doit-elle remplir pour enregistrer une idée nouvelle et pour effectuer ainsi un travail immédiatement utile au progrès ? Nous répondrons plus tard à cette importante question. Bornons-nous maintenant à constater que les rencontres d'éléments ne sont pas limitées aux nécessités pratiques du progrès immédiat de l'idéation, toute rencontre nouvelle ne produit pas une idée nouvelle mais marque une excitation de l'activité mentale. Les exemples littéraires que nous présentions au début de ce livre contiennent des faits incitateurs de l'éréthisme idéatif, d'un travail qui est l'amorce de l'idée nouvelle mais n'aboutissant pas à un tel résultat ; ainsi le rapprochement des idées de croix et d'épervier dans la phrase citée tantôt produit l'éréthisme de coïncidence qui n'arrive pas à une reformation utile, c'est-à-dire à une différenciation idéative nouvelle. A la vue d'une plate-bande piquetée d'agaves de même dimension et de même couleur, à égale distance les uns des autres, ou à celle d'un régiment qui défile sous mes yeux, le travail d'éréthisme d'exaltation que je subis peut devenir très intense sans aboutir à une idée nouvelle ; et non plus avec la reformation qu'éprouve mon intelligence en voyant des paysans passer tout près de moi, discutant avec violence, sans qu'il m'en arrive le moindre bruit. Par là nous saisissons le sens profond de ce paradoxe de Taine: « Ordinairement on n'a que des commencements de sensations, des motifs de cavatines », c'est-à-dire des commencements inexprimables d'idées, un sentiment confus d'accroissement de l'intelligence, d'un progrès de l'idéation mais qui se perd sans résultat.

L'importance pratique du mode de reformation ne se signale pas seulement par la possibilité qu'il détient d'enregistrer le nouvel acquis, mais par un autre fait tout aussi considérable : il peut en certains cas provoquer en réaction la masse idéative consciente tout entière et donner alors cours aux phénomènes d'attention et de volonté proprement dites. Ceux-ci ne sont en somme que des phases complexes de la formation des idées et bien que s'exerçant ensuite dans d'autres occasions, ce sont d'abord les nécessités de cette formation qui les mécanisent ainsi qu'on le montrera.

Les trois modes de l'éréthisme idéatif que parvient à dissocier l'analyse (1) s'emboîtent en genèse puisqu'ils participent fonctionnellement l'un de l'autre et qu'ils découlent du même principe fondamental, celui de l'appréhension spécifique. Il faut encore ajouter cette remarque.

---

(1) On montrerait, comme je l'ai essayé (*Archiv f. die gesam. Psychologie*, 1907, t. X, p. 131), l'emploi plus marqué de tel mode dans une littérature suivant l'époque de son évolution.

Ce qu'on a appelé sentiment de ressemblance et de dissemblance et qui joue un si grand rôle dans la théorie de l'association des idées, se fond comme on le prévoit, dans le mécanisme de l'éréthisme idéatif. Nous constatons après coup qu'il y a ressemblance ou dissemblance entre deux idées par un sentiment qui est la répercussion du travail histologique opéré entre les éléments de ces idées.

III. — Conditions générales de l'avènement des idées.

§ 9. *Sentiment de l'éréthisme idéatif.* — Les modes de l'éréthisme idéatif peuvent devenir dans certains cas perceptibles à la conscience, c'est, entre autres circonstances, lorsqu'ils accompagnent une idée que nous trouvons belle. — Une idée est esthétique ou belle parce que sa représentation occasionne une augmentation d'activité histologique mentale, qui est un plaisir comme en général tout sentiment d'activité spontanée. C'est la seule cause qui nous fait juger d'instinct belle une idée. L'impression esthétique est parfois assez intense pour que son effet dépasse les centres où elle se produit ; elle donne alors naissance à un frisson qui semble courir sur la nuque et le long de la colonne vertébrale. On éprouve avec ce frisson le relâchement de la tonicité musculaire et l'expression mimique devient celle de la douleur. C'est que le plaisir éprouvé étant très intense provoque des manifestations compensatrices comme les pleurs dans la joie extrême, le rire dans la tristesse morale aiguë.

Ainsi la pensée, alors qu'elle s'exerce sur des éléments qui n'intéressent pas pratiquement notre personnalité, par le simple jeu de la combinaison de ses éléments peut produire sur l'organisme des effets généraux intenses au point de provoquer les mécanismes antagonistes de ses effets ainsi que cela arrive avec les sentiments à leur paroxysme. On aurait tort de négliger ces manifestations ; elles partent de phénomènes reculés, menus, presque inaccessibles à la conscience ; ce sont les répercussions de la pensée qui se forme ou se reforme ; elles sont vagues et se présentent avec un caractère peu varié ; mais leur point de départ signale leur importance. On pourra peut-être obtenir d'elles quelques renseignements fort utiles en observant les circonstances qui favorisent ou non leur production consciente.

Si les modes d'éréthisme sont quelquefois perceptibles, il faut aussitôt ajouter que nous n'avons pas conscience distincte de l'un ou de l'autre en particulier et que le surcroît de travail histologique de chacun d'eux se traduit à la conscience par un sentiment d'éréthisme mental ordinairement très faible. Dans quelles conditions est-il possible de le percevoir ? Pourquoi y a-t-il surcroît d'activité mentale perceptible avec l'idée belle ? Pourquoi une telle idée est-elle agréable ? Ces questions se résolvent les unes par les autres.

Le plaisir physiologique est un sentiment d'activité locale tendant à devenir activité générale. Toute activité perçue ni trop faible, ni trop intense devient objet de plaisir, c'est un fait reconnu. Si une idée esthétique est agréable, cela tient, disions-nous, à ce que nous avons conscience de l'activité cérébrale qui accompagne sa représentation, et cette activité tend alors à devenir activité générale d'où l'accroissement de tonicité musculaire qui se produit dans ce cas comme on l'a observé (Féré). L'art littéraire, dans ses rapports avec l'activité mentale, procure un plaisir en activant intensivement les jeux de la pensée ; ses procédés pour cela sont multiples : nous avons appris à en distinguer un, celui qui consiste à produire le renforcement d'une image ou d'une idée par l'adjonction d'une analogue. Le procédé n'a rien de raisonnable ; l'écrivain qui compare des éperviers à des croix suspendues dans l'azur ne donne pas là une rare preuve d'intelligence, néanmoins cela plaît ; l'effet en est aussi certain que celui d'un agent thérapeutique sur nos nerfs, et cela fait sa valeur foncière, mécanique, antérieure à la pensée. Il s'agit entre la forme de l'épervier qui plane et celle de la croix d'une analogie bien vague ; quelquefois bien que rapprochant des idées très distinctes, l'analogie peut être mieux précisée, ainsi dans cette phrase de Paul Arène : *Les fautes reviennent comme les morts.* Cela suggère que le remords s'objective et se dresse comme le spectre et bien plus (je ne sais si je ne dépasse pas l'intention de l'auteur), j'y vois une interprétation imagée de la théorie de l'hérédité. Mes morts ont laissé trace physiologique en moi ; de même mes fautes. Celles-ci et ceux-là réapparaissent en moi, de la même manière sourde et fatale. Mes morts sont antérieurs à moi, mes fautes sont moins lointaines dans le passé et tous deux exercent une semblable influence sur mon avenir. L'analogie est ici pleine, solide ; elle ne s'évanouit pas au commentaire. Cette phrase satisfait ma mentalité toujours pour la même raison, en produisant un renforcement d'activité. La satisfaction en est si intime, si voisine du fait physiologique qu'elle peut être recherchée pour elle-même et comme en dehors du sens exprimé ; ainsi dans la conversation nous entendons à chaque instant dire autour de nous : *Il se porte comme un roc, Il est doux comme un mouton,* expression où l'on peut encore trouver faible trace d'analogie ; ou bien celle-ci : *Je suis enrhumé comme un chien,* où il y en a plus aucune et qui, à vrai dire, est au moins absurde ; le renforcement est bien cherché là pour lui même ; on croit le sentir par illusion de l'habitude.

§ 10. *Schéma de la formation de l'idée.* — Il est aisé de démontrer schématiquement comment peut se produire l'accroissement d'activité que l'image analogue procure. Une idée est matériellement détenue par un nombre considérable d'éléments, mais ce nombre est fort réduit par rapport à la somme totale ; la représentation de l'idée se fera par la mise en activité des éléments qui la soutiennent. Le travail histologique des combinaisons intercellulaires, nécessaire pour l'avènement de l'idée étant acquis, il ne sera plus perceptible à la simple représentation. Je me représente à volonté l'idée d'oiseau, de croix et de n'importe quel objet de moi bien connu, sans le moindre sentiment d'effort mental. Si deux idées sont éveillées en succession immédiate de manière à se représenter l'une par l'autre et si elles sont en quelque partie analogues, c'est-à-dire si elles reposent sur des groupes d'éléments communs, ceux-ci, par le fait de leur double éveil, reçoivent non seulement une provocation double, donc plus intense, mais les deux groupes provocateurs étant de qualité composite différente, les parties communes provoquées doublement et différemment subiront le contre-coup de la différence en ce sens que les décharges nerveuses des combinaisons intercellulaires ne suivront plus exactement les mêmes voies ; elles seront obligées d'en créer de nouvelles d'où surcroît de travail accompagné d'éréthisme plus ou moins intense suivant l'intensité du travail.

Il est bien évident que l'importance de l'idée et la justesse du rapport analogique sont deux facteurs influant sur l'étendue du travail. Les phrases : *M. X se porte comme un roc, Les fautes réapparaissent comme les morts*, ne provoquent pas toutes deux un travail aussi considérable. Remarquons que ce travail est le même que celui nécessité pour l'avènement d'une idée ; ainsi une sensation étant déjà différenciée, la combinaison de deux sensations créera un état de différenciation plus avancée; l'idée naît de ces combinaisons. Si donc la formation d'une idée provoque un surcroît d'activité accompagné d'éréthisme et si le sentiment de l'éréthisme est ce pourquoi l'idée est esthétique, pour être conséquent avec nous-même, nous devrions dire que toute idée nouvelle pourrait être esthétique; c'est en effet ce que nous prétendons. Hâtons-nous d'ajouter que tous les états organiques ne sont pas propres à laisser percevoir l'activité histologique de l'idéation, de sorte que toutes les idées ne paraissent pas belles ; suivant l'état organique qui les accompagne on les dira souvent laides. La relativité du beau est encore rendue bien évidente par ce fait : l'avènement d'une idée est esthétique parce que son apparition nécessite un travail histologique nouveau pour la formation de voies nouvelles (bien entendu, si le travail ne s'exécutait pas comme de lui-même, mais nécessitait un effort intense d'attention, il ne nous procurerait plus immédiatement plaisir); la même idée étant répétée, l'activité histologique n'exige plus qu'un travail de plus en plus faible ; ainsi les idées d'usage courant ne donnent-elles bientôt plus aucune satisfaction mentale. S'il s'agit d'idées très complexes comme celles évoquées par la description littéraire, la vue d'un paysage, etc., il n'en est plus de même. Elles sont le résultat de combinaisons qui ne trouvent pas à s'exercer souvent ; les voies histologiques qui ont conditionné leur apparition sont tôt perdues par le non-usage. Je remarque que si je lis plusieurs fois à peu d'intervalle une page qui m'a mentalement émotionné, chaque fois elle me plaît moins, puis me laisse indifférent ; mais si je la relis longtemps après, elle sera comme nouvelle pour moi et j'éprouverai encore de l'émotion esthétique. Si un morceau de musique gagne à être entendu plusieurs fois, si le *da capo* ne gêne pas l'effet esthétique, c'est que les combinaisons entre éléments idéatifs provoquées par la musique sont plus subtiles, plus mobiles, ne sont pas exactement les mêmes à la première audition qu'à la seconde, altérées par d'autres éléments qui se sont glissés fortuitement dans la pensée émue ; mais que le morceau vienne à être trop souvent répété, il ne plaira plus durant un certain temps.

§ 11. *L'impression esthétique*. — Sans aucune exception, si l'on analyse une idée manifestement belle, on trouvera qu'elle est belle parce qu'elle contient des rapports analogiques exprimés ou sous-entendus entre les groupes d'éléments qui la composent. Cela est vrai de toute idée, mais avec des idées extrêmement différenciées, on ne pourrait l'apercevoir qu'en remontant la longue suite des différenciations antécédentes. Avec l'idée esthétique, on l'apercevra aisément ; et de plus on découvrira toujours que l'analogie est, par *exaltation*, *coïncidence* ou *reformation* des groupes d'éléments exprimés ou sous-entendus par l'idée, et cela ne peut surprendre puisque ces trois cas de rencontres d'éléments idéatifs sont les seuls possibles et mécanisent suivant l'appréhension spécifique la possibilité de conclure la rencontre dans le sens de l'analogie.

Ce qui confirmerait bien la précédente remarque serait que : puisque l'idée esthétique se peut décomposer à l'analyse en l'un des modes d'éréthisme idéatif, ces modes, alors même qu'ils n'arriveraient pas à nous donner une idée claire et définissable, par le seul fait de leur activité devraient nous procurer des impressions esthétiques. C'est en effet ce qui arrive. Tous les exemples que nous avons donnés à l'appui de l'existence de ces modes plaisent à notre mentalité ; il suffira de s'y reporter pour s'en convaincre. Je voudrais en ajouter quelques-uns plus humbles, plus antérieurs à l'avènement de l'idée ; ils convaincront d'autant plus de la valeur primordiale du mécanisme qu'ils représentent.

Il serait inutile d'insister pour montrer que l'éréthisme d'exaltation est réductible à un simple effet dynamique, de même l'éréthisme de coïncidence. On obtiendra la preuve expérimentale de l'effet esthétique produit par l'éréthisme de reformation en regardant un paysage à travers un verre coloré. Personne ne sera insensible à l'agréable surprise que l'on en éprouve. Cela s'explique en ce que l'acquis est perturbé par la coloration anormale que prennent tous les détails composants du paysage ainsi regardé ; on a l'illusion d'un fait nouveau au delà de l'acquis. Cette expérience ne manque jamais de réussir, même avec les individus de mentalité la plus pauvre. Le changement de milieu, s'il ne cause pas une impression pénible de dépaysement, intéresse notre idéation pour une raison semblable ; c'est le plaisir le plus délicieux que procure le voyage. Le paysage dans lequel j'habite cesse par l'effet de l'habitude de m'intéresser esthétiquement, parce qu'il m'est entièrement acquis ; mais que vienne un rayon de soleil après une pluie sur les arbres inondés, et à nouveau il m'intéresse ; si absent quand la saison change je vois au retour les arbres nus, tandis que je les ai quittés couverts de feuilles ou avec une frondaison neuve tandis que je les vis, au départ, dépouillés de verdure, je suis encore intéressé esthétiquement. C'est encore par le mécanisme de la reformation que s'explique le plaisir esthétique fondamental des arts détenu par leurs moyens propres d'expression. Sous ce rapport l'art littéraire est le moins avantagé parce que son moyen d'expression, le langage verbal, neutralise la sensibilité de ses voies par un usage constant, tandis que la mise en activité de l'idéation par les moyens de la ligne et du son, obtenue ainsi par artifice, est moins fréquente, et par ces moyens les idées subissent une reformation inévitable de leur acquis. La vue d'un tableau, abstraction faite du sujet traité, cause une sorte de plaisir physique de la mentalité. *Quelle vanité que la peinture qui attire notre admiration par l'imitation de choses que nous n'admirons pas dans la réalité.* La raison de cette admiration est bien dans l'illusion d'accroissement de conscience donnée par la reformation d'impressions acquises ; la traduction en lignes et couleurs d'un objet naturel reforme l'impression acquise de cet objet. L'idée provoquée par des voies non habituelles dépasse l'expérience de son acquis. Enfin un des effets les plus puissants de reformation est détenu par le *leit-motiv* qui dirige une pensée à travers les fluctuations d'autres pensées la reformant de leurs nuances.

Il faut voir en tout cela la raison mécanique pour laquelle les manifestations de l'art ont toujours paru comme jeu désintéressé. L'idée, provoquée par des voies indirectes, n'est pas excitée avec toute l'intensité qui la mettrait en activité entière, et la ferait reparaître telle qu'elle a été acquise par l'expérience journalière, dans l'exercice de la conscience du moi. Des représentations artistiques et littéraires de vie moderne normale et médiocre ne plaisent point à l'intelligence des simples, parce que leur idéation pauvre en ressource n'offre pas une richesse de voies par lesquelles leurs idées pourraient être « attaquées » sans jouer utilement ; le peuple ne comprend rien à l'ironie de certains livres qui font notre joie mentale.

On conçoit que si chaque sensation est pour l'intelligence comme une façon différente d'être ou comme une porte ouverte sur le monde, les combinaisons entre éléments internes qui accroissent l'étendue de l'intelligence sont encore autant d'ouvertures nouvelles (1). C'est pour cela que les cas de rencontres entre éléments, même sans aboutir à une idée nouvelle, procurent l'illusion d'accroissement d'intelligence ; l'on pourrait même dire qu'ils nous donnent une jouissance génésique pour la pensée. C'est donc bien parce qu'ils conditionnent l'avènement de l'idée que l'idée est esthétique. Certes nous reconnaissons qu'à vouloir attribuer une valeur finaliste à l'idée, celle-ci est d'abord une continuation de l'organisme dans le sens du *primum vivere*; avant de permettre de jouir des belles couleurs, l'œil sert à surprendre la proie. Cependant nous n'avons connaissance d'un objet qu'après avoir acquis les éléments qui le composent. L'idée est naturellement, foncièrement esthétique par les conditions élémentaires de sa formation ; cela ne signifie certes point qu'elle le paraisse ensuite toujours à la conscience. Quand elle le paraît, c'est parce que les conditions immédiates de sa représentation sont assez vives pour procurer cette émotion spéciale de la mentalité dite impression esthétique.

L'idée dans le moment où elle se forme participe de l'excitation de toutes les voies qui concourent à son existence. C'est aussi ce qui se produit quand elle est encore provoquée plus tard dans des conditions telles que le sentiment du travail histologique nécessité pour cela est à nouveau rendu perceptible. Si l'idée est importante, si

---

(1) Voir dans HUXLEY, *les Problèmes de la biologie*, 1892, le résumé de la doctrine de Berkeley sur la sensation, pp. 169 et suiv. et aussi l'inversion des sens. DURAND DE GROS, *Essai de physiologie philosophique*, 1866, pp. 375, 380.

elle occupe un grand nombre de voies et ainsi une partie plus considérable de la masse idéatrice, dans l'affluence d'images et de formes remuées et rendues possibles, l'individu ressent comme un effet de compréhension très vif ; il y a accroissement de tonicité mentale d'où illusion d'accroissement de conscience, puisqu'un plus grand nombre d'éléments entre, en ce cas, en jeu dans le même temps (1).

(1) SULZER (in *Théorie universelle des beaux-arts*, 1772) et HEMSTERHUYS (in *Lettres sur la sculpture*, 1769), appelèrent beau *ce qui donne le plus grand nombre d'idées dans le plus petit espace du temps;* on sent que cette définition est exagérée dans ses termes ; réduisons-les ; nous arrivons à cette simple constatation que le beau est incitateur de l'éréthisme idéatif. La formule que, presque dans le même temps, proposèrent les deux philosophes, est celle qui conviendrait le mieux à l'art de notre époque ; elle s'approche le plus, selon nous, de la réalité du fait cérébral. Elle ne fut pas toujours comprise. Jean-Paul Richter la rejeta ; Tœppfer s'en amusa d'un esprit balourd ; seul Gœthe, en la mentionnant dans sa *Campagne de France*, la traita avec équité. En somme, elle n'est que l'interprétation de cette autre formule beaucoup plus générale : *Le beau est l'unité dans la variété*. Cette définition est celle que donnèrent sous des formes diverses Platon, saint Augustin, Hutcheson, Moïse Mendelssohn, Schelling et l'esthétique allemande contemporaine, notamment avec Lotze. Elle peut être opposée à cette autre aussi générale, *le beau consiste dans l'ordre et la proportion* qu'Aristote, Bossuet, Condillac, Burke, Wolf, Baumgarten, le père André, Gœthe et l'esprit classique formulèrent diversement. Ces deux groupes de définition ne sont pas incompatibles ; si une chose paraît belle parce qu'elle existe avec ordre et proportion, elle est le type de toute sa catégorie ; elle fait plus qu'être, elle évoque toutes ses possibilités ; elle suscite le rappel d'autres formes acquises. Et si une chose nous permet d'apercevoir ses possibilités différenciées d'elle-même, si elle les suscite par l'éréthisme qu'elle provoque, c'est qu'elle se trouve dans les conditions les plus parfaites d'existence, qu'elle est belle. Gœthe trouvait la définition d'Hemsterhuys corrélative à la sienne ; les deux groupes concordent en effet, ils ne diffèrent que parce qu'ils jugent le beau sous deux faces opposées, objectives et subjectives. La définition classique le considère dans ses qualités objectives ; l'autre le saisit dans l'impression qu'il procure à la mentalité. Je considère celle-ci comme étant plus explicative puisqu'elle s'attache à une réalité plus saisissable. Les tentatives faites par l'école physiologiste dite « matérialiste » pour chercher les causes du beau s'appuyent aussi sur des réalités bien évidentes. Lange par exemple fonde l'esthétique sur des observations

Les distinctions du beau, du joli, du sublime, l'introduction des termes utilité ou inutilité, intéressé, désintéressé sont des façons différentes d'apprécier le jeu d'éréthisme, qui, un des plus humbles de l'organisme, produit un effet de manifestation intellectuelle des plus élevés. Si j'arrivais artificiellement à provoquer des rencontres indéfinies entre idées et éléments d'idées, j'obtiendrais une impression esthétique même très intense. Je le puis de la façon suivante : — Je pense à un paysage, à une jeune fille ou à une femme aperçus par hasard une fois, jamais plus revus et dont je n'ai qu'un souvenir désintéressé ; j'essayerai d'en fixer par la pensée l'image dans l'instant où j'entendrai exécuter un morceau de musique ; la représentation s'altérera reprise par les symboles et formes d'idées activées par la musique. Si j'en ressentais une impression de beauté, je ne parviendrais pas à en démêler la cause ; cette impression ne me serait-elle pas donnée surtout par l'audition de la musique? Or je puis réduire ce dernier facteur par trop complexe, et pour cela j'exécuterai moi-même, au piano, un accompagnement de quelques mesures, une suite d'arpèges variée de manière à former un « air » ; je suis bien certain que cet « air » ne peut provoquer en moi une impression esthétique, car je l'ai répété si souvent en manière d'exercice qu'il m'est complètement acquis ; je l'ai répété en le faisant varier successivement et sans interruption dans toute la série chromatique de la gamme. C'est ainsi que je me propose de le répéter encore. D'autre part, la représentation sur laquelle j'arrête ma pensée ne me paraît plus belle ; si jadis elle a pu m'in-

---

très vraies comme la jouissance procurée par les émotions (die Affecte), les excitations, les changements d'état (voir C. LANGE, *Sinnesgenüsse und Kunstgenuss. Beiträge zu einer sensualistischen Kunstlehre* herausgegeben v. H. Curella). Mais à mon sens ces tentatives restent bien superficielles, bien éloignées des faits dont elles traitent.

téresser esthétiquement, elle est un souvenir décoloré, comme une notion. Mais dès que je touche le clavier, la représentation s'anime et m'anime ; je la sens mieux ; nul doute que la cause ne soit dans les combinaisons se formant entre les éléments idéatifs qui la composent et ceux provoqués par l'audition de cette suite de notes rythmées. Tandis que sans l'interrompre, la phrase musicale passe d'un ton à un autre, ma compréhension s'altère, puis s'approfondit et me trouble ; en vain je chercherais des expressions verbales pour traduire les pensées que j'éprouve. C'est de la pensée remuant de la pensée, étendant les limites de ma puissance à comprendre. Et ainsi une simple idée dont mon esprit ne jouit que médiocrement, avivée par des formes d'idées qui la reprennent et la développent, me fait atteindre, par le jeu histologique des combinaisons provoquées, à une extension indéfinie de la conscience impersonnelle et à une impression esthétique intense, infiniment.

Sans chercher pour le moment à nous rendre compte comment, lorsque l'idée a assez d'intensité pour provoquer ses correspondances psychiques et organiques, elle peut être encore désintéressée, bornons-nous à constater qu'il existe une certaine opposition entre l'activité mentale et celle psychique. N'avons-nous pas remarqué souvent que si une idée esthétique vient par hasard à provoquer notre conscience personnelle, si elle cesse de se représenter pour ainsi dire impersonnellement, le plaisir esthétique s'évanouit aussitôt ? Ce fait qu'une même représentation est esthétique si elle n'intéresse pas le moi, et ne l'est plus si elle l'intéresse, serait à lui seul une bonne preuve d'une certaine autonomie de l'activité mentale.

§ 12. *La sensibilité mentale ; sa dissociation fonctionnelle.* — Existe-t-il vraiment une sensibilité mentale ?

La réponse affirmative serait capable de renouveler toute notre psychologie actuelle. M. Dumas est, après Meynert, un des premiers à l'avoir posée. Dans ses observations sur l'autoscopie et dans ses recherches sur l'émotion, M. Sollier a fourni des arguments en faveur de son existence et qui paraissent difficiles à nier, nous y reviendrons; mais toujours la sensibilité mentale a été étudiée dans le but de rompre l'impasse où le problème de l'origine du sentiment était engagé avec la théorie Lange-Sergi-William James. Ce qui nous intéresse, ce n'est pas seulement de reconnaître la possibilité de sentiments prenant naissance dans les centres, mais la part de ces sentiments dans la formation de l'idée. Nous voudrions savoir si, lorsque nous prétendons que l'avènement de l'idée s'accompagne de plaisir, ce plaisir est fonctionnellement distinct du plaisir que cause une satisfaction comme celle procurée par un bon dîner ou une bonne nouvelle. Ceux mêmes qui se sont employés à établir la distinction de la sensibilité mentale, ne soupçonnent pas qu'elle peut être à la fois distincte des sensibilités organique et psychique, en somme qu'elle est une manifestation de tout un département de l'activité intellectuelle vis-à-vis d'autres départements, l'organique et le psychique.

Il serait absurde de prétendre que ces départements sont entièrement autonomes, qu'ils n'ont pas une origine commune, qu'ils ne manifestent pas tous la même tendance fondamentale au développement; nous disons seulement qu'ils représentent des fonctions distinctes.

Le développement mental commence à une époque où l'individu ne peut réagir; il se poursuit longtemps comme en dehors des contrôles psychiques. L'organe sensoriel appréhende à la périphérie telle catégorie de vibrations à l'exclusion d'autres parce que, nous disent les physiologistes, il est spécifique de cette catégorie. Qu'il y consente ou non, celui qui aura les yeux ouverts ne pourra s'empêcher de voir : l'activité psychique n'est donc pas nécessairement engagée dans ce fait. Au centre les mêmes choses se passent et de la même manière. La cellule centrale ayant acquis par l'excitation périphérique une qualité spécifique, la détient ; elle est de spécificité acquise et la voilà apte à accepter des courants de spécificité composite voisine ; nous avons reconnu que sa qualité peut devenir analogue à celle des autres et qu'aucune limitation ou opposition différencielle ne pourrait se produire si les concomitances externes n'appelaient des groupes dont la composition, différente de groupe à groupe, n'offrait des points d'appui à l'édifice permettant ainsi par de nouvelles différenciations les combinaisons futures. Ces combinaisons s'opèrent toujours comme s'opérait l'appréhension de l'excitant périphérique, c'est-à-dire par spécificité ; cela échappe encore au consentement et au contrôle de l'individu, en un mot à l'activité psychique.

L'activité que ces faits supposent, a sa conscience propre, sa sensibilité propre avec les deux états extrêmes de plaisir et de douleur, termes bien exagérés pour désigner la réaction sensible d'un phénomène histologique assez réduit, disons seulement satisfaction et gêne. Il paraît bien difficile de ne pas admettre les dissociations fonctionnelles de ces états par rapport aux sensibilités organique et psychique lorsque l'on considère la façon dont se peut organiser le progrès mental.

Doit-on supposer qu'un progrès puisse être effectué et enregistré dans cette partie de notre appareil nerveux, les centres où s'opère la formation des idées résumant le travail de toutes les parties du système, lorsque l'une d'elle est lésée, qu'il y a douleur, c'est-à-dire signe de non progrès ? La formation et l'avènement de l'idée sont un progrès de l'expérience. Il s'en suivrait que la douleur psychique et organique n'aurait aucune part dans la formation de nos idées, proposition insoutenable, ou il faudrait admettre que les centres idéatifs enregistrent immédiatement une telle douleur comme un progrès. On répondra que lorsqu'il y a douleur, il y a arrêt et que la formation d'une idée issue d'une impression douloureuse ne s'acquiert pas au moment de la douleur, mais que sa formation est retardée d'un temps au moins égal à la perception douloureuse vive, de sorte qu'elle se forme non de la douleur même mais du souvenir de celle-ci. Cela paraît exact, mais ne fait que reculer la difficulté. Le souvenir de la douleur organique ou psychique serait toujours douloureux et le fait sensible quoique moins intense reste de même nature ; il y a toujours une impossibilité à concevoir que le même état de sensibilité marquant arrêt, aide l'acte mental constituant un progrès. Il doit donc, semble-t-il bien, exister une sensibilité propre à l'activité mentale.

Cet argument n'est pas une nécessité logique ou une subtilité de casuiste : qu'on considère la chose de près, elle en vaut la peine ; elle est d'importance première. Si l'activité des éléments qui détiennent immédiatement l'idée est vraiment capable de répercussion sensible propre, et nous en avons la preuve avec les modes de l'éréthisme idéatif, c'est qu'elle est établie sur un mode sensible par lequel elle est en quelque sorte rendue indépendante de l'effet plus grossier et plus intense des autres sensibilités qui viendraient sans cela, à tout instant, inhiber le travail délicat qu'elle exécute. L'idée d'une douleur psychique ou organique redevenue intense, sera sans doute toujours douloureuse parce que son intensité nous rend capable de retrouver le processus de sa provocation originelle ; mais en tant qu'idée, elle ne l'est pas ; bien au contraire, on a dû remarquer qu'une idée acquise d'une expérience douloureuse peut quelquefois devenir agréable au souvenir ; le cas est rare, mais il est possible. Or il serait radicalement impossible si les douleurs organique et psychique étaient les mêmes que la douleur mentale. Ces trois états, comme nous l'avons déjà prétendu, sont fonctionnellement dissociés bien que pouvant entrer en correspondance directe les uns avec les autres. A quoi nous servirait-il de l'affirmer à nouveau sans entrer dans le détail des preuves ? Nous aurons à revenir plus loin sur la nature de la sensibilité mentale. Bornons-nous pour le moment à la constatation que nous venons de faire et qui paraît justifier la dissociation de la sensibilité mentale, celle qui concerne le travail de la formation des idées. Bien que l'effet conscient de cette sensibilité puisse être recouvert le plus souvent par l'action des autres, le progrès idéatif reste un plaisir pour l'élément ; inaperçu, il n'en exerce pas moins son effet qui demeure, dans tous les cas, le même, ou bien il faudrait supposer que l'idée ne se forme pas toujours de la même façon. Le fait douloureux organique ou psychique ne s'idéifie pas au moment où il se produit, sa répercussion vive créant un arrêt général ; s'atténuant ensuite, il ne saurait quand même devenir objet de progrès mental s'il conservait son caractère primitif de douleur, c'est-à-dire, d'arrêt.

§ 13. *L'autonomie mentale ; indifférence du plaisir histologique mental à l'égard de la connaissance et des relations de celle-ci avec les activités organique et psychique.* — Les modes de l'éréthisme idéatif sont indifférents au sens intellectuel des opérations que les éléments concluent ; ils ne sont que la répercussion de l'activité employée à ces opérations. Si leur jeu est plus ample, mieux perceptible, cause de plaisir plus intense, lorsqu'ils accompagnent une idée riche de sens comme cette belle phrase de Paul Arène comparant la réapparition des fautes à celle des morts, ce n'est pas parce que la rencontre des idées est riche de sens, mais parce qu'elle est en même temps riche d'éléments en groupes mieux nourris, plus capables de prolonger la répercussion et d'éveiller une suite de combinaisons plus importantes. Dans cette étrange manie appelée écholalie, le malade cherche le plaisir mental en dehors de tout sens ; il l'obtient par la répétition de consonances produisant bientôt l'éréthisme d'exaltation des groupes élémentaires engagés dans la consonance poursuivie. C'est parce que le plaisir idéatif est indifférent à la pensée, à ce que l'idée sera par rapport aux activités psychique et organique, que la sensibilité mentale est autonome, qu'elle est capable de conduire des opérations que peut contredire ensuite l'intelligence constituée, comme on le verra dans les cas d'aberration d'origine mentale. De même que la pensée peut progresser par le fait que son acquis devient inconscient, qu'un virtuose exécutera brillamment des exercices difficiles parce qu'il ignore ce que font ses doigts, fait montrant bien que l'acquis devenant automatique se dégage de l'affectivité, de même si l'acquérable n'était pas accepté par un mécanisme à peu près indifférent à l'affectivité générale, l'intelligence ne progresserait pas, comme nous l'avons déjà laissé entendre.

L'activité mentale est donc, croyons-nous, autonome ; mais son autonomie n'est que relative puisqu'elle emprunte ses états sensibles à une cause commune à tout l'organisme. Jusqu'ici nous n'avons parlé que des états sensibles relatifs au plaisir mental et non de la peine ou plutôt de la gêne mentale. Nous savons que les modes d'éréthisme signalent l'accroissement de l'activité mentale, l'idée ayant été conclue ou non ; et il est facile de prévoir que, l'idée étant conclue, la satisfaction s'évanouirait si elle rencontrait une contradiction avec l'intelligence constituée, c'est-à-dire avec les rapports des activités mentales psychique et organique devenus objets de connaissance. La gêne qui se produirait alors et qui pourrait se répercuter au dehors de l'activité mentale serait dans ce cas postérieure à la connaissance, à l'avènement de l'idée ; on verra qu'elle peut être aussi antérieure à cet avènement, en marquant la disconvenance matérielle de celui-ci par rapport à l'acquisition mentale faite jusque-là.

§ 14. *La « surprise » histologique ; la satisfaction et la gêne mentales*. — Ce que nous avons appelé mode de reformation et qui nous procure une joie esthétique élémentaire, pouvant être antérieure à l'idée conclue, est la forme la plus réduite de la surprise. Or on s'est presque toujours refusé à admettre que la surprise en elle-même puisse être cause de satisfaction ou de non-satisfaction. « La surprise antérieure à toute connaissance, dit M. Dumas (1), ne peut être ni agréable ni pénible, surtout si on veut bien la considérer dans le premier moment de son apparition. En général, l'homme surpris ne sait pas, comme l'a très bien remarqué Descartes, si le nouvel objet qui l'étonne sera bon, mauvais ou indifférent pour lui ; il ne sait pas encore quels instincts particuliers vont être gênés ou satisfaits, et, de prime abord, il n'est porté ni à la tristesse ni à la joie. Sa réaction ne tend à devenir agréable ou désagréable que lorsqu'il pressent déjà les associations ou dissociations futures, lorsque la surprise se mêle d'éléments étrangers, et voilà pourquoi on peut parler de bonne surprise, de

---

(1) Georges Dumas, *la Tristesse et la Joie*, p. 186. Paris, F. Alcan, 1900.

mauvaise surprise ; ce qu'on qualifie ainsi ce n'est pas la surprise même, mais plutôt l'émotion qui, en fait, l'a suivie. » Ces remarques sont on ne peut plus justes en ce qui concerne l'activité psychique lorsque la surprise porte sur un ordre de faits capables d'atteindre le sentiment de notre individualité et les idées sur lesquelles ce sentiment repose directement ; mais elles ne peuvent s'appliquer à l'activité mentale originaire. Il y a de « bonnes » et de « mauvaises surprises » mentales. Jusqu'ici nous avons supposé qu'un fait extérieur nouveau, donc, peut-on croire, inconnu, occasionne un accroissement de l'activité mentale par la reformation de l'acquis d'où plaisir perceptible dû à l'action de l'inconnu sur la mentalité ; on verra qu'il est des circonstances où un fait nouveau vraiment inconnu perturbant l'acquis, occasionne une surprise désagréable due encore à l'action de l'inconnu. Ce qui est inconnu, dira-t-on, ne peut l'être que par rapport au connu et ce que l'on prend pour l'action de l'inconnu est en réalité la réaction du connu ; cela est indubitable ; il ne peut par conséquent, ajoutera-t-on, exister un état de gêne ou de plaisir antérieur à la connaissance. — Qu'on nous permette d'insister : il s'agit de faits primitifs extrêmement réduits, une discussion à leur sujet ne saurait être autre que subtile : qu'on veuille bien en excuser le ton.

Le connu représente la masse d'éléments acquis dont la provocation ne saurait plus exciter de surprise. Un fait à demi connu, entrant en rapport avec le groupe idéatif qui se rapproche le plus de lui, reforme ce groupe ; il y a surcroît d'activité spontanée, d'où plaisir. Le plaisir est dans ce cas bien dû à la surprise, à l'action que cause l'inconnu et qui marque la possibilité d'acquérir une idée nouvelle, état qui en se produisant peut préparer une résolution idéative, sans l'effectuer aussitôt. Si cet état se prolongeait ainsi et s'il avait assez d'importance pour absorber à son profit toute l'activité mentale, il ne tarderait pas à devenir une gêne. A ce moment il ne serait plus une surprise ; il nous aurait seulement été agréable en tant que surprise.

Un fait entièrement inconnu s'opposerait aussitôt à notre acqu. et procurerait une surprise désagréable. A l'époque où la mentalité a acquis la plupart des idées dont nous avons à nous servir dans l'usage courant de la pensée, les faits extérieurs vraiment nouveaux sont devenus rares ; elle est loin cependant d'avoir épuisé les variations de concomitance que peut affecter la composition des objets extérieurs. Chaque fois que ceux-ci se présenteront à nous sous des formes renouvelées, ils engendreront le cas d'éréthisme idéatif dit de reformation qui constitue un plaisir mental comme nous l'avons appris. Mais à l'âge où l'intelligence acquiert ses premières idées, le nombre des objets et des phénomènes extérieurs entièrement inconnus est considérable. Elle n'en peut obtenir la représentation qu'après avoir acquis tous les éléments qui y participent. On n'aura aucune peine à reconnaître que, la rencontre d'un objet inconnu, ne trouvant pas de groupes idéatifs précédemment acquis qui lui répondent plus ou moins, doit créer momentanément un arrêt de l'activité mentale, un état de surprise désagréable. C'est ce qui se produit encore aujourd'hui pour nous lorsque nous nous trouvons soudain en présence d'un objet, dont les formes ne répondant encore à rien de ce que nous avons acquis, perturbent brusquement notre idéation. (On montrera plus tard comment un tel état qui fait exception au cas général de l'éréthisme de reformation en ce sens que l'objet au lieu de tendre à reformer ce groupe acquis, tend à reformer la masse idéative entière, ou plutôt s'oppose à la masse de l'acquis, peut mécaniser le passage de l'état organique à l'état représentatif dans le phénomène de la peur proprement dite.)

Ainsi donc la rencontre du demi-connu, et celle du moins connu ou de l'inconnu crée des états de « surprise histologique » ; le premier est un plaisir, le second une gêne. Revenons au cas où la rencontre du demi-connu, ayant provoqué la réformation d'un groupe crée un état d'activité. Ce fait, ne trouvant pas à se résoudre, se fut évanoui sans avoir abouti à donner une idée nouvelle, comme il arrive la plupart du temps ; mais ayant de l'importance, retenant l'activité mentale et persistant ainsi sans aboutir, il ne tarde pas à s'opposer à toute la masse idéative puisque rien dans la masse n'est capable spontanément, sans effort spécial, de le résoudre ; nous retombons alors au cas prévu tantôt, d'un fait inconnu tendant à reformer tout l'ensemble de l'acquis, s'opposant à tout cet ensemble.

Nous n'avons pas encore à nous inquiéter des états de renforcement du mécanisme idéatif que la gêne mentale provoque alors et qui sont des efforts spéciaux (attention réfléchie, attention volontaire, volonté) devant produire la résolution de l'idée lorsque celui-ci ne peut se former automatiquement, ou devant décider l'abandon de cette opération reconnue pour l'instant impossible. Nous constatons seulement le rôle de «prévoyance» à l'égard du devenir mental que remplit la sensibilité mentale. Le plaisir nous apparaît comme un hôte complaisant qui accepte quantité de combinaisons entre éléments, dont le rejet pourra s'imposer dans la suite, tandis que la gêne joue un rôle plus « intelligent », plus précis et plus sévère.

Cette « prévoyance » de l'intelligible n'est pas une sorte de vertu mystérieuse, le *deus ex machina* des théories idéalistes ; elle est comme un instinct de l'acquis, un réflexe de la sensibilité mentale, de la masse idéative. Il est facile d'en reconnaître la possibilité. — Un groupe d'éléments acquis est, a-t-on dit plus haut, un ensemble d'éléments de spécificité composite. De même que l'organe spécifique tend à entrer en rapport avec une catégorie d'excitants à l'exclusion des autres, de même le groupe est apte à appréhender certaines combinaisons d'éléments, dont la spécificité se rapproche de la sienne, et ne peut entrer en rapport avec les autres. Or l'ensemble de l'acquis, la masse idéative est de spécificité composite, mais infiniment multipliée. Par là elle est apte à accepter une foule de combinaisons extérieures ; mais toute combinaison externe acceptée pour avoir répondu à des correspondances très vagues avec des groupes acquis, ne pouvant s'idéifier lorsqu'elle paraît ensuite de spécificité composite étrangère à toutes les parties de la masse idéative, l'opposition générale de celle-ci est bien comme le réflexe défensif de sa sensibilité. Avec le cas de surprise désagréable, l'opposition est immédiate.

La sensibilité mentale nous paraît ainsi comme la qualité acquise de la région cérébrale où s'organisent et se forment les idées ; sa qualité est formée par les qualités particulières de ce qu'elle contient. Ce n'est pas un terme commode inventé par le théoricien pour le besoin de la cause ; on vient de surprendre une des faces de sa réalité et l'antériorité de son jeu par rapport à la connaissance proprement dite. Elle n'est vraiment postérieure à la connaissance que lorsqu'elle marque la répercussion mentale du connu ou les rapports conscients du travail mental avec le travail des activités psychique et organique. La connaissance complète d'un fait suppose, comme on le sait, la reconnaissance de ce fait, son acquisition bien établie et corrélativement la prévoyance de ses effets en nous ; elle implique donc, pour les phénomènes mentaux susceptibles de s'associer aux activités psychique et organique, la conscience de telles associations.

§ 15. *L'aberration mentale.* — L'indépendance relative de la sensibilité mentale à l'égard des autres et son antériorité par rapport à la connaissance nous sont démontrées par la possibilité de l'aberration mentale et la satisfaction très réelle que celle-ci procure à la mentalité.

Si la recherche de cette satisfaction est poursuivie pour elle-même, l'intelligence ne sera plus assurée de trouver équilibre dans ses autres systèmes d'activité, les attaches affectives par lesquelles le psychisme est relié à l'idéation resteront dans ce cas sans effet. C'est le cas du dilettantisme. L'aberration devient possible avec le plaisir signalant toute représentation nouvelle reformant l'acquis. Le plaisir que j'éprouve à regarder des paysans passer sur une route tout près de moi, sans bruit, tandis que je les vois gesticuler et discuter, comme dans l'exemple donné au début de ce livre, n'est point certes de l'aberration. Aucune explication ne se présentant à mon esprit pour justifier l'anomalie éprouvée, au plaisir idéatif ne tardera pas à succéder de la gêne ; l'aberration sera donc enrayée. Il n'y a pas non plus aberration avec le plaisir que j'éprouve à regarder un paysage à travers un verre coloré ; ce plaisir, d'abord très vif, s'émoussera bientôt, l'acquis reprenant ses droits. La reformation de l'acquis provoque, comme nous le savons, l'éréthisme mental ; la satisfaction est, en somme, normale, puisqu'elle ne manquera pas de se produire avec tout cas semblable ; elle ne mérite le nom d'aberration que lorsqu'elle se prolonge au delà du temps de surprise, et que le besoin de justification ne se fait pas sentir. Étant esthétique, elle sera recherchée pour elle-même. Huysmans a rempli tout un livre de la description minutieuse de cas où cette recherche est tentée ; c'est une sorte de monographie de névrosé ; le malade dont il s'agit dans *A rebours* recherche jusqu'aux plus bizarres toutes les impressions dues au factice ; il loge dans une chambre aux tentures somptueuses imitant la pauvre cellule de l'ascète, il aime les fleurs artificielles ou celles aux formes monstrueuses, il se fait construire un aquarium peuplé d'animaux mécaniques ; il a chez lui une tortue vivante dont la carapace, glacée d'or et incrustée de pierreries, ressemble à un gigantesque bijou vivant ; il se complaît dans une littérature arrivée à la période où foisonne le néologisme, etc. Sans aller aussi loin que ce malheureux dans l'amour du factice, nous ne pouvons nous empêcher d'éprouver du plaisir mental à des impressions qui altèrent notre acquis : qu'on veuille bien se reporter aux nombreux exemples que nous avons donnés de l'éréthisme de reformation.

L'altération systématique des couleurs et des formes dans un tableau par rapport aux couleurs et aux formes réelles, celle du sens des mots dans la description littéraire sont encore autant de moyens factices pour provoquer l'extension de conscience, l'illusion d'une compréhension plus étendue et plus profonde. Il est bien certain que cette illusion ne pourrait pas se produire si la satisfaction mentale était toujours postérieure à la connaissance ; elle n'en dépend pas toujours et souvent elle l'altère en ce sens qu'elle la dépasse.

§ 16. *Conclusion.* — De ces précédentes discussions, nous devons retenir ceci.

L'idée est le sentiment plus ou moins précis de sa définition, et comme on ne peut définir une chose que par son véritable genre prochain et ses véritables dissemblances, qu'en la délimitant de ce qui lui ressemble le plus, et en l'opposant à ce qui n'est pas elle, il en résulte que la suite des formations des idées nous apparaît comme une suite de différenciations des éléments constitués en groupe.

Avec des idées concrètes, on aperçoit clairement que la délimitation établissant l'idée repose sur l'analogie la plus voisine ou le contraste le plus éloigné. Si cela représentait bien la réalité du phénomène interne constitutif, il serait évident que, quelle que soit la complexité des idées, toutes se formant d'une façon identique, si les plus complexes ne paraissent plus établies sur des analogies ou des contrastes, c'est parce que la suite des délimitations qu'il a fallu pour y arriver, a réduit de plus en plus l'apparence analogique au point qu'on en peut plus trouver trace sensible. Remplaçons la notion abstraite et vague de l'analogie entre l'externe et l'interne par la particularité physiologique qui la rend concevable : la spécificité des appareils récepteurs et celle d'analogie entre les éléments internes par la spécificité composite des groupes d'éléments combinés dans les centres, et on arrivera ainsi à se représenter d'une façon satisfaisante les différenciations successives par lesquelles progresse l'idéation.

La spécificité périphérique ordonne que la cellule terminale de tel organe sensoriel appréhende telle catégorie de vibration, à l'exclusion d'autres. L'intelligence nous dit que la vibration nerveuse correspondant à la vibration physique est strictement analogue à celle-ci; c'est l'adaptation la plus intime de l'ordre interne à l'ordre externe. Mais, tandis qu'entre l'interne et l'externe l'analogie n'est probablement qu'apparente, elle est réellement possible entre les éléments internes. Tous sont préanalogues. S'ils étaient dès le début analogues, il en résulterait pour l'intelligence l'impossibilité de créer entre ses éléments des différenciations ; mais les concomitances des phénomènes externes entrant dans la constitution des divers objets appellent en pareilles concomitances les éléments internes qui leur correspondent. Le rappel fortifié de telles associations ne marque pas une activité autre que celle de la mémoire; ces associations sont des groupes de spécificité composite; leur composition diffère ; ils ne sont pas équivalents, mais plus ou moins analogues; ils peuvent s'opposer, et s'ils se combinent entre eux, le résultat sera une différenciation nouvelle en tant que formant de nouveaux groupes distincts.

Or, comment concevoir la possibilité d'un progrès indéfini, si l'intelligence n'enregistre que des apparences? Après toutes les apparences immédiates acquises le progrès s'arrêtera-t-il ? L'intelligence n'est pas exclusivement soumise à l'excitation venue du dehors. Cette excitation provoque des combinaisons d'éléments internes non impliquées toujours par l'ordre extérieur immédiatement apparent et sans cesser pour cela d'être fidèle au principe général de la spécificité qui est lui-même l'application physiologique de la loi mondiale d'activité suivant le moins grand effort. Les combinaisons internes opérées dans la masse des éléments acquis sont limitées aux cas de rencontre possible entre éléments par l'intermédiaire des courants que ceux-ci détiennent et déchargent. Ces cas sont de trois sortes: ceux d'*exaltation*, de *coïncidence* et de *reformation*. Nous avons vu comment ils s'accommodent de la spécificité ; en particulier le mode d'exaltation se satisfait de l'analogie comme du contraste toujours par la même loi du moins grand effort.

Les cas de rencontre possible entre éléments de l'idéation ne doivent pas être confondus avec ceux de l'association des idées. Les associations par contiguïté dans le temps et dans l'espace ne marquent pas une activité au delà de la mémoire et les associations par similarité et contraste ne sont souvent que les plus bas degrés du mode d'exaltation. « Les idées et les images ne s'appellent pas mutuellement comme l'aimant attire la limaille », dit M. Grasset, ajoutant que les lois de l'association doivent être cherchées dans la raison qu'ont les neurones de faire telle association plutôt que telle autre. Ces raisons, nous pensons les avoir montrées, lorsque la fonction de la mémoire ne suffit pas seule à les justifier; et nous pensons aussi avoir acquis le droit de prétendre fournir par elles une explication du progrès intellectuel.

Très souvent, les rencontres d'éléments idéatifs s'accompagnent d'éréthisme perceptible dû à l'accroissement de l'activité histologique. Si l'éréthisme n'est pas perceptible, c'est qu'il n'est pas assez intense ou qu'il est recouvert par le jeu d'une sensibilité de répercussion plus ample. Cette remarque nous conduit à l'hypothèse suivante: la sensibilité sur laquelle repose immédiatement le jeu des éléments idéatifs et les éléments eux-mêmes est fonctionnellement distincte des autres sensibilités. Nous avons rencontré plusieurs preuves de cette distinction.

Le plaisir idéatif ne serait pas que postérieur à l'avènement de l'idée, mais aussi antérieur, puisque le mode d'éréthisme, sans avoir conclu à l'idée, est objet de plaisir. Le plaisir idéatif, tout en pouvant être antérieur à la connaissance, est quand même postérieur à la tendance (celle générale au développement) et aussi à l'expérience (l'excitation sensorielle), forme originaire de la connaissance. Sa possibilité ne dément donc pas la donnée de la physiologie, et il rentre dans la définition générale du plaisir : un sentiment d'activité locale tendant à devenir activité générale.

Nous en concluons qu'il participe à la formation de l'idée avec son état opposé, la douleur histologique ou gêne mentale. Pour celle-ci, nous n'avons fourni encore aucune preuve. Si notre supposition était exacte, nous serions bien préparés à aborder le problème de la formation de l'idée et des formes complexes du raisonnement. Mais il s'en faut que nous soyons tellement avancés ; les choses ne se passent pas aussi simplement que nous l'avons dit. Toutes les sensations n'apparaissent pas également analogues à l'excitant ; ce sont seulement celles dépendant d'organes bien différenciés comme la vue et l'ouïe ; il nous faudra examiner si le principe de la spécificité est applicable à toutes les sensations sensorielles ; ce sera l'objet du chapitre suivant. Puis, en analysant les diverses manifestations de la sensibilité mentale, nous rencontrerons de nouvelles données qui nous prépareront mieux à aborder le problème de l'avènement des idées et de l'exercice du raisonnement.

A cause même de l'importance que nous accordons dans la suite à la théorie dite de l'éréthisme idéatif, il est nécessaire, afin d'éviter toute fausse interprétation, de bien préciser ce que nous entendons par là. — Les rencontres des groupes de spécificité composite par l'intermédiaire de leurs courants, représentant un travail histologique, produisent dans la masse qui les comprend un accroissement d'activité, d'où éréthisme, la forme la plus réduite du plaisir, et cela à l'occasion des modes précités. C'est le cas le plus général ; nous le dénommons *éréthisme idéatif* parce que, suivant toute vraisemblance, la théorie qui s'en dégage paraît convenir à la formation de l'idée. Mais le travail histologique des rencontres, suivant le plus ou le moins de facilité avec lequel il s'opère, n'est pas accompagné toujours de plaisir, s'il ne se résout pas aussitôt par lui-même ; il engendrera alors immédiatement la forme la plus réduite de la gêne ou de la douleur, et cela, comme on le verra, de plusieurs manières. Ce sera la genèse des états de renforcement que représentent la volonté et l'attention proprement dites. Le plaisir et la gêne histologique du travail mental pourrait donner peut-être aussi la clef du passage entre l'état organique et l'état représentatif, dans les émotions proprement dites.

CHAPITRE II

L'ÉQUATION SENSORIO-MOTRICE

I. *Rapports des sensations.* — § 17. L'analogie mentale adéquate. — § 18. Équivalence, suppléance et spécificité des systèmes sensoriels. — § 19. Fonction de l'analogie ; structure et mécanisme assurant la permanence de cette fonction.

II. *Le mimétisme sensoriel.* — § 20. Le mimétisme homochromique et l'exercice de la vision. — § 21. Hiérarchie des sensations. — § 22. Le mimétisme central et la sensation.

III. *Provocation sensorielle du muscle.* — § 23. Le muscle considéré comme appareil sensoriel interne. — § 24. L'équation sensorio-motrice. — § 25. L'équation sensorio-motrice avec l'accommodation tactilo-musculaire; extension du terme d'accommodation ; principe de l'imitation. — § 26. Union des sensibilités au tact et musculaire. — § 27. Union des sensibilités visuelle et musculaire. — § 28. Union de la sensibilité auditive et de la sensibilité musculaire représentant le système phonateur. — § 29. Union de deux sensations de spécificité différente.

III. *L'exercice mimétique et le progrès de l'intelligence.* — § 30. Paradoxe du rapport entre l'exercice mimétique et le progrès intellectuel. — § 31. Origine mentale de quelques manifestations des activités psychique et organique. — § 32. Conclusion.

I. — RAPPORTS DES SENSATIONS.

§ 17. *L'analogie mentale adéquate.* — J'affirme avec certitude que de deux points on ne peut mener qu'une droite, que l'entier est plus grand que la partie, que si un corps est mû par deux forces dont les directions font un angle, il suit la diagonale; de même lorsque j'affirme que la sensation est mentalement analogue à l'excitant extérieur auquel elle correspond, j'énonce une vérité tout aussi certaine. Cette façon de parler toute subjective n'implique, avons-nous dit, aucune affirmation d'analogie entre substances (1) ; c'est un point de vue d'apparence, mais le plus reculé et présentant dans ce recul la première des certitudes intellectuelles. L'élément originel de l'intelligence ne saurait être, pour l'intelligence, autrement que comme il lui apparaît. L'affirmation que la sensation est mentalement d'analogie adéquate à son excitant comporte en réalité trois ordres de faits: le premier, métaphysique, concernant la substance, ne nous est pas accessible ; le second, psychologique, ayant valeur d'axiome, comme tel n'est pas à démontrer ; le troisième, d'ordre mécanique, est jusqu'à un certain point susceptible de discussion; il concerne la possibilité matérielle du fait. Avant d'y arriver, nous ajouterons, à celles faites précédemment, quelques autres remarques sur la possibilité de l'analogie entre les éléments internes.

§ 18. *Équivalence, suppléance et spécificité des systèmes sensoriels.* — D'une étude sur le rétrécissement du champ auditif dans l'hystérie, je note ces conclusions: Chez un hystérique, quand on excite le champ subconscient de la sensibilité générale (zones anesthésiques), il y a vision colorée ; il en est de même pour les

---

(1) On oserait peut-être le tenter en se rapportant à cette considération de Spencer : « Il faut admettre, dit-il, que les premiers êtres vivants avaient une double nature; ils étaient capables de s'assimiler du monde organique tous les éléments du protoplasma; capables par conséquent de s'approprier le carbonate et l'azote, car il ne pouvait y avoir des sources inorganiques d'azote. Ceci implique une homogénéité de nature. » — Certaines théories allemandes soutiennent l'opinion que le système nerveux n'exerce aucun changement sur les actions physiques, les transmettant à la conscience telles qu'il les recueille du dehors.

sensibilités spéciales ; en effet, toutes les fois qu'on excite le champ visuel subconscient, il y a vision colorée. C'est ce qui se produit aussi avec le rétrécissement du champ auditif, qui est intimement lié à l'audition colorée ; l'audition colorée n'est probablement qu'un stade de l'évolution du sens de l'ouïe dans la série animale. Un homme normal, devenu hystérique anesthésique à la suite d'un traumatisme, présentait de la sensibilité colorée, de la vision colorée, de l'audition colorée ; les couleurs ne lui apparaissaient que devant l'œil correspondant au côté anesthésique. Ce traumatisme avait eu pour résultat de créer deux personnalités : l'une consciente et incolore, l'autre subconsciente et colorée. « La coloration est donc un substratum, *un vieil homme*, qui existe en nous, voilé à l'état normal, mais pouvant se manifester à l'état pathologique. » « N'y a-t-il pas lieu de supposer, ajoute l'auteur de ces remarques, que la sensibilité colorée en général, du moment qu'elle existe chez l'homme dissocié, doit exister chez les animaux inférieurs, puisque l'homme n'est en définitive qu'un animal arrivé à un haut degré de perfectionnement ? Nous n'avons trouvé dans la série animale qu'un seul exemple pouvant se rapprocher de la sensibilité colorée. C'est le cas de la pholade dactyle étudié par le professeur Dubois (de Lyon). A l'état normal, jamais le siphon de la pholade ne devient spontanément lumineux ; mais vient-on à le toucher, la lumière apparaît aussitôt au point de contact et ne tarde pas à s'étendre de proche en proche. La sensibilité colorée pourrait donc être considérée comme un stade de l'évolution de la sensibilité dans la série animale (1). »

---

(1) D^r LE DANTEC (de Bordeaux), *Rétrécissement du champ auditif dans l'hystérie*. Archives de médecine navale, t. LXI, p. 281.

Si les sensations peuvent être perçues distinctes et comme hétérogènes, les faits précédents tendraient à établir leur homogénéité fondamentale, c'est en cela qu'elles sont préanalogues. La sensation dépend aussi bien du mode spécifique d'excitation extérieure auquel elle correspond, que du support organique commun à toutes ; elle est avec la sensibilité organique dans des relations constitutives et ne s'en libère jamais. On sait, par exemple, que les lésions de la zone motrice peuvent être accompagnées de l'anesthésie des divers modes de la sensibilité générale ; le malade ne les percevra plus que comme sensations brutes, fait sur lequel nous aurons à revenir.

Un des arguments les plus probants en faveur de l'analogie possible entre les sensations est leur suppléance, lequel dénonce leur équivalence. Il ne s'agit pas seulement de la suppléance générale, en vertu de laquelle un individu privé de plusieurs organes des sens n'en possède pas moins une intelligence pouvant rivaliser avec celle d'une autre personne jouissant de tous ses sens ; mais l'expérimentation nous en offre des exemples plus précis et où la notion d'équivalence nous est démontrée par le détail dans l'exercice d'une fonction particulière. Un chien privé de ses labyrinthes, qui dès lors ne sent plus les états de tension et de variation du tonus musculaire, sera incapable de récupérer ses aptitudes locomotrices et d'exécuter à nouveau les mouvements qu'il avait appris, si, après l'opération, il était abandonné dans l'obscurité ; il sera privé de l'usage des mouvements réflexes les plus simples de ses extrémités. Revenu à la lumière, il aura bientôt réappris tous les mouvements qu'il avait perdus en perdant ses labyrinthes ; les sensations visuelles auront suppléé à la fonction remplie par l'appareil labyrinthique.

Affirmer de prime abord qu'une sensation visuelle est analogue à une sensation musculaire ou auditive est un non-sens ; la spécificité est bien le phénomène par lequel la sensation, considérée à part, est d'analogie mentalement adéquate à l'excitant, mais dans les rapports internes, les sensations se distinguent par leur spécificité. Comme on l'a vu, ce ne sont point les sensations elles-mêmes qui sont analogues entre elles, mais les groupes de spécificité composite qui le deviennent. Pour que les groupes puissent constamment communiquer entre eux et progresser en différenciation, comme le montre le travail des rencontres intercellulaires, tel que le suppose les modes de l'éréthisme idéatif, il faut que ces sensations ne se comportent pas comme des simples unités assemblées tout d'abord dans les premiers groupes au hasard des concomitances externes, il faut qu'elles conservent entre elles des rapports intimes assurant une constante communication entre elles, c'est ce qu'on exprime en disant qu'elles sont préanalogues. — Si la sensation paraît une et simple à la conscience, elle est toujours, par rapport aux autres, de spécificité composite ; en elle entrent des éléments organiques communs aux autres sensations. C'est par cela que toutes les sensations sont aptes à s'associer, à se suppléer, à assurer toujours aux différents groupes qu'elles forment des possibilités de rapports constants avec toutes les parties de la masse pensante. L'intelligence ne pourrait être éclairée dans ses premiers pas, si les éléments qu'elle emploie ne lui paraissaient distincts et comme existant à part, d'une façon absolue : ainsi le rouge paraît absolument différent du jaune ou du bleu ou de toute sensation sonore, gustative ou musculaire ; mais en même temps elle ne pourrait opérer aucun travail, si ces éléments existaient en elle autrement que relatifs les uns aux autres.

§ 19. *Fonction de l'analogie; structure et mécanisme assurant la permanence de cette fonction.* — En supposant que la sensation ne soit pas l'adaptation stricte du fait interne au fait externe correspondant, ce serait l'anarchie dès la base. Nous ne disons pas que la vibration nerveuse continue la vibration extérieure, ce qui serait impliquer l'homogénéité des deux ordres de faits ; la vibration interne n'est peut-être pas identique à sa correspondante extérieure ; mais elle est d'analogie stricte, adéquate, bien entendu suivant l'apparence. Notre supposition est vérifiable en ce sens que le vice de l'organe sensoriel ne permettant plus l'adaptation normale stricte de l'élément causerait une perturbation totale de l'intelligence.

On a désigné sous le nom de *folie sensorielle* le trouble intellectuel causé par des lésions des organes périphériques. M. A. Voisin en rapporte, d'après divers auteurs et d'après ces propres observations, de nombreux cas : « Griesinger, dit-il, se refuse à admettre que des hallucinations puissent être « le résultat de l'irrita-
« tion des épanouissements périphériques des nerfs des
« sens, parce que, d'un côté, les hallucinations s'obser-
« vent même dans des sens dont la fonction périphérique
« est supprimée, et parce que toute irritation directe des
« nerfs peut bien dans la rétine déterminer des taches
« lumineuses, des images colorées, mais non des formes
« précises, compliquées, dans l'oreille des bourdonne-
« ments, mais non des mots formés. » La clinique vous montrera, ajoute M. Voisin, que ces raisonnements ne sont pas exacts, car certains faits, disséminés dans la science et d'autres qui me sont personnels, démontrent que la suppression d'une lésion des organes de l'ouïe, de la vue, amène la guérison d'hallucinations ; d'autre part, des malades, que je vous montrerai, ont cessé

d'éprouver des hallucinations de la vue lorsque la cécité est devenue absolue (1). »

« Un fait domine la pathologie mentale de l'enfance : les hallucinations y sont toujours suivies de folies (2). »

Chose notable : l'intelligence ne sera que peu lésée par le manque d'un ou de plusieurs organes sensoriels (considérez le cas extrême de Laura Bridgmann), mais elle le sera totalement par le vice d'un de ces organes survenu au moment où elle se forme. Sa constitution repose donc sur la possibilité d'analogie stricte dans les rapports de l'organe sensoriel avec ses excitants extérieurs et d'analogie plus ou moins précise dans les rapports des éléments internes acquis ; son activité repose sur la permanence de tels rapports.

Ne nous laissons ni séduire, ni arrêter par les mots. Peut-on avoir un sentiment permanent même très obscur d'analogie entre les éléments internes de la pensée ou entre leurs groupes ? A la lettre, non. Cependant, dans le cas d'éréthisme d'*exaltation*, de *reformation* et de *coïncidence* qui sont bien normaux, la sensation cénesthésique d'éréthisme est fournie par l'effet d'un plus grand nombre de groupes élémentaires tendant ensemble à entrer en jeu; ils le peuvent parce qu'ils sont analogues; ainsi, quand un des modes d'éréthisme se produit, il y a tendance plus forte de la pensée à l'activité. C'est une loi générale que toute idée tend à se réaliser; nous surprenons, par les modalités de l'éréthisme idéatif, en vertu de quel mécanisme la réalisation se prépare. Cette tendance à la réalisation est permanente à l'état normal, nous savons maintenant qu'il est des cas, ceux d'éréthisme idéatif, où elle produit un effet perceptible. Elle est générale, elle

---

(1) A. Voisin, *Leçons cliniques sur les maladies mentales et sur les maladies nerveuses*, 1883, p. 141.
(2) A. Voisin, *ouvr. cit.*, p. 200.

s'applique à toute l'activité organique ; on croit la sentir dans le muscle au moment où l'on pense avec intensité à un acte à réaliser. Dans le muscle, elle est possible par ce qu'on appelle la *tonicité musculaire*, qui est permanente, comme la physiologie nous l'apprend. Dans le domaine mental, cette même tendance constante et générale à l'activité est la *tonicité mentale* (1), perceptible à l'éréthisme ; elle est de par l'équivalence possible de tous les éléments, équivalence dont la possibilié implique une qualité commune, celle que subjectivement nous appelons l'analogie.

Voici la preuve de cette affirmation. La tonicité mentale est conditionnée par l'effet total de la tendance particulière de chaque élément à entrer en jeu. Que se produirait-il si un seul de ces éléments était perçu, à l'exclusion de tous les autres ? Il deviendrait inanalogue aux autres ; il réaliserait un état impossible à concevoir, l'état d'intelligence inanalogue. Cet état est réalisable ; il peut être provoqué par l'imposition d'un agent unique, une couleur ou un son ; l'esprit s'y délie, la tonicité mentale se relâche et cesse d'être efficace : c'est l'hypnose.

A côté des explications que l'on a données de l'entrée dans le sommeil hypnotique, il me semble que la précédente, particulièrement mentale, doit entrer en ligne de compte. Une contre-épreuve est la suivante. — On appelle idées transcendantales celles obtenues par une

---

(1) On verra dans la suite qu'à l'augmentation de tonicité mentale correspond le plaisir mental et l'illusion de l'extension de l'activité idéative. La gêne mentale correspond non à l'affaiblissement de la tonicité mais à la tension au profit d'un groupe d'éléments sur lequel porte l'attention ; tant que cet état ne se résout point, il y a arrêt de l'activité, ce qui correspond à un sentiment de rétraction ou constriction signifié par la gêne. L'impression du « laid » est produite mentalement par ce dernier état.

longue suite de déductions et se trouvant par cela même au delà des limites de l'expérience, et transcendantes, celles qui sont hors de l'expérience, les unes et les autres détenant une affirmation de l'absolu. L'analogie est l'expression à la fois subjective et concrète de la relativité. Ces idées paraissent en elle-mêmes inanalogues. Si on réfléchit quelque temps sur elles, la pensée ne tarde pas à « se perdre » ; de même en réfléchissant sur sa personnalité ou sur son existence, le sujet se « perd ». En remarquant que l'hypnotisme s'obtient expérimentalement soit par la provocation d'une sensation unique intense et prolongée, soit par l'imposition de la personnalité de l'expérimentateur, on comprendra la concordance de ces faits avec l'explication proposée.

Entre l'hypnose passagère et le sommeil hypnotique, l'écart est grand et marqué par bien des degrés ; le sommeil hypnotique en comporte plusieurs, comme l'a si bien montré M. P. Janet. Ces états provoqués, une certaine activité intellectuelle ne continue pas moins à s'exercer, mais l'activité reste automatique, sans la participation de la masse consciente, d'où absence de contrôle par relâchement de la tension mentale. Cette explication nous rend compte de la raison pour laquelle les hystériques sont, plus que toute autre personne, sujets au sommeil hypnotique, car l'anesthésie plus ou moins étendue qui caractérise leur état indique bien qu'ils ont un moyen plus pauvre de résistance contre l'envahissement d'une sensation unique, leur sensibilité étant déjà systématiquement réduite.

De cet examen, un fait ressort : c'est que la sensation perçue unique, dès lors inanalogue, réalise un état d'incompréhension qui se prolonge plus ou moins et est plus ou moins marqué. Aussi verra-t-on, et à la périphérie et au centre, que l'appareil sensoriel est organisé de manière à prévenir l'effet d'un tel envahissement. L'organe quasi immobile comme l'oreille est en partie soustrait à cet inconvénient par la succession des excitants dans le temps. Le goût et l'odorat y sont également soustraits par les combinaisons qu'ils concluent entre eux. Les exemples d'individus entrés en hypnose par une sensation gustative ou olfactive doivent être très rares ; je n'en pourrais citer. La sensibilité dite générale ne s'élève à la sensation que par une infinité de combinaisons ; les modes de cette sensibilité se défendent donc, par cela même, contre la prépondérance de l'un d'eux. La sensibilité tactile, par exemple, a pour protecteur contre l'hypnose la sensibilité musculaire. Si je touche le dos de ma main gauche avec ma main droite, l'effort musculaire nécessite une sensation coexistant avec la sensation tactile. Cette dernière me paraîtra bien plus intense si elle est déterminée par le frôlement d'un objet, sans que la rencontre de cet objet ait nécessité de ma part un mouvement. Enfin, contre son intensité, la douleur me protégera. — L'œil, par son appareil musculaire propre, dont le jeu, sauf tension extrême, n'est que faiblement sensible, peut se diriger et se maintenir fixé sur l'objet qui le sollicite, aussi est-ce par lui que l'état d'hypnose est le plus fréquent, mais sa structure interne le soustrait presque toujours à la fixation d'un point unique. La non-superposition du centre de rotation et du point nodal antérieur paraît nécessiter sa mobilité (1).

Dans les centres, le moyen de défense est encore plus apparent. En réaction contre les tendances de la localisation à outrance, voulant voir à l'écorce des départements distincts pour chaque sensibilité spécifique, l'école

---

(1) Voir Brücke et Helmholz, *Principes scientifiques des beaux-arts*, pp. 146 et suiv. ; aussi quelques expériences de Donders, Hering, etc., citées par Sandford, *Cours de psychologie expérimentale*, ch. V.

italienne a montré combien vagues sont les limites des centres corticaux ; si l'on superpose le schéma de la sphère visuelle sur celui de la sphère auditive, on verra comment ces deux sphères sensorielles se confondent en partie, se pénètrent et s' « engrènent ». C'est l'idée de l' « engrenage » (*ingranaggio, paziale confusione, conglobazione*) exposée par Luciani (1); elle explique encore la résistance à l'occupation exclusive d'un département cortical par l'envahissement d'un seul mode spécifique.

Ainsi, la possibilité des futures combinaisons entre les éléments idéatifs, dont quelques-uns trouvent déjà dès la périphérie, des moyens les empêchant d'envahir la conscience au détriment des autres, est encore assurée par la façon complexe dont se répartissent les territoires corticaux où ils s'intellectualisent. De la sorte, les qualités réciproques qu'ils représentent se trouvent presque toujours dans un état d'équivalence. Leur équivalence (point de vue physiologique) n'est autre chose que leur possibilité d'analogie (point de vue mental). A cela, il faut ajouter que leur intensité, qui pourrait rompre l'équilibre, est réglée, encore à la périphérie, par les différents réflexes d'accommodation.

II. — Le mimétisme sensoriel.

§ 20. *Le mimétisme homochromique et l'exercice de la vision*. — L'acte élémentaire de l'intelligence ne saurait s'exercer que suivant le plus petit effort, puisqu'il ne suppose qu'un minimum de force et qu'il s'accomplit à une époque où la réaction intérieure ne peut être évidemment qu'infime. Pour l'organe sensoriel, ce sera

---

(1) Jules Soury, *les Fonctions du cerveau*, in *Archives de neurologie*, vol. XVIII, 1889, p. 39.

être actif suivant le moins grand effort que de répondre à l'excitant en le reproduisant intérieurement, altéré le moins possible ; pour cette raison, l'action interne paraît devoir être mimétique. Ne soyons pas dupes de notre subjectivité ; de même que tantôt, en disant que pour le sentiment la sensation est analogue à l'excitant, il ne s'agissait que d'apparence, une apparence qui ne trompe pas puisqu'elle est sans intermédiaire, qu'elle constitue le fait d'intelligence pour l'être pensant ; de même en disant ici que la sensation mimétise l'excitant, on ne veut point prétendre que l'organe imite réellement les conditions réelles du phénomène extérieur, on affirme seulement que le fait de la sensation paraît mécaniquement mimétiser le fait physique. On aperçoit ainsi la continuité unifiante du simple au complexe. Il nous faut reproduire un phénomène avant de l'acquérir et de le comprendre ; on apprend à parler, à lire par imitation ; ce qui au sommet s'appelle imitation se réduit à la base au mimétisme ; l'intelligence s'éduque par la sensation, comme elle continuera à s'éduquer plus tard en imitant des mouvements complexes.

L'imitation est le fait volontaire de reproduire par un organe les sensations reçues par un autre organe ; ainsi je pourrai imiter un son que j'aurai entendu, un geste que j'aurai vu. Quand l'imitation n'est pas volontaire ou quand la volonté n'y intervient qu'à la manière de l'instinct, le biologiste lui donne, chez quelques individus autres que l'homme, le nom de mimétisme : ainsi certains animaux changeront de teinte suivant la coloration du milieu où ils se trouvent. Le mimétisme, comme l'imitation, est toujours la reproduction similaire d'une impression, reproduction devant produire aux autres organismes une impression semblable à celle éprouvée par le reproducteur.

Un des mimétismes en apparence le plus simple et le mieux étudié est celui connu sous le nom de mimétisme homochromique par lequel certains animaux peuvent modifier la couleur de leur peau, et cela par une adaptation immédiate, grâce à la présence dans leurs tissus de pigments de coloration variable. Ces pigments ou corps chromoblastes « s'étalent en nappes où se resserrent en masses arrondies. Leurs changements ne modifient pas la quantité de matière colorante contenue dans l'élément et par suite dans le tissu, mais ils modifient beaucoup l'impression rétinienne que nous en recevons. Dans le premier cas, la nappe étalée, masquant les couleurs plus profondes, impressionne seule la rétine. Dans le second, l'élément resserré en sphère, ne mesurant pas plus de 15 ou 20 millièmes de millimètre fait sur notre rétine une image plus petite que l'élément rétinien, et dès lors devient invisible, tandis que les radiations émanant des parties profondes vont librement impressionner notre œil. Si l'on ajoute que, dans le même tissu, on peut trouver des chromoblastes de différentes couleurs et qu'ils peuvent être les uns ou les autres à divers états de contraction, on comprendra qu'il suffise de deux jeux chromatiques de cette espèce pour amener par leur état de contraction ou de dilatation relatives un nombre considérable de nuances (1). »

Les chromoblastes *expriment* ainsi la coloration du milieu. Or, ce fait n'est point du mimétisme proprement dit ; il n'est pas la transformation, par un organe, de sensations reçues d'un autre organe, il n'y a pas dans ce cas transformation d'impression en expression, ou du moins impression et expression se confondent ici dans le même

---

(1) G. POUCHET, *Des changements de coloration sous l'influence des nerfs*. Paris, 1876, cité par F. LE DANTEC in *Lamarkiens et Darwiniens* p. 136. F. Alcan, 1899.

acte, car l'adaptation des chromoblastes ne s'effectue pas par l'intermédiaire des sensations visuelles, puisqu'on observera encore le phénomène avec un animal auquel on aura sectionné le nerf optique. Excités par l'excitaton extérieure, les chromoblastes répondent directement comme y répondent directement les fibres de Corti, les cônes et bâtonnets rétiniens, les corpuscules de Pacini ou les papilles de la langue; leur jeu, comme celui des cellules sensorielles, est sous la dépendance directe du système nerveux ; si en effet l'on sectionne le trijumeau, le phénomène d'imitation cesse de se produire sur la face du corps correspondant au nerf sectionné.

Ai-je le droit de conclure que la sensation visuelle est le résultat d'un mimétisme de l'organe de la vision ? La seule raison qui pourrait m'en empêcher est que l'acte mimétique, le plus simple existant, celui d'homochromie, est double, il concerne à la fois l'impression et l'expression ; le chromoblaste impressionné exprime lui-même par ses variations son impression. Mais il en est de même pour l'œil. L'œil est impressioné et il exprime son impression, la transmet, non pas il est vrai au dehors, mais au dedans, à l'écorce, par l'intermédiaire des centres qui l'élaborent en sensations. Les corps chromoblastes, devant produire leur effet mimétique à l'extérieur, se comportent comme les cellules terminales des organes sensoriaux à l'égard de l'intérieur de la masse cérébrale, comme, enfin, les cellules centrales et corticales impressionnées par les précédentes se comportent à l'égard de la masse pensante. Le mécanisme est sans doute différent, l'effet est le même.

La différence entre la sensation et le mimétisme homochromique ne concerne donc pas la première partie du fait, la plus essentielle, l'imitation en tant qu'impression, elle concerne la seconde, l'imitation en tant qu'expression ; elle est dans ce cas toute aussi grande entre les deux qu'elle l'est entre le mimétisme homochromique et le mimétisme morphologique ou celui en vertu duquel la linotte sortant du nid, imite le chant de l'alouette qu'elle aura entendue ; et dès lors l'embarras n'est plus que pour le choix du mot. C'est parce que l'appréhension de la vibration par l'organe sensoriel est un fait d'ordre mimétique que la sensation apparaîtra ensuite à l'intelligence comme si elle était mentalement analogue à l'excitant, à l'effet de l'excitant faudrait-il dire, mais l'effet n'est-il pas mimétique ? Mimétisme et analogie sont deux termes ici synonymes ; l'un exprime l'application périphérique, l'autre l'application corticale et mentale de la même loi générale du moins grand effort.

On a distingué le mimétisme servant à l'attaque de celui servant à la défense dans la lutte entre les espèces ; il y a des mimétismes qui exigent un concours d'organes, d'autres qui sont une adaptation immédiate de l'organe impressionné ; quelques-uns sont volontaires, la plupart involontaires. A les distinguer ainsi il y aurait presqu'autant de formes différentes que d'espèces animales distinctes. En somme toutes les variétés du mimétisme se ramènent au même principe : reproduire par un organe un phénomène extérieur utile au maintien de l'organisme. Par exemple, on a constaté que les *convoluta* présentent des mouvements oscillatoires synchromes de la marée et des oscillations de quinzaine correspondant au retour périodique des grandes marées. Ces mouvements continuent à se produire quelque temps si on soustrait ces animaux aux variations du niveau de l'eau en les plaçant dans un aquarium (1). Je ne crois pas qu'on ait

---

(1) Observations de M. Bohn sur la périodicité vitale (anhydrobiose). *Revue universelle*, 1905, p. 31.

noté cette particularité comme une forme de mimétisme cependant, par elle, ces animaux « imitent » la marée ; or ce n'est certes pas à la lettre qu'il faudrait prendre cette expression ; de même quand on dit que certains animaux à pelage des régions arctiques « imitent » la couleur blanche du sol couvert de neige ou que certains poissons habitant sur des fonds sablonneux « imitent » les couleurs de ce sable comme si le sol avait une couleur par lui-même. Le principe qui conditionne ces cas et tous les autres se trouve plus parfaitement représenté dans l'impression sensorielle qui n'est pas une variété du mimétisme mais qui en est le type même, lorsqu'elle s'exerce dans un appareil très différencié. Il sera malaisé de l'admettre pour un individu comme la pholade dactyle dont toutes les sensations se réduisent au mode tactile et aussi pour nous avec les sensations de la sensibilité générale. Sauraient-elles exister foncièrement différentes ?

Avant de l'examiner, d'autres considérations vont nous permettre d'apercevoir dans toute son importance la précédente notion du mimétisme sensoriel. — Tantôt, en l'énonçant, pour nous mettre en garde contre une interprétation dépassant le point de vue de l'apparence, nous avons eu soin de faire la réserve suivante : en disant que la sensation paraît mécaniquement mimétiser le fait physique, on ne prétend point que l'organe imite réellement la condition réelle du phénomène extérieur. Nous allons voir que cela peut aussi être affirmé ; bien entendu cette affirmation ne s'étend point à la sensation même, au fait proprement mental de l'intellectualisation qui reste toutefois une apparence, mais à ses conditions mécaniques originelles.

Dans une de ses récentes études sur les résonances

chez les colloïdes, M. Le Dantec (1) a été amené à considérer les phénomènes de résonance comme une des manifestations de l'équilibre universel. Les corps sont des résonateurs spécifiques ou indifférents. Les résonateurs indifférents sont ceux capables d'imiter n'importe quels sons, pour cela il suffit « que des liaisons existent, obligeant chaque partie des corps à revenir, après un déplacement, à sa position première, mais que ces liaisons soient en même temps assez peu exigeantes pour que le modèle oscillatoire ne soit pas réglé dans ses détails. Cela est réalisé dans l'air libre qui peut ainsi imiter tous les sons (2) ». L'éther des physiciens se prête à l'imitation d'une autre échelle de résonance, celle de la vibration lumineuse. Les corps blancs sont des résonateurs indifférents se prêtant à la résonance de toutes les lumières, tandis que les corps colorés sont spécifiques de telle lumière qu'ils renvoient à l'exclusion des autres. « Les corps colloïdes remplissent les meilleures conditions pour être des résonateurs parfaits. Chaque particule de ces corps est en équilibre avec le suivant et avec les autres particules, de telle manière que si une cause quelconque la déplace sans détruire ses liaisons, elle doit osciller autour de sa position primitive et, si le colloïde est homogène, les liaisons étant de même ordre, dans ses divers points, une oscillation réalisée en un point, se généralisera aisément à toute la masse. Suivant la manière dont la masse colloïde sera limitée, il pourra d'ailleurs s'y produire ce qui se passe dans une masse d'air confiné, c'est-à-dire que les liaisons du colloïde avec ses parois pourront faciliter ou empêcher sa résonance vis-à-vis de certaines oscillations. — Le même

---

(1) F. LE DANTEC, *De l'homme à la science*, 1907.
(2) *Id.*, p. 160.

colloïde pourra être un résonateur à échelles diverses. Nous constatons familièrement une particularité analogue dans les corps qui nous entourent. Je vois par ma fenêtre des roseaux qui oscillent dans le vent (mouvement pendulaire à l'échelle mécanique); ils rendent un son aigu sous le frottement de la brise (mouvement sonore à l'échelle acoustique); ils sont verts sous la lumière du ciel (résonance à l'échelle de vibrations lumineuses). — Mais, dans les roseaux que j'observe, les trois résonances d'échelles différentes semblent absolument indépendantes l'une de l'autre. Ce qu'il y aura au contraire de plus remarquable chez les colloïdes, du moins chez les colloïdes vivants, c'est que, s'il existe en eux des liaisons à diverses échelles leur permettant d'être des résonateurs pour des vibrations d'échelles différentes, il existe aussi entre eux des relations d'équilibre entre les phénomènes qui se passent dans leur sein à ces différentes échelles. Une résonance d'ordre lumineux peut, par des transformations des conditions d'équilibre à cette échelle, influencer les conditions d'équilibre réalisées dans le colloïde à l'échelle sonore (1)... Un protoplasma vivant qui a longtemps vécu en présence de vibrations sonores, de radiations lumineuses ou autres, de colloïdes à rythmes variés, est, par suite des équilibres successifs dont il a fait partie et dont il a gardé l'empreinte, un magasin de résonances enregistrées (2). »

L'organe sensoriel peut être ainsi considéré comme un appareil résonateur spécifique qui reproduit ou imite les vibrations extérieures auxquelles il correspond. L'imitation ainsi comprise représente l'explication mé-

---

(1) F. Le Dantec, *De l'homme à la science*, pp. 163, 164.
(2) *Id.*, p. 173.

canique et objective du phénomène interne, la condition physique originelle de la sensation. Le sentiment d'analogie adéquate représente la réalité subjective du même fait, son envers conscient, ce en quoi consiste son intelligence subjectivement parlant.

§ 21. *Hiérarchie de sensations.* — Il est à prévoir que chez un être dont le système nerveux de relation est pauvre en organes différents, les réactions qui correspondent à ce qui pour nous constituerait l'intelligence, sont vagues et peu variées. Or chez nous, à part les organes de la vision et de l'audition auxquels est permis une appréhension très délicate, susceptibles de transmettre au centre des différences infinies dans les variations de l'excitant, à part encore ceux de l'odorat et du goût, toutefois moins fins, les autres sont à l'origine grossiers en différenciations, les sensations qu'ils nous donnent se distinguent mal avant que l'expérience les ait localisées, et le résultat des excitations peut être altéré par celles antécédentes. Dire que leur effet est mimétique paraît un non-sens. Le mimétisme indéniable est le terme auquel aboutit l'adaptation la plus rapprochée entre l'organique et les causes physiques ; si l'adaptation était parfaite pour tous les organes, l'édification de l'intelligence deviendrait impossible. Ainsi Maudsley supposait que si « l'homme parvenait à atteindre une harmonie parfaite avec le monde extérieur, c'est-à-dire avec tout ce qui l'entoure, sans en excepter la nature humaine, de façon à percevoir et à agir dans toutes les circonstances avec la certitude et la précision de l'instinct, il n'aurait plus ni mémoire, ni raison, ni sentiment, ni volonté ». C'est encore trop peu dire ; une harmonie totale entre l'organique et l'inorganique aurait pour résultat de supprimer la réaction de l'organique par laquelle se manifeste la vie.

Suivant l'opinion commune l'œil est considéré comme l'« organe intellectuel » par excellence parce qu'il est le mieux adapté ; cette opinion est radicalement fausse. On doit à la vision et à l'audition des renseignements précis, bien différenciés, mais le seul fait de l'extrême différenciation rendue possible dès la périphérie par la complexité de l'appareil récepteur indique que la part de la réaction centrale, par laquelle l'excitation sera intellectualisée, est moindre. Cette part est bien plus importante avec les sensations de la sensibilité générale ; avec leur fonction on assiste à l'avènement de l'intelligence. Bien que chacune en particulier paraisse spécifique, elles ne s'élèvent au rang de sensation que par le concours plus marqué des actions qu'elles exercent entre elles. Un fait clinique que nous mentionnions tantôt nous le prouve. Les lésions corticales de la zone motrice font subir des altérations à chaque mode de la sensibilité générale sans en abolir les divers modes élémentaires ; « le sujet, dans ce cas, conserve la perception de la sensation brute en perdant la perception des variations qualitatives de cette sensation (1) ».

La spécificité semble tout d'abord ne devoir être attribuée à une autre cause immédiate qu'à la différence des dispositifs périphériques ; mais ce n'est point tout ; les centres y contribuent aussi. Pour leur part, l'obscurité qui enveloppe la question est due « à la difficulté que l'on éprouve à faire le départ de ce qui est dû à l'excitation actuelle et de ce qu'il faut attribuer aux excitations antérieures : le rôle de celles-ci est probablement le principal déterminant. Il est un principe maintenant devenu familier, c'est que tout fait de connaissance

---

(1) H. VERGER, *Des anesthésies consécutives aux lésions de la zone motrice.* Thèse de Bordeaux, 1896, p. 82.

repose sur des processus d'association, et que plus ceux-ci sont nombreux, plus la connaissance est adéquate à la réalité : rien n'empêche de supposer qu'une excitation lumineuse ou acoustique tombant sur une terminaison nerveuse cutanée, par exemple, n'excite pas cette terminaison et ne soit, par elle, conduite aux centres : mais là, elle s'épuise avant de rencontrer des résidus de même nature auxquels elle puisse s'associer avec fruit au point de vue de sa perception (1) ». Or, pour les sensations comme celles de la vue ou de l'ouïe, les processus constitutifs des associations paraissent limités à ceux conclus entre les excitations lumineuses ou entre les excitations sonores, la part qu'y prend la sensibilité sensitive ou organique est vraisemblablement fort réduite ; aussi peut-on parler de mimétisme avec les organes de la vision et de l'audition. Le principe s'altère avec les autres parce que leurs associations ne sont pas limitées à leur spécificité réciproque, elles empiètent réciproquement sur les domaines voisins. Cet empiètement est très marqué avec les sensations de la sensibilité générale, un exemple typique en est donné par la sensation stéréognostique ; comment peut-on concevoir que celle-ci fournisse une connaissance mentalement adéquate à la réalité ?

Avec les sensations de la sensibilité générale doit-on renoncer à une interprétation, le mimétisme, qui serait fausse pour elles tout en restant juste pour les autres ? La sensation stéréognostique est bien celle qui exige le processus d'association le plus complexe ; peut-on dire qu'elle mimétise l'excitant ? Cela paraît absurde. Nous allons voir comment le concours réciproque des sensations dites de sensibilité générale permet le passage de

---

(1) W. BECHTEREW, *ouv. cité*, p. 731.

l'action mimétique des éléments à la véritable imitation, avec laquelle les principes d'analogie mentale et de mimétisme, tels que nous les avons reconnus comme conditionnant le progrès et l'exercice de l'intelligence, redeviennent manifestes et indéniables.

Ils le sont pour les organes de l'ouïe et de la vue. Pour ceux-ci, les variations de l'excitant correspondent à des variations internes distinctes et constantes. Longtemps on avait supposé que l'appareil de l'audition se décomposait en autant d'organes spéciaux qu'il existe de sons simples perceptibles. Les arguments objectés contre cette théorie sont trop connus pour qu'il faille insister. Il suffit de rappeler que le nombre de fibres de Hensen, qu'on avait cru en dernier lieu, après celles de Corti, accordées chacune pour un son déterminé, dépasse de beaucoup la quantité des sons perceptibles ; il est du reste difficile de concevoir que la longueur d'onde des sons puisse sympathiser avec des fibres qui ne mesurent pas plus de 1/20 de millimètre (1). De même, si la théorie de Yung est compromise par l'étude des amauroses et des dyschromatopsies, celle de Boll, basée sur le travail photochimique de la rétine, nous suffit pour comprendre que les changements de vibrations lumineuses trouvent une correspondance stricte.

(1) « Dans le cours de nos études, dit Firmin Larroque, j'ai découvert à ma grande surprise que mon oreille droite présente une lacune de sensibilité entre mi $_3$ et fa $_3$ que j'attribue à la rupture accidentelle de quelques fibres de Corti. Les variations du poids tenseur indiquent que l'amplitude de cette lacune correspond à 2/19 du demi-ton en question. Cette observation apporte une première confirmation de l'hypothèse d'après laquelle les organes de Corti sont des vibrateurs sériés, en même temps qu'elle ouvre une voie insoupçonnée à la vérification microscopique. » (Sur le mécanisme de l'audition des sons. *Compte rendu de l'Académie des sciences*, t. CXXX, p. 120.) Sans aller jusqu'à prétendre que cette observation confirme l'ancienne hypothèse, elle nous permet de contrôler la finesse d'appréhension de l'organe, et pour le point de vue qui nous occupe, cela est suffisant.

Il y aurait aussi correspondance étroite entre les différentes parties de la rétine et leur projection sur l'écorce. On a constaté que la lésion de la lèvre supérieure de la scissure calcarine produit une hémianopsie limitée au quart inférieur du champ visuel, que la lésion portant sur la lèvre inférieure produit l'hémianopsie du quart supérieur du même champ, d'où l'hypothèse de l'existence de la « rétine corticale » qu'on ne doit pas confondre avec la sphère visuelle. La « rétine corticale » désignerait le champ de la sensation visuelle, tandis que la sphère visuelle correspondrait au champ de la vision mentale. Il ne faudrait pas toute fois prendre à la lettre l'expression de rétine corticale(1); elle correspond cependant à une réalité. On a cru pouvoir l'infirmer en faisant ressortir que le corps genouillé externe interrompt la continuité des conducteurs, les cylindres-axes des cellules ganglionnaires de la rétine pourraient entrer en rapport avec les dendrites de plusieures cellules de ce ganglion de telle sorte que la perte de quelques-unes des fibres rétiniennes serait compensée et ainsi la lésion de la moitié dorsale du ganglion serait suppléée par la partie centrale; c'est ce qui n'a pas lieu car la lésion de la partie dorsale entraîne l'hémianopsie du segment correspondant de la rétine. Il est prouvé au contraire que la connexion des arborisations cylindra-xiles des fibres rétiniennes dans les dendrites des cellules du corps genouillé est très strictement limitée(2). Ces différents faits prouvent la part prépondérante que la périphérie prend dans la constitution des sensations visuelles et auditives et montrent aussi selon toute vraisemblance, que la plupart des associations intercen-

---

(1) Morat, *ouv. cité*, p. 598.
(2) J. Soury, *ouv. cité*, p. 1445.

trales, conclues sur le passage des voies conductrices avec les autres systèmes, est plus réduite que pour les autres sens. Si on ne peut croire à une transmission intégrale de l'excitant, nous savons du moins que, pour l'ouïe, l'ordre de la succession n'altère pas la perception qualitative de chacun des excitants en particulier et il y a lieu de supposer que le fait physique de l'excitant en devenant physiologique est moins altéré qu'avec les autres sens

Déjà avec les sens de l'odorat et du goût, les choses changent ; si on note que les fibres olfactives entrent en rapport pour ainsi dire individuel avec les cellules (cellules mitrales) du bulbe olfactif, où elles aboutissent, il est pourtant notoire que les cellules mitrales s'associent dans le bulbe ; par là, elles peuvent exercer entre elles une fonction de suppléance, la transmission de l'impression périphérique n'est plus assurée dans ses voies longues d'une conduction aussi directe que pour la vision. Ce qu'il y a de plus frappant et de plus grave pour notre point de vue c'est que, avec les sens de l'odorat et du goût il n'existe pas de correspondance stricte entre l'excitant et son effet, l'ordre dans lequel se produisent les excitations influant sur la perception qualitative. Deux odeurs peuvent réciproquement s'annihiler. Le goût et l'odorat peuvent s'associer ; ainsi une distinction de saveur qu'on fait aisément les narines ouvertes est difficile ou impossible, les narines closes(1). Avec ces deux sens à vouloir interpréter l'action sensorielle comme un fait de mimétisme central, il faut reconnaître que ce fait n'a plus la même perfection que tantôt. Nous allons voir qu'il devient encore plus vague avec les sensibilités tactiles.

Les manuels classiques de physiologie attribuent

---

(1) Voir les expériences relatées par Ed.-T. Sanford, *ouv. cité*, chap. III.

cinq catégories à la sensibilité tactile; ce sont les sensations du tact, de pression, du froid, du chaud et de la douleur. Bien qu'il existe des éléments différents pour les sensibilités au tact et à la pression (corpuscules de Meissner et de Pacini), celles-ci ne sont pas irréductibles l'une à l'autre; la seconde n'est que le renforcement de la première, le chatouillement peut être provoqué par l'excitation de l'une comme de l'autre. Il est inutile d'insister pour montrer que la sensibilité à la douleur est tout à fait générale et qu'elle est provoquée par tout exercice sensoriel trop intense. La sensation thermique n'est pas qu'un mode de sensibilité tactile ; comme telle, elle est fort réduite, très peu différenciée à la périphérie, puisque l'appréciation du chaud et du froid, sur un point, dépend de l'impression antécédente perçue sur ce point. Mais elle est encore générale comme la douleur ; l'excitation ou la section du sympathique provoque des effets thermiques, de même l'altération sous forme de piqure du troisième ventricule. M. R. Dubois dans ces expériences de thermogénèse est arrivé à modifier la température générale du corps par des sections de la moelle cervicale et a fait pour quelque temps d'un animal à sang chaud comme le chien un animal à sang froid. La sensibilité thermique n'est qu'accessoirement sensorielle; elle est avant tout organique et générale; elle est peu différenciée : on sait qu'une température au-dessous de vingt degrés produit sur la peau une sensation non thermique mais douloureuse.

L'union fonctionnelle de la sensibilité thermique et de la douleur en tant que toutes deux générales, est établie par le rapport qui existe entre l'anesthésie et la provocation du froid ; mais un fait prouve encore mieux cette union et la différence entre ces sensibilités et celles proprement sensorielles ; c'est la syringomyélie. L'on sait que le syndrome constant de cette affection consiste dans la dissociation des sensibilités du tact qui sont conservées tandis que les sensibilités à la douleur et à la température sont abolies. Pour expliquer ce fait, l'opinion des cliniciens et celle des anatomistes est en contradiction absolue. Les premiers prétendent tenir là une preuve des dissociations intra-médullaires des voies de la sensibilité générale (1) ; les autres, avec MM. Déjerine et Long (2) n'admettent pas cette interprétation. Ne pourrait-on pas supposer que la lésion de la substance grise empêche la répercussion sensible et consciente des sensations thermiques et douloureuses, mais non la conduction centripète ? D'autre part, si l'on considère les sensibilités thermique et à la douleur comme sensorielles au même titre que les autres, et si l'on suppose leur conduction centripète accomplie par la substance grise, voilà encore une contradition ; la conduction du nerf sensoriel cranien pourrait-elle différer à ce point de celle des nerfs sensoriels rachidiens ? La question reste ouverte, il ne nous aura pas été inutile de la poser, car par elle les sensibilités thermiques et à la douleur nous apparaissent comme des faits de répercussion générale donc peu différenciée ; il est par conséquent impossible de retrouver dans leur jeu la notion de mimétisme. Cependant, lorsque la sensation thermique intéresse non pas un point du corps, mais le corps tout entier, l'augmentation de la respiration, la sécrétion des glandes sudoripares sont autant de réflexes jouant pour rétablir l'équilibre entre les variations de la température ambiante et les variations caloriques internes. Ce fait montre bien la correspondance qui existe entre les

---

(1) GRASSET, *Diagnostic des maladies de la moelle*, 1901.
(2) LONG, *les Voies centrales de la sensibilité générale*. Thèse de Paris, 1899.

deux ordres de faits, mais la notion de mimétisme appliquée, à ce propos resterait bien vague.

Revenons maintenant à la sensibilité au tact. Dire que la sensation tactile mimétise l'excitant est apparemment un non-sens. Tandis que les différents organes sensoriels disparaissent en descendant la série animale, la sensibilité au tact ne fait jamais défaut ; les autres sensibilités se réduisent alors à celle tactile ; elles en étaient comme les différenciations. On la retrouve même chez les êtres qui n'ont pas de système nerveux spécialisé ; « on lui donne alors le nom d'*irritabilité,* car elle ne résulte plus de l'impression d'éléments déterminés et on ne peut admettre qu'elle provoque des sensations, la conscience semblant manquer presque totalement » (Besson). On l'aperçoit comme essentielle à la vie de relation puisqu'en elle se réduisent les formes externes différenciées de la sensibilité sensorielle, mais la vie de relation n'est pas représentée uniquement par ces formes externes, elle a aussi des formes internes (les sensations musculaires) qui s'élèvent en différenciations conscientes par celles externes, tout d'abord par l'intermédiaire de la sensibilité tactile. Il est important de saisir comment elles correspondent aux manifestations mondiales ; nous ne tarderons pas à l'apprendre. Quelques mots suffiront pour montrer le rôle de la sensibilité tactile dans cette correspondance.

Une addition à la théorie des sensations est celle des différents réflexes d'adaptation ou d'accommodation qui s'y rattachent ; nous en verrons l'importance bientôt.

Les sensibilités tactiles ne sont pas toujours défendues contre l'intensité par de purs réflexes. Il n'existe pas d'appareils spéciaux pour les accommoder ; c'est la sensibilité musculaire qui alors remplit cette fonction. Voit-on l'importance de ce fait pour le devenir de l'intelligence? La sensation tactile se peut régler par un mouvement qui n'est point fatal, un mouvement qui peut être tributaire de la volonté, qui peut lui-même être produit par association d'autres mouvements pouvant s'acquérir mémoriellement par les résidus d'images motrices employées, susceptibles donc de modification et de perfection. L'accommodation visuelle est, si l'on veut, un acte « d'intelligence organique »; pour le tact, l'acte d'accommodation est plus vaste et décomposable; chaque élément entrant en jeu dans cet acte peut être conscient ; il sera d'abord maladroit, n'étant pas rigoureusement réglé, mais il est perfectible. Avec lui, l'intelligence apprend son progrès, comme un enfant que l'on soutient apprend à marcher; le guide, le soutien est ici le phénomène affectif, la douleur qui survient après le faux pas.

En résumé, les sensations peuvent être hiérarchisées suivant leurs degrés de différenciation originaire. Pour les unes, les auditives et les visuelles, la différenciation est la plus avancée et ne relève, semble-t-il, que du système auquel la sensation appartient en propre; une sensation visuelle ne se confond pas dans la conscience avec une sensation auditive; au dedans du système, la distinction des excitants est également très avancée ; cependant il paraît que le système auditif l'est davantage que le visuel: nous pouvons percevoir simultanément plusieurs sons distincts. Avec les sens du goût et de l'odorat, la différenciation décroît, et bien davantage avec la sensibilité générale: les mêmes excitants ont des effets divers suivant l'ordre de leur succession, ils peuvent ainsi être confondus dans la conscience. Or, il n'est point vrai qu'il y ait en cela une infériorité pour l'usage futur que l'intelligence fera de ces dernières sensations, car les associations multiples, que les systèmes sensoriels mal différenciés à l'origine concluent ensuite entre eux, avancent leur différenciation ; c'est une différenciation à laquelle participe souvent la conscience ; nous venons de le laisser prévoir pour le rapport des sensations tactiles et musculaires. Comme les sensations de la sensibilité générale ne sont pas protégées automatiquement par des réflexes d'adaptation ou d'accommodation et que l'accommodation se fait pour elles par l'intermédiaire de l'état affectif nettement conscient ; il semble que nous sentions mieux ces sensations et qu'elles nous appartiennent mieux. Tandis que les visuelles et les auditives sont comme en dehors de nous, objectives ; celles tactiles de pression, de contact du froid et du chaud nous paraissent subjectives. Ce n'est certes qu'une illusion ; on se l'explique en ce que les premières se produisent avec un minimun d'état affectif, et en fait si on rencontre peu de personnes pouvant à l'état normal extérioriser à volonté telle sensation visuelle de couleur, par exemple, au point d'en obtenir l'hallucination, tout le monde sait qu'en pensant à une partie délicate de la peau on ne tarde pas à y éprouver une impression tactile.

De cela on peut conclure que toutes les sensations sensorielles ne participent pas d'une manière égale au progrès de l'idéation, et que les plus parfaites suivant l'ordre physiologique sont comme les matériaux tout préparés que le constructeur utilise au fur et à mesure de ses besoins. Hâtons-nous d'ajouter que ce serait une grossière erreur de prendre cette image à la lettre ; aucune sensation ne saurait exister à part ; les mieux différenciées à l'origine sont comme les autres reliées à l'état affectif général, mais les liens qui les y rattachent sont plus délicats. Notre comparaison n'accuse qu'une différence de degré, mais très notable. — La différence est en effet très sensible, d'après ce qu'on vient de voir, entre le groupe des sensations auditives et visuelles et celui de la sensibilité générale. Le groupe intermédiaire, celui des gustatives et des olfactives, tient des deux ; il n'a pas une différenciation d'origine aussi nette que le premier, et bien que les sensations gustatives et olfactives suscitent des mouvements d'adaptation par l'intermédiaire de l'état affectif conscient, mouvements qui ne sont donc pas tous réglés automatiquement, elles n'ont vraisemblablement aucun lien d'association constitutive avec les faits moteurs ; les lésions de la zone motrice ne les altèrent pas. Elles ne possèdent ni la différenciation avancée qui caractérise le premier groupe, ni la compensation dont jouissent les sensations de la sensibilité générale, aussi ne remplissent-elles dans notre vie intellectuelle qu'un rôle secondaire.

§ 22. *Le mimétisme central et la sensation.* — Si l'on veut tenir la sensation pour un fait de mimétisme interne ou central, ce n'est qu'à la condition de ne considérer que les sensations nettement différenciées comme les visuelles et les auditives, mais à mesure que nous descendons dans l'ordre de la différenciation le principe s'altère au point de disparaître. Disparaît-il vraiment ? Ne pouvons-nous le retrouver ? Il paraît manifeste avec la sensation visuelle ou auditive, celle qui doit le moins au remaniement intérieur et qui calque de plus près la donnée extérieure. Toute opposée est la sensation stéréognostique qui nous permet la « perception tactile de l'espace » (Déjerine) ; elle est décomposable en sensations tactile, musculaire, et affective, toutes trois pouvant être conscientes, leur association crée comme un sens surajouté ; acquis par l'intermédiaire de l'état affectif ainsi que nous le verrons, il joue plus tard sans l'intervention de la douleur, c'est ainsi que l'anesthésie causée par la syringomyélie n'entraîne pas sa perte. Avec les « images » qu'il nous fournit nous dépassons la notion du mimétisme qui, suivant l'apparence, nous rend compte des sensations comme celles visuelles et auditives ; on ne peut plus dire que le mouvement musculaire associé à la sensation tactile mimétise la forme de l'objet, ce serait s'exprimer trop faiblement ; on ne peut dire non plus qu'il « imite » cette forme ; il fait plus que mimétiser, moins que reproduire exactement ou imiter ; il symbolise l'imitation de formes par l' « image » de mouvements donnant l'illusion de pouvoir engendrer ces formes. Ainsi on peut dire que l'association d'images acquises par l'inspection stéréognostique d'une amphore « imite » cet objet pour l'intelligence qui se le représente. Imiter veut dire ici que le rappel mémoriel de l'association d'images est pour l'intelligence analogue à l'effet produit par l'inspection actuelle, comme le rappel mémoriel équivaut à l'effet actuel de l'excitation correspondante. Ainsi donc, avec les sensations qui paraissent échapper au principe du mimétisme, nous trouvons déjà engagé en elles l'acte de l'imitation.

III. — Provocation sensorielle du muscle.

§ 23. *Le muscle considéré comme appareil sensoriel interne.* — La tendance à imiter a été étudiée dans une foule de manifestations très diverses. On l'a considérée comme un instinct plus marqué chez l'homme primitif et chez l'enfant (Spencer, Preyer), un facteur de l'impression esthétique (Lipps), de la sympathie (Cabanis). — Elle a été observée dans ses formes pathologique sous le nom de *folie contagieuse* ou folie *épidémique*. L'enfance y est plus particulièrement sujette. On trouvera cités dans maints traités les cas de jeunes sujets hystéro-épileptiques tombant en convulsion quand l'un d'eux est pris d'attaque, et aussi cette curieuse épidémie qui se montra en 1673 dans la maison des Enfants-Trouvés de Hoorn (Hollande). Ces enfants hurlaient et aboyaient dans des attaques convulsives dès que l'un d'eux était frappé du mal. — La syncope par imitation se rapproche de ce cas. — Le meurtre et le suicide donnent souvent lieu chez les déséquilibrés à l'imitation. — On sait que les animaux se transmettent par imitation leurs habitudes vicieuses, par exemple chez les chevaux l'habitude de serrer convulsivement les mâchoires, de remuer la tête d'une certaine façon (tic de l'ours). Littré cite le cas où plusieurs vaches pleines étaient réunies dans la même étable; l'une d'elles, ayant avorté, provoqua l'avortement de toutes les autres. — La panique est un fait bien caractéristique de contagion mentale, de même, le bâillement et le rire. Lorsque, en regardant travailler un ouvrier, nous sommes portés à reproduire les mouvements que nous lui voyons exécuter, nous cédons à la même tendance générale de l'imitation (1). C'est elle que Féré a étudié sous le nom d'induction *psycho-motrice* (2). — La dissociation polygonale, par laquelle M. Grasset explique certaines expériences de cumberlandisme avec contact, met en valeur le rôle de l'imitation inconsciente (3). — L'imitation a été encore observée pendant le sommeil hypnotique ; c'est alors qu'elle se manifeste dans sa plus complète intégrité : « Une jeune dame somnambule, mise en rapport avec une personne quelconque, devient immédiatement son sosie. Elle reflète les gestes, les attitudes, la voix et jusqu'aux paroles de ses interlocuteurs. Chante-t-on,

---

(1) Voir le livre très documenté d'A. Vigouroux et P. Juquelier, *la Contagion mentale*, 1905.

(2) Ch. Féré, *Sensation et Mouvement*. F. Alcan, 1900.

(3) J. Grasset, *l'Occultisme hier et aujourd'hui*. F. Alcan, 1907.

rit-on, marche-t-on, elle fait immédiatement la même chose, et l'imitation est si prompte que l'on peut se tromper sur l'origine de l'action. L'identification est telle que des étrangers, Russes, Polonais, Allemands, dont les idiomes sont très difficiles à prononcer, lui ont tenu des discours qu'elle a parfaitement reproduits (1). » Enfin, à l'état normal, l'imitation a été particulièrement étudiée dans le mécanisme de la production du son par M. Le Dantec, et nous y reviendrons.

Les applications que nous venons de passer en revue de la même tendance sont si diverses qu'on a peine à les ramener au même principe ; cependant elles le laissent supposer, c'est ce qu'exprimait Cabanis en ces termes : « La faculté d'imitation qui caractérise toute nature sensible, et notamment la nature humaine, est le principal moyen d'éducation soit pour les individus, soit pour les sociétés ; on la trouve en quelque sorte confondue à sa source avec les tendances sympathiques sur lesquelles l'instinct social et presque tous les sentiments moraux sont fondés ; *cette tendance et cette faculté font également partie des propriétés essentielles à la matière vivante réunie en système.* Ainsi, les causes qui développent toutes les facultés intellectuelles et morales sont indissolublement liées à celles qui produisent, conservent et mettent en jeu l'organisation, et c'est dans l'organisation même de la race humaine qu'est placé le principe de son perfectionnement (2). »

En considérant que les images musculaires doivent obéir aux mêmes lois que les images fournies par les sens, on sera mieux préparé à surprendre le passage du

---

(1) Cité par P. JANET dans *l'Automatisme psychologique*, d'après le *Journal du magnétisme* de 1849.
(2) CABANIS, *Rapports du physique et du moral de l'homme* (les cinq derniers mémoires), 1821, p. 355.

mimétisme à l'imitation ; la seule différence entre les deux séries d'images est que celles sensorielles sont dues à des excitations externes, tandis que celles musculaires ne représentent ici que des réactions intérieures; mais si l'on remarque que le mouvement musculaire répond souvent à l'excitation externe, par l'intermédiaire de l'organe sensoriel cela nous amène à considérer le muscle comme un appareil sensoriel interne, ainsi qu'on l'a déjà fait, puisqu'il répond alors en réalité aux mêmes provocations que celles adressées aux organes sensoriels externes. Cette conception, sans nuire à la donnée scientifique, rendra plus clair son rôle. En fait, son rôle est à la fois sensitif et moteur ; il possède une double voie de conduction nerveuse, il importe de le bien saisir.

Comme les autres organes sensoriels, le muscle est relié au centre par des voies sensitives ou centripètes et il lui en retourne des voies motrices ou centrifuges. Une excitation s'étant produite dans les cellules périphériques d'un organe sensoriel, cette excitation est au centre perçue en une sensation, et si la sensation est assez intense, elle provoquera une réaction musculaire nette, dite réflexe ; elle se comportera donc à l'égard du muscle comme l'excitation périphérique à l'égard de l'organe sensoriel. Le muscle recevra une impression sensitive cellulipète par rapport à lui, il la recevra par ses voies motrices, c'est-à-dire cellulifuges, et il y a là une apparente contradiction histologique ; elle est la même, en somme, que celle existant pour le neurone situé dans le ganglion rachidien, sur le trajet de la racine postérieure de la moelle; c'est le cylindre-axe conducteur cellulifuge qui, dans ce cas, conduit le courant cellulipète. La contradiction disparaît en considérant que le neurone sensitif est extra-médullaire, car, en le supposant dans la moelle, le principe est retrouvé. Le muscle est un organe sensoriel endogène ; supposons-le exogène, l'excitation se ferait alors normalement par des voies nerveuses suivant le sens normal de la conduction. Le muscle étant excité réagira comme un centre et renverra son onde excitatrice au cerveau. L'excitation primitive est deux fois transformée, une première fois en sensation, une seconde fois en excitation musculaire. Cette excitation va devenir, en retournant au centre, une sensation, l'image du mouvement réflexe provoqué, et, dans ce cas, le muscle est donc, à l'égard de la provocation extérieure, comme les cellules rétiniennes, les fibres de Corti, etc., par rapport au centre.

Cette hypothèse est vérifiable en partie, car si elle est exacte, si le muscle en jouant renvoie à l'écorce l'image sensitive de son jeu, celle-ci, assez intense, serait le point de départ d'une nouvelle provocation de mouvement et ainsi de suite. Ce va-et-vient justifierait notre conception; il ne se reproduirait, bien entendu, que si le courant était assez intense. L'intensité d'un courant nerveux est toute relative à l'état d'activité qui occupe le cerveau; l'activité devient-elle nulle à l'exception d'un élément provoqué, celui-ci bénéficie de la circonstance. La catalepsie offre de ce fait une démonstration excellente. Lorsque l'on touche les membres d'un cataleptique, on s'aperçoit qu'ils n'offrent aucune résistance, ils conservent la position qu'on leur donne. « Une autre modification que l'on peut imposer aux membres cataleptiques, c'est le mouvement. Au lieu d'abandonner le bras dans un état d'immobilité, on le fait osciller deux ou trois fois et on le lâche au milieu du mouvement : l'oscillation persiste comme tout à l'heure la position persistait. On peut ainsi communiquer aux bras, aux jambes, à la tête de ce mannequin, un mouvement qui ne s'arrêtera pas avant la fin de l'attaque (1). » Dans l'épilepsie vertigineuse, le malade répète indéfiniment le même geste pour une raison semblable, comme nous aurons plus loin l'occasion de le voir. Nous savons tous que si l'on produit à intervalles très courts un même mouvement, celui-ci tend à se reproduire au delà de notre volonté par l'excitation de lui-même, et la seule raison de son arrêt est la fatigue qu'il provoque ou le trouble général qu'il engendre. On a dû remarquer aussi que dans la marche soutenue par les battements rythmiques du tambour, les mouvements des jambes tendent peu à peu, involontairement, à anticiper sur le rythme.

La liaison entre la sensibilité et le mouvement est parfaite dans l'image kinesthésique, puisque celle-ci représente les deux. Avec la sensibilité musculaire, l'analogie entre l'interne et l'externe que nous n'acceptions avec les sensibilités visuelles et auditives que sous la réserve du point de vue subjectif, est ici complète. Le mouvement effectif représente l'externe, l'interne est la réaction centrale, produite par le mouvement effectué, ce qui en sera la sensation et l'« image ». L'équivalence parfaite entre le mouvement effectué et sa représentation est hors de doute, son signe physiologique est dans la liaison que les nerfs moteurs contractent avec le nerf sensitif, au niveau du muscle.

Cette constatation d'équivalence reste là, très superficielle, son mécanisme intime nous échappe; à le surprendre, on découvrirait le passage du mimétisme, tel que nous avons conçu le phénomène sensoriel, à l'imitation qui consiste dans la traduction d'un fait sensoriel ou sensitif, quelle que soit sa spécificité, en un fait moteur.

§ 24. *L'équation sensorio-motrice.* — L'union entre le

---

(1) P. JANET, *ouv. cité*, p. 17.

fait sensoriel et le fait moteur est réalisée à l'origine par le phénomène d'accommodation; c'est donc lui qu'il faut considérer tout d'abord pour chercher à se rendre compte ensuite du mécanisme de l'imitation et de la légitimité du passage du mimétisme à l'imitation suivant le même principe (le moins grand effort). Alors l'imitation apparaîtra comme la continuation du fait mimétique.

Chez les êtres dont le système nerveux a à peine reçu un commencement d'organisation comme les rayonnés inférieurs, l'hydre verte par exemple, on retrouve la réalisation du schéma classique de l'action nerveuse. Sous l'ectoderme de l'hydre existe un réseau à larges mailles, dans lequel sont disséminées des cellules nerveuses (cellules ganglionnaires) à deux ou trois prolongements : ceux-ci sont en connexion, d'une part, avec les cellules sensitives de l'ectoderme (cellules tactiles), et de l'autre avec les fibres musculaires, de sorte que par l'intermédiaire de la cellule ganglionnaire l'impression tactile se transforme en mouvement (1). Ce système est le plus simple; il ne se rapporte qu'à lui-même; il forme un tout. On pourrait dire que l'impression tactile est à l'impression sensitive ou ganglionnaire ce qu'est celle-ci par rapport à l'impression musculaire, car les variations d'intensité de la sensation tactile entraînent des variations de la réponse musculaire, proportionnées à l'état général du sujet qui est, d'un moment à l'autre, plus ou moins excitable. On peut se représenter ce phénomène comme une sorte d'équation sensorio-motrice, signifiant une équivalence dans les rapports entre le premier et le troisième terme, obtenue par l'intermédiaire du second, relative donc toujours à l'état du second.

---

(1) H. BEAUNIS, *l'Évolution du système nerveux*, 1890, p. 38.

Pour une organisation nerveuse de la complexité de la nôtre, chaque appareil sensoriel nous permet de retrouver le principe précédent. — L'excitation sensorielle se décompose en plusieurs facteurs. Dans la sensation visuelle, par exemple, on distinguera l'effet de l'excitation spécifique, sa qualité et l'effet de la quantité, son intensité. Ce dernier effet a, comme nous l'étudierons dans la suite, plusieurs formes ; bornons-nous à considérer celle répondant au type de simple intensité et correspondant au réflexe iridien. — La sensation ne saurait exister par cela même, elle est une modification de l'état affectif général ; mais, comme on vient de le dire, elle l'est d'au moins deux façons et par sa qualité et par sa quantité. On peut bien encore prétendre que ses composants spécifiques sont à la sensibilité organique comme est celle-ci à ses composants dynamiques, et qu'en définitive la sensation est le résultat d'un phénomène complexe, dont les rapports entre ses différents facteurs représentent ce que nous appelions tantôt prématurément l'équation sensorio-motrice. — Cette constatation purement théorique n'a par elle-même aucune valeur, mais, en la commentant, nous allons voir bientôt comment le fait sur lequel elle repose permet à des degrés divers le passage du mimétisme sensoriel à l'imitation proprement dite.

Le réflexe iridien, qui accommode la rétine à l'intensité lumineuse, se produit sous l'action de différents agents médicamenteux, de certaines maladies du cerveau et de la moelle et peut accompagner les variations de l'appareil circulatoire, autant de manifestations qui n'ont aucun rapport avec la vision ; mais il est avant tout si étroitement lié à la vision qu'il peut être déterminé par chaque point à la rétine. Les cellules nerveuses d'origine des fibres pupillaires sont certainement dans la rétine (1). Quand on éclaire en évitant toute diffusion de la lumière, les deux moitiés homonymes des deux rétines anesthésiques à la suite d'une lésion des fibres visuelles, les pupilles ne se contractent pas ; si, au contraire, la lumière tombe sur les deux moitiés sensibles, le réflexe pupillaire a lieu (2). — D'autre part, quelques expériences tendent à prouver que la faculté de distinguer les différentes couleurs dépend de celle de percevoir les divers degrés de l'intensité lumineuse. « Un léger trouble dans la conductibilité des fibres du tractus visuel empêche de reconnaître le *vert* et le *rouge* et de discerner une faible différence dans l'intensité de la lumière. Un trouble plus grand dans la conductibilité rend incapable de distinguer le *bleu* ou de discerner des différences plus grandes d'intensité lumineuse. Un trouble plus grave dans la conductibilité détruit la distinction du *blanc* et du *noir* et abolit toute perception de lumière (3). » Ainsi, entre la qualité de la sensation, son élément spécifique et sa quantité existent d'intimes rapports fonctionnels. Ce qui concerne la quantité et se traduit par un mouvement, le réflexe de la pupille, est un fait sensitif avant d'être moteur ; il varie en raison de l'action exercée sur la sensibilité organique ou sensitive par les variations externes de l'excitant. Son impression, partie des cellules bipolaires de la rétine, retourne à la périphérie en courant sensitif moteur et fait jouer le réflexe pupillaire. Les cellules visuelles situées devant celles bipolaires sont impressionnées un temps avant que le réflexe d'accommodation ait joué ; c'est ainsi que passant brusquement

---

(1) J. Soury, *ouv. cit.*, t. II, p. 1438.
(2) *Id.*, p. 1439.
(3) D'après les expériences de Holden, rapportées par J. Soury, *ouv. cité*, t. II, p. 1492.

d'un lieu obscur dans un lieu très éclairé, nous sommes « aveuglés »; la sensation mentale est un moment impossible. C'est par les cellules visuelles que se transmet le courant d'excitation qui, après diverses transformations, deviendra la sensation mentale: c'est par les cellules bipolaires que sont provoqués la sensibilité organique et ses réflexes. Mais les premières jouissent bientôt de l'effet obtenu par les secondes. Le réflexe sensitif est en quelque sorte indépendant de l'action visuelle proprement dite, puisqu'il se produit encore après la cécité causée par l'ablation de l'écorce, mais la vision proprement dite s'effectuant, il est difficile de ne pas admettre qu'étant accommodée pour l'acte perceptif, elle ne le signifie à la sensibilité organique. Peut-être est-ce le rôle demeuré toujours obscur des fibres centrifuges contenues dans le nerf optique et ayant leur centre optique dans l'encéphale ; elles agiraient à leur tour sur les cellules bipolaires, ou bien est-ce par l'écorce que se fait cette transmission indiquant le moment où l'acte perceptif est « satisfait » par la réaction sensitive, le moment où il est devenu possible par la réaction sensitive, sans cela l'équilibre entre les activités mentale et organique ne serait assuré d'aucune précision. — L'excitant extérieur et ses variations dynamiques exercent donc sur l'organisme deux actions, lesquelles sont en rapport intime.

§ 25. *L'équation sensorio-motrice avec l'accommodation tactilo-musculaire; extension du terme d'accommodation; principe de l'imitation.* — Tantôt en rapprochant la sensation visuelle de celle stéréognostique, nous avons remarqué une différence si grande que l'une et l'autre ne paraissaient pas appartenir au même principe. La sensation visuelle est un fait de mimétisme central; les composants de celle stéréognostique, tactiles et musculaires ne semblent plus se conformer à ce fait. Si nous les comparions à nouveau, leur différence ne nous paraîtrait plus maintenant aussi grande.

Lorsque je palpe les contours d'un amphore pour en obtenir la représentation stéréognostique, ma main se livre d'abord à des mouvements quelconques pour parcourir la surface de l'objet; mais cette surface n'est point plane; elle présente des courbes plus ou moins accentuées; si ma main n'en tient point compte, dans les mouvements qu'elle exécute, les sensations varieront sans cesse en intensité. L'importance de maintenir la sensation tactile constante en intensité est facile à saisir, car pour comparer entre eux mes mouvements musculaires et en retrouver ensuite exactement la succession, il me faut une commune mesure; de plus, il faut que la sensation tactile et celles musculaires soient dans un même rapport à l'égard de la sensibilité organique ou sensitive, et elles le sont par le fait précédent. Sauf exception due, par exemple, à la situation pénible à atteindre de l'objet exploré, ou encore à la position de mon corps, ce qui revient au même, elles seront toutes suivant le moins grand effort; le contraire risquerait de compromettre le résultat de l'opération. S'exerçant toutes suivant le moins grand effort que chacune en particulier nécessite, elles seront dans ce cas *accommodées* entre elles. Ne voit-on pas que toutes ces conditions sont remplies automatiquement dans la sensation visuelle répondant à l'excitation spécifique et à ses variations dynamiques extérieures? Ajoutons que le réflexe d'accommodation à l'intensité défend la sensation visuelle contre la gêne et, dans une certaine mesure, contre la douleur.

La perte de la sensibilité à la douleur n'abolit pas le sens stéréognostique, cependant le rôle que la sensibilité musculaire joue à l'égard de la sensibilité tactile dans l'exercice de ce sens est bien celui d'accommodateur.

Cette constatation serait tout à fait banale si elle ne nous amenait à comparer dans ce cas le rôle de la sensibilité musculaire à celui du réflexe pupillaire et à saisir le caractère commun des deux. Une sensation de contact sur un point de la main devenant douloureuse, par excès d'intensité, un retrait du bras nous y soustraira; ce mouvement du membre pourrait être exécuté de manière à assurer à la sensation tactile une intensité constante, en variant suivant les variations de l'excitant. La perception stéréognostique a pour condition la combinaison des sensations tactiles et musculaires, de telle façon que les unes et les autres soient dans un même rapport à l'égard de la sensibilité organique (1). Entre le type de cette équation et de celle qui conditionne la possibilité de la perception visuelle, la véritable différence est qu'avec celle-ci la combinaison n'est pas tributaire de la volonté, avec celle-là elle peut l'être; mais elle pourrait l'être aussi avec les variations que la direction ou l'éloignement font subir à l'excitation de la vision.

Avant de chercher à nous rendre compte comment le fait précédent engendre l'imitation soit volontaire, soit involontaire, il nous faut justifier l'extension donnée ici au terme *accommodation*, le confondant souvent avec celui d'adaptation. — La physiologie ne l'accorde d'ordinaire que pour le réflexe du cristallin, lequel assure la

---

(1) J'appelle sensibilité sensitive, par opposition à la sensibilité sensorielle toute possibilité de réaction corporelle autre que sensorielle répondant à une provocation physique extérieure. Ainsi dans l'exercice de la vision, la sensation de couleur est sensorielle et le réflexe d'intensité lumineuse peut être accompagné d'une sensation sensitive; on sait qu'il se produit encore après l'ablation des hémisphères. On ajoutera que les sensibilités sensorielle, musculaire et sensitive sont des différenciations de la sensibilité générale organique, terme qu'on a employé plus haut par opposition à la sensibilité mentale propre à l'exercice de la pensée *désintéressée* et à la sensibilité psychique, jouant lorsque la personne pensante, le moi, se trouve *intéressé*.

précision de l'image visuelle contre les variations de la distance ; mais tous les réflexes qui accompagnent l'exercice d'un sens et dont le jeu assure l'exercice de ce sens contre les variations de l'excitant peuvent être appelés indifféremment d'accommodation ou d'adaptation. Leur premier résultat est de permettre l'exercice de la sensation suivant le moins grand effort ; en effet, c'est presque toujours sans effort perceptible que s'exercent nos sensations, lesquelles se produisent la plupart du temps sans provoquer l'éveil de la conscience proprement dite ; le second résultat, conséquence du premier, est que l'excitation sensorielle spécifique étant accommodée pour toutes ses variations, le couple d'effets spécifique et dynamique aura un même retentissement sur la sensibilité organique, ce qui est le principe de l'équation sensorio-motrice.

Supposons qu'une série de mouvements internes, autres que réflexes, se produisent simultanément avec une série de sensations sensorielles provoquées par l'extérieur et de telle manière que les deux séries soient entre elles, dans leur association, ce qu'elles sont chacune à l'égard de la sensibilité organique, elles seraient dans ce cas accommodées l'une à l'autre. C'est la condition de l'imitation : une accommodation de faits internes à l'occasion d'un fait extérieur. Nous pouvons imiter de plusieurs façons, par gestes (mimique, écriture, dessin), par sons (parole, chant) ; nous risquerions d'en perdre de vue le principe, si nous ne reconnaissions que la possibilité de l'imitation exige les mêmes conditions développées que la possibilité de la perception d'un phénomène extérieur. On verra que l'imitation quelconque est fondée sur l'association de divers sens, conclue de telle sorte qu'elle détienne l'effet et les conséquences de l'équation sensorio-motrice, comme cela est impliqué dans l'exercice de l'organe sensoriel au type nettement différencié dès la périphérie, comme l'organe visuel ou auditif.

§ 26. *Union des sensibilités au tact et musculaire.* — Dans l'union de ces sensibilités on distinguera deux cas types qui pourront ensuite être combinés. Ou bien l'objet dont nous éprouvons le contact par un point fixe de sa surface se meut dans l'espace, ou bien il est immobile et nous voulons explorer par le tact sa forme.

Je suppose que je place ma main sur un objet animé d'un mouvement ellipsoïdal régulier et continu ; il est évident que je ne deviendrai capable de retrouver la suite des mouvements musculaires nécessités pour suivre le mouvement de l'objet que si la sensation de contact est demeurée à peu près toujours égale en intensité ; si elle avait varié, cela pourrait fausser l'appréciation que je porterai sur la succession des mouvements musculaires éprouvés. Il est probable que ma main, dans les premiers tours qu'elle fera en contact avec l'objet, tendra à l'abandonner chaque fois que celui-ci arrivera aux deux points opposés situés aux endroits où la courbe de l'ellipse s'accentue ; à ces points, la sensation tactile variera par suite de la tendance à abandonner l'objet. Je devrais la maintenir égale en intensité. La nécessité d'une relation constante entre la sensation tactile et la série de celles musculaires nous apparaîtrait bien mieux, si, au lieu de supposer un mouvement aussi simple que celui continu d'une ellipse, celui-ci était compliqué d'un second mouvement de va-et-vient. Le nombre des sensations musculaires employées à le suivre serait plus grand, plus difficile à discerner dans son évolution et impossible si nous recevions des excitations d'intensité très différentes de la part de la sensation tactile. Celle-ci maintenue égale en intensité nous sert de commune mesure. Deux sortes de mouvements sont en jeu : les uns, passifs, sont donnés par les mouvements de l'objet ; les autres, actifs, sont exécutés pour obtenir l'intensité constante de la sensation tactile (1) ; et on aperçoit que ce n'est qu'après cette obtention que les mouvements passifs seront semblables à ceux extérieurs de l'objet et que, dès lors, je pourrai me représenter la succession des mouvements employés à suivre le déplacement de cet objet ; j'en aurai alors l'idée juste. Dans ce cas, c'est le sens des attitudes passives qui occupe la place prépondérante dans la représentation ; dans le second cas, lorsqu'il s'agit d'explorer la surface d'un objet immobile, c'est le sens des attitudes actives qui prend le premier rôle ; nous avons eu l'occasion d'en parler tantôt avec l'inspection stéréognostique.

Les conditions des deux cas sont bien celles de l'équation sensorio-motrice, et par là on arrive à la représentation exacte du phénomène extérieur. Par une façon de parler toute subjective, nous disions que le sentiment que l'on a du son est pour l'intelligence d'analogie mentale adéquate aux vibrations extérieures, point de vue d'apparence, mais d'apparence ultime, et nous savons que la sensation auditive peut être tenue pour un fait de mimétisme central. De même ici on peut dire que la représentation que nous aurons plus tard du mouvement d'un objet ou du relief de ses surfaces est mentalement adéquate aux mouvements ou au relief de l'objet, si les conditions indiquées plus haut ont été obtenues. La représentation est dans ces deux cas l'imitation en puissance ; elle serait rendue effective par un moyen graphique ou autre. Ainsi, un aveugle à qui

---

(1) Pour la distinction des différentes variétés des images musculaires, voir J. GRASSET, *Étude clinique de la fonction kinesthésique*. Congrès international de médecine de 1900.

l'on donnerait de la terre glaise pourrait « imiter » un corps dont toutefois la forme ne serait point très compliquée.

§ 27. *Union des sensibilités visuelle et musculaire.* — A un sujet très sensible à l'action dynamogène des couleurs, Ch. Féré montre un disque peint en rouge. La vue du disque produit sur le sujet un effet dynamogène qui augmente si le disque est mis à son insu en rotation, l'expérimentateur ayant eu le soin de faire mouvoir ce disque derrière un écran percé d'un orifice. L'effet de ce mouvement est non pas de produire tel mouvement chez le sujet, mais d'accroître sa tendance au mouvement d'une manière tout à fait indifférenciée. Cependant déjà s'opère une différence de potentiel suivant que le disque tourne de gauche à droite ou de droite à gauche ; elle est, du reste, très variable suivant les personnes soumises à l'expérience. Au lieu d'un mouvement indifférencié, qu'il s'agisse d'une translation d'objet dans l'espace, elle produira sur nous un effet plus précis. — Avant d'en chercher la nature, la sensation visuelle étant l'intermédiaire le plus fréquent entre le mouvement externe et le mouvement interne, il faut nous rendre compte de tous les cas possibles afin d'en tirer une notion générale.

L'objet est mû par un mouvement de translation dans l'espace ; c'est un premier cas. Mais la forme d'un objet est pour nous comme le résultat actuel d'un mouvement antérieur ; nous ne pouvons avoir la représentation de cette forme, si elle occupe une portion de l'espace assez considérable et si elle est située à une distance qui n'en permet point le contact, que par un mouvement lié à l'exercice de la vision. Nous distinguons donc déjà deux cas : l'objet vu est mobile, l'objet vu est immobile. On prévoit que ces deux cas se peuvent combiner; on saisit en même temps leur étroit parallélisme avec ceux examinés tantôt.

Tantôt nous constations que la représentation des attitudes passives ou actives d'un de nos membres en contact avec un objet ne peut être obtenue exacte que si la sensation tactile est maintenue d'intensité égale, et cela, de manière à réaliser avec l'ensemble des facteurs qui concourent à la représentation les conditions de l'équation sensorio-motrice. Ici aussi, dans les relations que nous devons trouver entre les facteurs, il nous faut un terme constant donné par le rapport de la sensation visuelle à la sensation organique. — La sensation visuelle est assurée contre les variations causées par l'intensité et la distance par les réflexes de la pupille et du cristallin; si l'objet vu se déplace en dehors du prolongement de la ligne visuelle, la sensation visuelle variera encore; l'image ne tombant plus sur la tache jaune de la rétine, il en résulte une gêne sollicitant les réflexes de direction et de convergence. Tous ces réflexes correspondent à des qualités dynamiques différentes; celles-ci et la qualité spécifique de l'excitant agissent toutes ensemble à l'égard de la sensibilité organique dans un même rapport. En particulier, la constance des rapports entre l'excitation spécifique visuelle et celle due à la translation de l'objet vu dans l'espace nous permet d'exécuter des mouvements du globe oculaire, qui nous donnent la possibilité d'obtenir ensuite la représentation mentalement adéquate des mouvements extérieurs auxquels ils correspondent. L'importance de ce fait veut qu'on s'y arrête pour qu'il ne nous reste aucun doute.

Lorsque l'objet se déplace, les mouvements de l'œil que nous faisons pour le suivre sont la reproduction proportionnelle exacte du mouvement extérieur, tant que l'objet tombe exactement sur la tache jaune de la rétine, sans cela il y aurait gêne pour le distinguer, l'impression spécifique de la vision et l'impression sensitive à laquelle correspond le réflexe de direction ne seraient plus dans un même rapport à l'égard de la sensibilité organique. C'est ce qui nous permet d'affirmer que tant que le rapport est constant, tant que la perception de l'objet demeure accommodée au déplacement, les mouvements que nous ferons pour obtenir l'accommodation et qui nous permettront d'obtenir la vue nette de l'objet seront l'« imitation » des mouvements extérieurs de l'objet vu. — Au lieu du mouvement de l'objet, s'agit-il de sa forme, l'œil en parcourt les différents plans et lignes, et cela non pas d'une façon quelconque, comme on pourrait le croire, mais de manière à ce que tous les détails perçus viennent successivement passer sur la tache jaune, afin d'assurer la constance des rapports entre le facteur spécifique et celui dynamique de la vision comme précédemment. Nous serons alors assurés d'exécuter des mouvements, qui nous donneront la possibilité d'obtenir ensuite l'idée mentalement adéquate de la forme vue.

Taine et Spencer ont montré que les sensations musculaires obtenues en explorant l'étendue visuelle deviennent les *symboles* d'autres sensations tactiles et musculaires; c'est par celles-ci que se confirme la vision des mouvements et des formes, mais nous en faisons plus tard abstraction. « Il suit de là qu'à l'état actuel, pendant le jeu des substituts optiques, l'image des longues sensations musculaires et tactiles qu'ils remplacent doit être absente. Par conséquent, nous ne la trouvons pas en nous en ce moment, si nous la cherchons ; notre perception de l'étendue visible ne renfermera plus rien des sensations tactiles et musculaires des membres et de la main. Telle est, en effet, la conception que nous avons aujourd'hui de l'étendue visible; en cet état, nous n'y trouvons plus rien qui nous rappelle son origine. A vrai dire, ce que nous avons maintenant en nous, ce n'est pas l'image des sensations successives originelles de la main et des membres, mais leur signe optique. L'atlas visuel construit au moyen de l'atlas musculaire et tactile en est tout à fait différent; il n'en est point une copie, mais une transcription sur une autre échelle, avec d'autres notations, d'usage bien plus commode, qui résume sur une carte ce que l'autre éparpille en vingt planches, et qui nous présente ensemble, d'un seul coup, tel vaste groupe que, dans l'autre, nous serions obligés d'atteindre discursivement, lentement, à travers vingt feuillets. Cet atlas visuel a sur l'autre de si grands avantages que nous l'employons sans cesse et presque seul(1). » Nous serons obligés d'avoir recours à celui musculaire et tactile lorsque nous voudrons rendre effective l'« imitation » de mouvements et de formes donnés par la vision. Ainsi, avec des mouvements du bras et de la main, le dessinateur « imite » les formes qu'il voit. Il n'y arrivera qu'après de multiples et considérables efforts. L'imitation spéciale que le dessinateur essaye d'obtenir, si elle pouvait être parfaite, serait automatique; automatique, elle s'accomplirait par le moins grand effort; la succession des sensations musculaires du bras et de la main serait avec la succession correspondante des sensations musculaires de l'œil dans un même rapport à l'égard de la sensibilité organique, elles réaliseraient ensemble les conditions de l'équation sensorio-motrice. Un tel acte n'est jamais complètement automatique; l'imitation des formes extérieures par les

---

(1) H. Taine, *ouv. cité*, t. II, p. 175, 6.

moyens graphiques du dessin ne saurait être parfaite. La physiologie de ce fait est encore celle de tout exercice ayant pour but de produire automatiquement, donc inconsciemment et suivant le moins grand effort, des gestes correspondant, d'après convention, à des signes, comme le jeu du doigté du piano, celui de la machine à écrire, etc. Pour la personne qui y réussit parfaitement, l'image visuelle et l'image musculaire qui doit y correspondre sont devenues entre elles ce qu'elles sont chacune par rapport à la sensibilité organique.

Un troisième cas se présente encore: celui où l'objet vu est un être vivant d'un organisme semblable au nôtre ou s'en rapprochant. — Je regarde une personne qui devant moi exécute un mouvement de bras. L'image que j'en reçois correspond en moi à une image précise, celle d'un mouvement semblable que j'ai en d'autres circonstances déjà exécuté. La vue de ce mouvement et le rappel de l'image enregistrée antérieurement en mon cerveau ne font qu'un en ce sens que c'est par cette image que je me représente exactement le mouvement exécuté par la personne située devant moi. Si la représentation a assez de force, l'image vue se réalise; j'exécute alors moi-même ce mouvement; je l'imite. La possibilité de cette imitation est confondue entièrement dans celle de la représentation; elle s'adapte, par le fait, aux conditions de l'équation sensorio-motrice; elle s'intègre en elles, et sa réalisation ne dépend que de l'intensité de la représentation. Elle est apte à s'effectuer suivant le moins grand effort, si elle occupe seule l'activité mentale. C'est ce qui se produit chez le cataleptique, qui exécute automatiquement les mouvements qu'il voit faire par une personne située dans la direction de son regard. Ainsi je me surprends moi-même à imiter, sans en avoir eu l'intention, les gestes d'un voisin, tandis qu'il me faut un effort souvent considérable pour exécuter un mouvement contraire à celui que je vois.

§ 28. *Union des sensibilités auditive et musculaire représentant le système phonateur.* — Avec l'union des sensibilités auditive et du système musculaire phonateur, le rapport entre les deux catégories est si étroit que l'image du mouvement phonateur nous est représentée par l'image auditive qui est sa correspondante et inversement l'image auditive nous est représentée par sa correspondante musculaire ; c'est du reste sur cette particularité qu'est basée la méthode employée pour apprendre à parler aux sourds-nés. Comme dans le cas particulier, où nous percevons l'image d'un mouvement exécuté par un individu d'un organisme semblable aux nôtres, la représentation se fait par les mêmes images qu'employera l'imitation de ce mouvement ; dans le cas de l'imitation phonatrice, représentation et imitation reposent également sur les mêmes images. Enfin, la correspondance stricte entre les deux groupes de sensations auditives et musculaires phonatrices nous est confirmée, comme nous le verrons plus tard, par le fait que l'anesthésie de l'image auditive produit une pseudo-paralysie de l'image motrice correspondante.

De ce que les images auditives et leurs correspondantes musculaires phonatrices entrent spontanément dans la même représentation, on en déduit qu'elles sont accommodées l'une pour l'autre, c'est-à-dire qu'elles sont entre elles et à l'égard de la sensibilité organique dans un même rapport exprimé par le moins grand effort nécessaire à la représentation mentale ou à sa réalisation imitative. La réalisation spontanée de l'image musculaire phonatrice reproduisant un son entendu est ce en quoi consiste à l'origine l'imitation du son (1).

§ 29. *Union de deux sensations de spécificité différente.* — On sait que l'action d'un sens influe sur les sens voisins, et cela d'une façon si intime qu'on a pu soutenir, à propos de l'augmentation de l'activité visuelle sous l'influence des impressions de l'ouïe, que cette action n'aurait point pour siège l'écorce, mais un des ganglions de la base du cerveau (2). Cela nous suffirait pour comprendre que deux sensations de spécificité différente peuvent agir synergiquement sur la sensibilité organique, si nous ne l'avions déjà constaté. Lorsqu'un élément mental de spécificité quelconque est appelé par un autre élément mental dont l'apparition est déterminée par un fait extérieur et que les deux éléments agissent tous deux dans un même rapport à l'égard de la sensibilité organique, leur union est détentrice d'imitation. Nous n'en saurions encore prévoir l'application, et cette dernière affirmation sans preuve doit sans doute paraître fort obscure. Nous la trouverons dans un prochain travail au moment où avec l'analyse de l'activité organique nous chercherons plus en détail les rapports des organes sensoriels avec la sensibilité organique.

IV. — L'EXERCICE MIMÉTIQUE ET LE PROGRÈS DE L'INTELLIGENCE.

§ 30. *Paradoxe du rapport entre l'exercice mimétique et le progrès intellectuel.* — Sans insister, on remarquera que les relations exprimées par ce qu'on a appelé ici équation sensorio-motrice, et qui s'appliquent non seulement à l'exercice particulier des organes sensoriels,

---

(1) Pour le mécanisme anatomique de l'imitation vocale, voir F. Le Dantec, *l'Unité dans l'être vivant*, p. 330 et suiv.
(2) D'après Epstein, rapporté par J. Soury, *ouv. cité*, t. II, p. 1510.

mais encore à la synergie de ces organes entrant dans un fait de la pensée, s'appliquent aussi à toute l'activité organique sollicitée par l'extérieur et expliquent la nécessité suivant laquelle les espèces se transforment avec le changement du milieu. Il est manifeste que par les réflexes d'accommodation ou de défense, l'organisme s'assure contre les variations des excitants extérieurs en rapport avec lui ; il le fait de telle sorte que l'action de ces excitants sur les parties avec lesquelles ils correspondent et sur l'ensemble, s'accomplit en assurant le maintien de la vie suivant le moins grand effort. Avec un changement de milieu, l'organisme se trouvera en présence de nouvelles variations imprévues, et si le changement est brusque et le milieu très différent, l'organisme en sera détruit. Tandis que si le changement s'opère peu à peu, l'organisme a le temps de transformer ses moyens d'accommodation et de défense. Cette transformation entraînera des modifications morphologiques ; elle se fera toujours de telle sorte que pour chaque organe en particulier l'action de l'excitant spécifique et celle des nouvelles variations de celui-ci seront entre elles ce qu'elles sont par rapport à l'organisme entier ; ainsi, la vie sera assurée dans ses parties élémentaires d'existence suivant le moins grand effort, car elle ne saurait dans ses éléments se maintenir autrement. — Pour l'homme actuel, les différences du milieu climatérique, qui n'entraînent que de très faibles variations des agents extérieurs, ne laissent pas moins des traces morphologiques en vérité assez superficielles, comme on le voit en comparant les différentes races ; et pour le même homme, dans le cours de sa vie des changements comme ceux qui marquent à la longue sur les races ne laisseraient en lui aucune trace bien visible. Cependant, le jeu de la mimique faciale, très fin, très délié peut entraîner à la longue des modifications durables de la physionomie. Lavater, je crois, un des premiers signalait que deux époux, après une longue cohabitation, arrivent à posséder quelques traits de ressemblance physionomique ; et je ne sais plus qui a fait remarquer la ressemblance générale qu'ont entre eux les hommes d'une même époque. Cela n'a rien d'étonnant ; le type s'obtient par les influences du milieu variant avec le progrès de la civilisation ; il y a corrélation étroite entre les formes des objets familiers, les formes physionomiques et les formes de la pensée. Voici, pour s'en convaincre, un excellent moyen : Lisez un ouvrage du dix-huitième siècle, un roman ou des mémoires, interrompez un instant votre lecture pour feuilleter des albums de gravures représentant des personnages, des tableaux, des décorations et ornements de l'époque Louis XV et reprenez ensuite le livre ; vous sentirez à quel point s'ouvrira en vous la compréhension du texte.

Conviendrait-il de citer ici le cas rapporté par Pinel de cette idiote, une fille de la campagne, que l'illustre médecin eut quelque temps dans son service à la Salpêtrière ? Cette fille, « par la forme de sa tête, ses goûts, sa manière de vivre, semblait se rapprocher de l'instinct d'une brebis. Pendant deux mois et demi qu'elle a resté à l'hospice de la Salpêtrière, elle marquait une répugnance particulière pour la viande et mangeait avec avidité les substances végétales comme poires, salade, pain qu'elle semblait dévorer ainsi qu'une galette particulière à son pays que sa mère lui portait quelquefois ; elle ne buvait que de l'eau et témoignait à sa manière une reconnaissance vive pour tous les soins que la fille de service lui prodiguait ; ces démonstrations de sensibilité se bornaient à prononcer ces deux mots : *bé ! ma tante*, car elle ne pouvait proférer d'autres paroles, et paraissait muette par le seul défaut d'idées, puisque d'ailleurs sa langue semblait conserver toute sa mobilité; elle avait aussi coutume d'exercer des mouvements alternatifs d'extension et de flexion de la tête, en appuyant, à la manière des brebis, cette partie contre le ventre de la fille de service en témoignage de sa gratitude. Elle prenait la même attitude dans ses petites querelles avec d'autres enfants de son âge qu'elle cherchait à frapper avec le sommet de sa tête inclinée. Livrée à un instinct aveugle qui la rapprochait de celui des animaux, elle ne pouvait mettre un frein à ses mouvements de colère; et ses emportements pour les causes les plus légères, et quelquefois sans cause, allaient jusqu'aux convulsions. On n'a jamais pu parvenir à la faire asseoir sur une chaise pour prendre du repos ou pour faire ses repas, et elle dormait le corps roulé et étendu sur la terre à la manière des brebis. Tout son dos, les lombes et les épaules étaient couverts d'une sorte de poil flexible et noirâtre, long d'un pouce et demi ou deux pouces, et qui se rapprochaient de la laine par sa finesse, ce qui formait un aspect très désagréable(1). » Faut-il voir en cela la conséquence de l'imitation ? Il s'agit d'un individu d'une intelligence très pauvre, autant dire nulle; la malheureuse était microcéphale; « elle paraissait muette, nous dit l'aliéniste, par le seul défaut d'idées. » Rétrograda-t-elle par imitation jusqu'à reproduire les mouvements et habitudes d'une espèce animale au milieu de laquelle elle dut vivre? Mais est-ce par effet d'imitation (il faudrait presque dire de mimétisme) que se sont produites les modifications corporelles que Pinel signale en dernier lieu ? Elles ne seraient guère

---

(1) PINEL, *Traité médico-philosophique sur l'aliénation mentale*, 1809, p. 182 et suiv.

plus extraordinaires que celles des stigmatisés qui « imitent », par une contemplation assidue, les plaies du Christ. Quoi qu'il en soit, l'imitation des êtres qui nous entourent nous est imposée fatalement ; et il semble paradoxal d'affirmer qu'elle concourt au progrès de l'intelligence, s'il est vrai que ce progrès nous conduit à une autonomie relative et à un affranchissement plus ou moins marqué des causes qui nous déterminent immédiatement et feraient de nous de purs automates.

Est-il besoin de dire que l'imitation exclusive d'un type inférieur serait inhibitrice de notre progrès, que celle de plusieurs aide notre activité et que, transposée dans le domaine de l'activité mentale, l'imitation de certaines individualités est un puissant ressort de notre énergie ? Emerson a écrit sur ce sujet une des plus belles pages d'éthique. — L'exercice constant de l'imitation fourni à l'homme par l'homme est encore un régulateur des fonctions de l'intelligence. Pour l'apprécier, il faudrait avoir vécu quelque temps dans la solitude ; le retour vers le mouvement humain, la vue multiple et changeante des types, le heurt des différences rendent sensible cette communication organique des individus. Bien qu'elle s'exerce presque toujours inconsciemment, elle n'en a pas moins une action très grande sur notre mentalité ; par sa variété elle est un correctif constant à l'écart qui conduirait l'individu à sa perte morale par l'installation en lui de la manie ou de l'idée fixe. Ainsi l'imitation maintient et régularise le progrès intellectuel. C'est elle qui a éduqué notre intelligence. A quoi bon montrer que c'est par elle que l'on apprend à parler, à lire, à écrire, etc. Mais, voici que se pose à nouveau le paradoxe que nous avions cru réduire : Tous ces exercices supposent des efforts considérables ; ils sont possibles par l'imitation et le mimétisme sensoriel tels que nous les avons présentés dans les paragraphes précédents; leur principe est dans le moins grand effort. Comment se concilie cette contradiction : le moins grand effort dans l'exercice de l'organe; le plus grand dans son application ? La volonté se trouve engagée dans ce fait; elle implique la même contradiction apparente. Sans essayer encore de la démêler pour les cas généraux où elle s'exerce, nous pouvons le faire pour le passage de l'imitation nconsciente à l'imitation consciente et volontaire. Nous avons laissé entrevoir la possibilité de l'imitation en comparant les conditions de la représentation visuelle à celles de la représentation stéréognostique, à celles aussi de la représentation d'un mouvement quelconque et d'un mouvement humain, et de même encore à la possibilité de reproduire un son; partout nous avons trouvé que ces conditions plus ou moins complexes se réduisent aux rapports que schématise l'équation sensorio-motrice, laquelle est l'expression du moins grand effort accompli par la synergie de deux facteurs d'origine distincte.

Nous ne saurions concevoir l'activité mondiale autrement que s'exerçant suivant le moins grand effort; le contraire laisserait supposer un tâtonnement, une recherche du mieux, une création qui se continue, une dépense d'énergie non entièrement et strictement réglée, une activité pour laquelle les mêmes causes ne produisent pas toujours des effets identiques par suite de changements intestins survenus à la matière subissant ces causes, enfin une activité comme celle physiologique. A la base, dans ses points de contact avec l'extérieur, l'activité physiologique obéit à la loi dynamique de l'extérieur et se maintient donc suivant le moins grand effort. Le tâtonnement ne saurait exister que pour l'enregistration d'un phénomène nouveau; rien de nouveau dans l'action de l'agent extérieur sur les parties de l'organisme auxquelles elle s'applique. Il y a peut-être eu, à l'origine, tâtonnement et effort sensible avant la formation de l'organe récepteur, au moment où l'espèce se modifiait ; il n'existe plus, semble-t-il, rien de nouveau ou d'imprévu entre l'excitant lumineux et la rétine, puisqu'il y a, entre les deux, accords spécifiques. L'imprévu pourrait survenir des variations de l'excitant.

La variation la plus étroitement liée à la nature de l'excitant est son intensité ; or, celle-ci, pour la sensation visuelle, est encore prévue. C'est sans effort sensible et sans tâtonnement que s'accomplit le réflexe pupillaire. L'état sensitif, étant éveillé par l'impression de l'intensité, a réagi avant que celui-ci ait pu causer une douleur bien nette. La sensation visuelle peut encore varier suivant la translation spatiale de l'objet d'où part l'excitation. Si l'œil est fixe sur son centre de rotation et s'il est accommodé pour une certaine distance, dès que l'objet vu se déplacera, il y aurait gêne pour continuer à le voir sans l'intervention des réflexes d'accommodation proprement dite, de direction et convergence. Suivant l'ordre des faits conscients les choses sont un peu plus compliquées ici.

Tandis que je regarde un coin de la bibliothèque située devant moi dans le fond de mon cabinet, je place un doigt de ma main sur un point de la ligne visuelle, sans changer la courbure de mes cristallins, j'obtiens une image confuse de mon doigt. Il ne tient qu'à moi de faire cesser ce manque de netteté. Je puis différer autant que je le voudrais le moment où j'accommoderai mon œil pour la distance à laquelle se trouve mon doigt, car ce mouvement d'accommodation est devenu tributaire de ma volonté. Qu'est-ce à dire ? Cela signifie d'abord que j'en ai l'idée exacte. On a l'idée exacte d'un objet extérieur quand on peut le définir précisément ; on le fera par l'intermédiaire du langage, mais l'idée d'un objet est le sentiment de sa définition. On a l'idée exacte d'un mouvement quand, par la sensation qu'on en éprouve, on le peut distinguer de ses antagonistes et de ses homologues, plus simplement quand on peut se le représenter et en avoir conscience à part, et dans ce cas il sera toujours tributaire de la volonté, c'est-à-dire qu'on sera apte à le produire à volonté. — Nous savons distinguer à part les mouvements des fibres radiées et annulaires qui jouent réciproquement le rôle d'antagoniste pour produire la contraction ou le relâchement du muscle ciliaire, nous pouvons donc produire à volonté les deux ordres de mouvement ; mais nous ne les pouvons distinguer chacun de ses homologues et tandis que nous faisons mouvoir, si nous le voulons, nos deux pouces séparément, nous faisons varier simultanément et semblablement la courbure de nos cristallins. L'idée que nous avons des mouvements du muscle ciliaire n'est pas adéquate à chaque homologue en particulier ; elle ne suffit que pour réaliser les deux ensemble. D'autre part, nous savons qu'il y a gêne à penser avec insistance à un mouvement sans le réaliser ; cette gêne est d'origine mentale ; elle peut devenir très intense ; si j'avais l'intention de regarder un objet qui se trouve sur un coin de ma table, j'éprouverais une gêne d'autant plus grande que je tarderais plus à satisfaire ma pensée. Je disais tantôt que je pourrais différer autant que je le voudrais d'accommoder mon œil pour la distance à laquelle j'avais placé mon doigt. A différer j'éprouverais deux gênes, la première celle de la rétine, la seconde celle de l'idée du mouvement non réalisé. La première se maintient constante, ou ne s'accroit qu'infiniment peu, la seconde est susceptible de s'amplifier beaucoup, conséquence d'une importance considérable, comme on va le comprendre.

Avec ces données, transportons-nous sur un autre terrain ; considérons un acte très complexe dont la réalisation exige notoirement des efforts considérables comme l'acte de dessiner. La possibilité ne s'en acquiert que lentement ; cet acte exige des années d'exercice ; il consiste à obtenir des mouvements de la main qui correspondent exactement aux mouvements du globe oculaire employés pour parcourir les formes de l'objet considéré, et cela dans une échelle de proportion conventionnelle. Ces derniers ne sont pas quelconques, comme on l'a vu plus haut ; tous les réflexes de la vision doivent jouer de manière à réaliser les conditions de l'équation sensorio-motrice, sans cela il y aurait gêne. Il y a gêne quand l'œil n'est pas accommodé à l'intensité, gêne s'il n'est pas accommodé à la distance et à la direction ; dans le premier cas, l'état affectif peut devenir presque tout de suite douloureux ; dans le second, la gêne n'est presque pas amplifiable, mais elle se confond avec celle due à la non-réalisation du mouvement jugé nécessaire pour l'accommodation, et cette nouvelle sorte de gêne très amplifiable ne dépend pas directement de la sensibilité organique, mais de celle mentale. L'imitation parfaite du dessin consisterait, comme nous l'avons déjà dit, à obtenir des mouvements de la main qui, dans l'échelle de proportion choisie, correspondraient strictement aux mouvements visuels de direction ; cette imitation, devenant automatique, l'effort serait réduit à son minimum. Les deux systèmes de mouvements, ceux des bras et ceux de l'œil, seraient parvenus à créer une association fonctionnelle liée à la vision, et dont l'exercice serait parfait en tant que réalisant, avec tous ses facteurs, les conditions de l'équation sensorio-motrice. Si elle demeure imparfaite, de la non-correspondance entre les divers mouvements employés, la personne, qui s'en apercevra au résultat maladroit qu'elle vient d'obtenir, éprouvera une gêne, très faible, car celle-ci marque un désaccord dans les parties d'un acte qui est bien loin d'être nécessaire à l'organisme, mais cette gêne, de nature mentale, peut s'amplifier, devenir obsédante, solliciter ainsi, les plus grands efforts, et cela afin d'obtenir la réalisation d'un acte qui, en définitive, devrait se produire automatiquement, c'est-à-dire avec le moindre effort.

De ce qui précéde, deux conclusions sont à tirer. La première est une nouvelle preuve en faveur de la distinction de la sensibilité mentale qui emprunte sans doute son origine à la sensibilité générale, mais s'en distingue ensuite en degré et en fonction. La seconde, que nous savions tous déjà, est que le progrès, aussi bien mécanique qu'intellectuel, consiste à supprimer le tâtonnement, à produire automatiquement des actes qui ont exigé une longue suite d'efforts, automatiquement comme ceux qui s'accomplissent à la base et auxquels ils se trouvent étroitement reliés. Ceux-ci servent à ceux-là de modèle et de guide effectif.

§ 31. *Origine mentale de quelques manifestations des activités psychique et organique.* — Nous savons que voir un mouvement d'une personne située devant nous équivaut à imiter ce mouvement; par suite de l'habitude, la simple inspection remplace l'exercice effectif du mouvement imitateur. De même, lire des caractères imprimés équivaut à l'emploi des mouvements, nécessités d'abord, pour prononcer les syllabes signifiées par les lettres. Nous avons tous épelé chaque syllabe l'une après l'autre quand nous apprenions à lire, jusqu'au moment où la lecture qu'on pourrait appeler musculaire, était devenue pour nous, semble-t-il, purement visuelle. Ceux qui n'ont pas souvent l'occasion de lire, et qui n'ont qu'imparfaitement appris, feront toujours les mouvements nécessaires à l'émission des syllabes quand ils liront. De même encore, écouter parler une personne équivaut à énoncer soi-même intérieurement les paroles que prononce cette personne. Nous avons oublié le processus suivant lequel nous nous sommes d'abord représenté les mots qu'on nous disait; notre cerveau ne l'a pas oublié. Écoutons parler un bègue, la gêne que nous éprouverons rendra sensible le mécanisme par lequel nous l'imitons. Nous ne faisons que l'écouter, semblerait-il; or, l'écouter, c'est l'imiter. Ce mécanisme deviendra encore très sensible par son effet dans un état de grande fatigue, dépression nerveuse ou exaltation fébrile, nous supportons mal d'entendre parler autour de nous, même à voix basse. Cette action involontaire, inconsciente et inévitable de l'imitation intérieure explique les cas d'antipathie ou de sympathie purement mentale qu'on éprouve en présence de personnes qui ne nous affectent en rien autre que par cette action de mécanisme sensoriel et mental; cela gêne l'activité mentale ou lui plaît. Un néologisme point trop forcé plaît; or, certains gestes, certaines fluctuations de voix sont comme autant de néologismes mimiques par rapport à l'ensemble des mouvements que nous avons acquis. J'entends parler une personne avec une voix aux résonances nouvelles pour moi: elle exécute un ensemble de gestes qui lui sont familiers et qui me surprennent; elle me plaît. Que son action sur moi se prolonge ou se répète, la même personne me deviendra gênante ou antipathique. Les bizarreries et inconséquences apparentes de l'antipathie et de la sympathie trouvent souvent leurs raisons dans ces faits reculés et originairement étrangers à l'activité psychique.

C'est encore au mécanisme mental qu'il faut rapporter une certaine irritation qu'on serait tenté de prendre pour un commencement de colère, la plus réduite en vérité, comme il arrive lorsqu'on regarde, par exemple, une personne essayant maladroitement d'enfiler une aiguille ; le mouvement nécessité pour cet acte n'a peut-être jamais été accompli par nous, mais il est acquis comme représentation ; s'il se représentait encore exécuté avec aisance, l'imitation d'images musculaires qu'il reprovoquerait en notre cerveau serait inaperçue ; dans le cas contraire, cela nous gêne et, après un assez court moment, nous irrite. C'est une irritation semblable que nous donne la fréquentation d'un maniaque ou encore celle d'un infirme, paralysé ou privé d'un sens important, comme la vue et l'ouïe, parce que toutes les manifestations d'activité que donnent ces personnes, sont gênées dans leur accomplissement. — Tous ces différents cas influent d'abord sur le mécanisme de l'idéation ; c'est par l'intermédiaire de l'activité mentale qu'ils atteignent celles psychique et organique. C'est bien malgré moi que la vue d'un infirme m'est antipathique. Nous désignons ces états précédents sous les noms d'antipathie, sympathie, irritation, faute d'autres, mais on ne peut les confondre avec l'antipathie, la sympathie ou la colère proprement dites, états qui intéressent le moi.

Autres remarques. — Qu'une personne que je « possède » bien mentalement par suite d'une longue fréquentation vienne à faire un geste qu'elle ne fait point habituellement: par opposition son caractère me deviendra plus discernable. La voyant par reflet de glace dans un salon, de cette façon elle se manifestera à moi sans m' « intéresser » aussi directement et j'apprendrai à mieux la distinguer dans son type. Mme Bovary, voyant un jour son mari de dos, toute la vulgarité du personnage lui est en une fois profondément révélée. — Ce qui constitue l'ensemble d'une personnalité agissante, gestes, physionomie, timbre et fluctuation de voix, impose à autrui une action imitatrice multiple, et cette action, dans le moment où elle est subie peut employer presque toute l'activité de celui sur qui elle fait effet. C'est là une des causes mentales de la timidité et peut-être expliquerait-on encore par elle la suggestibilité des personnes n'ayant aucune tare physiologique bien évidente.

La perturbation et l'impossibilité de la représentation imitative sont des phénomènes qu'il est important de noter pour eux-mêmes et pour leurs conséquences. — Par l'imitation on ne peut arriver à reproduire le fait douloureux que dans le cas où les mouvements musculaires entrent en jeu pour permettre de le reproduire : ainsi la vue d'un asthmatique gêne notre respiration ; mais toute douleur n'est pas reproduisible. Si je ne puis me mettre à l'unisson de la souffrance d'un individu, je ressentirai parfois de cette impossibilité une gêne très réelle, qui se satisfera en partie en imitant avec exagération la mimique du patient. Le cadavre aux yeux ouverts impressionne bien davantage que le cadavre aux yeux clos, parce que le premier a sur nous une action de plus, celle du regard, pour solliciter une imitation d'état qui est cependant impossible. L'évanouissement que provoque la vue d'une souffrance aiguë entre peut-être dans la catégorie de ces phénomènes.

Ce n'est pas seulement au sujet d'êtres de notre espèce ou d'une espèce voisine que la représentation équivaut à l'imitation effective, mais encore à l'occasion de tout objet animé de mouvement. Un objet qui tourne sur lui-même dans une position verticale comme le cylindre d'une machine, ou dans un circuit restreint comme dans un manège de foire, une suspension qui oscille, ne pourraient être vus par beaucoup de personnes sans leur faire éprouver un malaise qui va jusqu'à l'effet du vertige, tout comme si elles exécutaient elles-mêmes le mouvement vu. A les croire, « la tête leur tourne » ; c'est que la vision de tels mouvements y fait participer les centres de l'équilibre. — La vue de la forme des objets agit de même. Pour saisir toutes les conséquences de ce fait en esthétique, en particulier dans l'art décoratif, il faudrait connaître les rapports des mouvements externes et internes avec l'état affectif ; c'est ce que nous rechercherons dans l'analyse de l'activité organique. Il nous suffit de remarquer, pour l'instant, la gêne ou la satisfaction mentale produite par la vue de certains objets en tant que lignes et mouvements et laissant ou non libre cours au développement moteur de la représentation. J'aperçois d'une fenêtre une portion de paysage formée par une série de monticules qui empiètent en projection les uns sur les autres, de sorte que j'en obtiens la représentation d'une foule d'objets tronqués : des cimes d'arbres, des moitiés de cyprès, les derniers étages des villas, des plates-formes d'omnibus qui courent sur la crête d'un mur. Ai-je besoin, après cela, d'indiquer pourquoi ce paysage paraîtra, à beaucoup d'entre nous, laid ?

§ 32. *Conclusion.* — Dans le précédent chapitre, nous avons vu que deux idées exprimées en succession, lorsqu'elles ont un certain nombre d'éléments communs, et que de la sorte elles paraissent analogues, agissent sur notre mentalité de telle manière que leurs représentations en deviennent plus intenses ; nous avons remarqué de même que deux impressions subies de l'extérieur simultanément ou en succession immédiate produiraient, si elles étaient analogues, une vive excitation de l'activité mentale ; nous avons montré aussi que toute idée dite belle reposait sur un sentiment plus ou moins marqué de l'analogie entre les différents facteurs dont elle se compose, et qu'une telle idée ne faisait que rendre plus sensible la phase de formation mécanique nécessaire à l'avènement d'une idée quelconque. Tout cela avait éveillé notre attention sur la valeur de l'analogie que nous ne savions pourtant pas encore distinguer de la notion abstraite et vague que l'on en a couramment. Nous ne la saisissions que par ses effets et nous remarquions que ses effets avaient une action profonde sur le mécanisme de l'idéation. Examinant alors les conditions histologiques de l'avènement de l'idée, nous avons encore une fois reconnu le rôle actif que jouait l'analogie dans les différentes combinaisons que peuvent conclure les éléments idéatifs, et, de plus, il nous a paru que le mécanisme sur lequel repose immédiatement l'avènement et l'exercice des idées s'accomplissait par le moyen d'une sensibilité fonctionnellement distincte des autres. — Ce que nous avions fait jusque-là n'était qu'une suite d'observations introspectives et de déductions logiques, qu'il était indispensable de contrôler ; notamment il fallait nous assurer de la valeur réelle, concrète, physiologique de ce que nous avions appelé analogie. Tel a été l'objet du présent chapitre.

Tout en conservant son caractère de notion abstraite, l'analogie entre l'externe et l'interne prend une valeur précise lorsqu'on la considère comme l'expression du rapport strict interne-externe donné par l'exercice de la sensation. Elle apparaît dans ce cas, à la conscience, adéquate. L'analogie adéquate entre la sensation et son objet est une apparence mentale et en même temps elle nous donne la formule d'un axiome fondamental de psychologie : la sensation est d'analogie mentalement adéquate à son excitant ; considérée comme telle, elle est applicable à toutes les variétés des sensations. Toutes les sensations et éléments internes peuvent entrer dans des rapports d'équivalence à l'égard de l'état affectif organique. —

L'équation sensorio-motrice est l'application de la précédente assertion; elle s'opère à l'origine automatiquement. Pour l'exercice de la vision, par exemple, l'état affectif provoqué par l'excitant spécifique et ses variations dynamiques provoque, à son tour, des réflexes dont l'effet est que tous les facteurs de la vision seront entre eux, et à l'égard de la sensibilité organique, dans un même rapport. L'accommodation comme celle tactilo-musculaire, dont tous les éléments sont susceptibles d'éveiller à part des états de conscience distincts, peut dès lors se produire avec le concours de l'écorce et par ce fait avec l'activité mentale. La nécessité de satisfaire l'accord entre la sensibilité mentale et celle organique assure un guide à la pensée pour l'accomplissement d'actes très complexes sur lesquels la sensibilité organique a cessé d'avoir prise, tel l'acte qui consiste à imiter par le dessin la forme d'objet vu.

Nous allons examiner maintenant quelques autres types d'associations d'images conclues par l'intermédiaire de la sensibilité mentale, ainsi que l'intervention de cette sensibilité dans l'exercice courant de la pensée déjà formée et la représentation de certains faits mentaux sur elle.

CHAPITRE III

LA SENSIBILITÉ MENTALE

I. *La sensation mentale.* — § 33. Les phénomènes d'autoscopie et la conscience mentale. — § 34. Le processus mental conscient. — § 35. Variétés des sensations mentales.
II. *Les sensations mentales idéatives.* — § 36. La satisfaction et la gêne mentales. — § 37. Le sentiment de la ressemblance et de la différence. — § 38. Le phénomène de la reconnaissance. — § 39. Sensations mentales d'orientation.
III. *Les sensations mentales cogitatives.* — § 40. La réception. — § 41. Les fondements de l'idée et de la pensée. — § 42. La linguistique et la sensibilité mentale.
IV. *Les sensations mentales de répercussion.* — § 43. Le néologisme verbal et le « néologisme mimique » ; le rire ; hypothèse sur son processus d'excitation. — § 44. Excitation « à vide » de la sensibilité mentale ; effets de la rime et du rythme prosodique. — § 45. Le plaisir comme sensation mentale de répercussion. — § 46. La gêne comme sensation mentale de répercussion. — § 47. Conclusion.

I. — LA SENSATION MENTALE.

§ 33. *Les phénomènes d'autoscopie et la conscience mentale.* — Depuis quelques années on a commencé à s'occuper des phénomènes d'observation interne, observation désignée sous le nom d'autoscopie ; ce sont des faits anormaux ; on sait quelle précision remarquable ils atteignent. Un malade cité par le docteur Comar, et qui ne possédait aucune connaissance anatomique, pouvait, par le sentiment qu'il en avait, décrire son estomac, la muqueuse avec les replis et les glandes. Dans son ouvrage sur *la Genèse et la Nature de l'hystérie*, M. Sollier cite également des hystériques qui en recouvrant la sensibilité de leurs organes dans le sommeil hypnotique avaient connaissance de toutes les modifications qui s'y produisaient. « Le cerveau lui-même, dit-il, dans un autre travail (1), se comporte à cet égard comme les autres viscères; sa partie frontale ayant connaissance des modifications qui se passent dans les centres des parties moyennes et postérieures. »

Nous avons vu les conditions théoriques qui nous portent à croire à l'existence d'une sensibilité propre aux centres où se passe le travail idéatif ; dans un prochain livre nous examinerons les raisons anatomiques pouvant justifier une telle hypothèse. Déjà, la possibilité de sentir les sensations qui se passent dans les centres cérébraux fournit un argument autre que théorique en faveur de l'idée d'une sensibilité propre aux fonctions des centres. Mais les moments où nous sommes capables d'un tel degré de conscience semblent tout à fait anormaux. Ils se produisent lorsque l'activité cérébrale est diminuée. Quand elle reprend son cours, « les représentations liées aux états inférieurs de cette activité font place aux observations normales. Or, ces représentations normales de nos viscères et de leurs fonctions sont très vagues, très confuses, fondues dans l'ensemble de notre cénesthésie et cessent d'être isolables consciemment. L'activité cérébrale consciente est presque absorbée par les fonctions motrices, sensorielles et intellectuelles. Elles ne sont pas inconscientes d'une façon absolue, mais relative, n'étant en réalité que marquées par des représentations et des sensations beaucoup plus nombreuses,

---

(1) P. SOLLIER, L'autoscopie interne. *Revue philosophique*, 1903, p. 1.

variées et intenses (1). » Les mouvements cérébraux qui conditionnent nos pensées deviennent objet d'aperception dans certains cas de pathologie mentale; c'est ainsi que les malades atteints d'écholalie prennent un plaisir dont la sensibilité mentale fait tous les frais. Entre ce phénomène et celui d'autoscopie il y a loin. L'écholalique serait incapable de décrire ce qu'il éprouve; il a seulement conscience d'une sensation agréable inlocalisable. On ne peut nier qu'elle soit de nature idéative; ce ne sont point les idées elles-mêmes qui la procurent, mais l'excitation systématique d'une « forme » servant à plusieurs idées, d'un même groupe de mouvements cellullaires contribuant à la constitution de parties communes à une série d'idées. L'énonciation de ces idées à intervalles rapprochés, quelque disparate que soit leur sens, agissant sur le groupe de mouvements cellulaires employé par toutes, tend à surexciter l'activité de celui-ci, d'où l'impression agréable qu'il procure. Nous savons, en effet, que tout sentiment de travail de nature idéative, travail obtenu sans un effort intéressant la masse pensante, est plaisir, car il tend alors à se répercuter dans la masse entière. Il répond à la définition générale du plaisir : un sentiment d'activité locale tendant à devenir activité générale.

Toute idée, à la considérer substrativement, est le résultat d'un groupe de mouvements cellulaires. La sensation de ces mouvements est infiniment réduite, et la conscience que nous pourrions en avoir est presque toujours entièrement absorbée par celle de l'idée elle-même; du reste, nous la percevrions inutilement, elle serait même pour la pensée une gêne, comme l'écho qui accompagne la voix de l'orateur dans une salle trop sonore. Quand,

(1) P. SOLLIER, *Revue philosophique*, p. 37.

par hasard, les mouvements sont sentis, marquent-ils, toujours, comme jusqu'ici on paraît le croire, un état pathologique, ce fait est-il aussi anormal que certains le prétendent ?

§ 34. *Le processus mental conscient.* — Au sujet du processus mental conscient, Herzen partageait l'opinion de Maudsley et celle de Spencer. Le processus conscient de l'idéation est, dit-il(1), « la phase transitoire entre une organisation cérébrale inférieure et une organisation cérébrale supérieure ; il exprime la nouveauté, l'incertitude, l'hésitation, le tâtonnement, une association imparfaite, une organisation inachevée, un manque de promptitude et d'exactitude dans la transmission, une perte de temps dans la production de la réaction ; il indique que les voies nerveuses ne sont pas suffisamment déblayées et tracées avec assez de netteté pour permettre au stimulus de les parcourir sans s'arrêter, quel que doive être l'effet final : des mouvements réflexes ou des sensations réflexes idéationnelles ; il montre, en somme, que la physiologie n'est pas encore devenue morphologie, et, dès qu'elle le devient, il disparaît, mais il ne disparaît pas complètement et absolument ; il ne disparaît que là où le travail d'incarnation est achevé, pour se reporter là où le travail est à son début, car la conscience accompagne toujours et nécessairement le défrichement du terrain cérébral, tandis qu'elle ignore le reste, à moins qu'il n'y ait une combinaison nouvelle à former. » Les conditions matérielles, histologiques de la formation d'une idée nouvelle cadrent avec cette description, car il s'agit bien alors de tâtonnements, d'hésitation, de voies nerveuses à déblayer, et nous avons montré comment s'organise cette formation, comment elle

---

(1) A. HERZEN, *le Cerveau et l'Activité cérébrale*, 1887, p. 269.

s'accommode des différents cas prévus de l'éréthisme idéatif que nous avons également examinés ; sur cela nous n'avons plus à revenir. En somme, un tel travail concerne l'effort de la pensée pour accroître son progrès. C'est lorsque le processus mental conscient porte sur l'acquis, qu'on le prétend anormal ou pathologique. Nous allons voir qu'il n'en est pas toujours ainsi. On a coutume de dire que lorsque la pensée s'exerce sans l'aide de mots, nous pensons alors par images ; ce n'est pas tout à fait exact ; nous pensons aussi par sensations mentales, par des « formes » de la pensée, dont, jusqu'à un certain point nous pouvons avoir conscience distincte de leur contenu, par la trace mémorielle que nos pensées ont imprimée dans notre mentalité. L'indication des rapports entre la linguistique et la sensibilité mentale nous permettra de mieux concevoir la réalité de ces « formes ».

Un certain nombre de phénomènes, comme le sentiment de la ressemblance et de la différence, la reconnaissance, le mécanisme du rire sont immédiatement tributaires de la sensibilité mentale ; ce sont autant de sensations mentales différentes ; de leur étude, à ce point de vue toute à ses débuts, le lecteur appréciera l'importance.

§ 35. *Variété des sensations mentales.* — Afin d'obtenir de l'ordre dans l'examen des sensations mentales, nous supposons celles-ci réparties en trois groupes. Les unes, *idéatives*, concourent à la formation de l'idée, aux propriétés intrinsèques de l'idéation et des représentations ; les autres, *cogitatives*, participent au travail de la conception ; d'autres, de *répercussion*, marquent l'effet que le travail idéatif produit, dans certains cas, sur la masse pensante. Contrairement aux deux premiers groupes, le dernier concerne les sensations mentales qui ne sont pas liées aux idées, mais qui les accompagnent comme l'écho fait suite à un bruit.

Cette distinction ne saurait être très rigoureuse. Par exemple, les sensations de satisfaction et de gêne mentales sont bien dues à la répercussion du jeu mental sur la masse pensante, dans les centres de l'idéation ; et elles sont aussi idéatives le plus souvent, puisqu'elles contribuent au progrès des idées. Dans quelle catégorie les placer exactement ? On pourra peut-être critiquer en d'autres points le classement que nous faisons ; mais l'ordre suivi n'a aucune prétention de classification ; nous l'avons adopté seulement pour la commodité de la description.

II. — Les sensations mentales idéatives.

§ 36. *La satisfaction et la gêne mentales.* — A ce sujet, nous ne saurions, pour l'instant, ajouter rien autre à ce que nous avons dit précédemment (§§ 9, 11, 14), si ce n'est que la gêne et la satisfaction mentales, en s'amplifiant, dépassant dès lors le département de l'activité mentale, peuvent provoquer les activités psychique et organique. Nous ne sommes pas assez avancés encore pour discuter les conditions du passage entre l'état mental et les états de deux autres activités ; nous le ferons plus tard.

§ 37. *Le sentiment de la ressemblance et de la différence.* — L'aperception de la ressemblance ou de la différence entre deux phénomènes, représentations de sentiments ou d'idées, qui se produisent en nous successivement ou simultanément est un fait de cénesthésie mentale, une différenciation sensible du travail exercé dans l'un ou l'autre cas. Lorsqu'il y a ressemblance, les deux représentations ont, dans leur spécificité composite, un plus ou moins grand nombre d'éléments communs; si tous les éléments étaient communs, il y aurait évidemment ressemblance parfaite, c'est-à-dire identité. Lorsque donc il y a ressemblance, le travail mental histologique exécuté à l'occasion des deux représentations est intense et concentré, agissant sur des mêmes groupes deux fois provoqués. — Lorsqu'il y a différence, nous savons qu'elle n'est jamais absolue ; deux idées diffèrent en ce que la spécificité composite de chacune d'elles n'emploie par rapport à l'autre qu'un nombre réduit d'éléments communs ; plus le nombre en sera réduit, plus la différence sera grande. Provoqué par deux représentations successives ou simultanées présentant contraste dans leur composition élémentaire, le travail histologique mental est encore intense puisqu'il porte, dans un même temps ou dans un intervalle aux termes très rapprochés, sur des éléments qui, à l'ordinaire, ne se représentent point simultanément.

Distinguer la ressemblance vraie ou la différence vraie entre phénomènes aux apparences très complexes est une opération des plus élevées de l'esprit, mais à la base de l'intelligence cette distinction s'opère sensitivement. Ce que nous avons dit sur les conditions histologiques mentales de l'analogie et du contraste (§ 7), à propos des cas de l'éréthisme idéatif, suffit pour nous faire comprendre qu'il y a pour le travail engendré par l'analogie et celui excité par le contraste une distinction sensible d'énergie mentale appréciée par la masse pensante. En vérité, nous n'avons conscience d'une ressemblance ou d'une différence qu'après avoir éprouvé les états sensitifs conditionnant ces deux qualités de l'idéation. Inutile de développer davantage ce paragraphe, auquel le suivant servira encore de commentaire.

§ 38. *Le phénomène de la reconnaissance.* — Aucun

classement possible des impressions diverses qui nous arrivent, aucune différenciation utile au progrès, sans la reconnaissance des impressions déjà éprouvées ; voilà bien encore un phénomène qui appartient en propre à la cénesthésie mentale.

Nous savons que les rapports internes des éléments de l'intelligence ne peuvent s'établir que de trois façons. Un groupe d'éléments en activité tend à provoquer ses analogues ou ses contrastes, l'action du contraste peut se borner à une simple provocation, ou se prolonger jusqu'à *reformer* les éléments engagés dans le fait ; ou bien deux groupes d'éléments activés ensemble, s'ils sont analogues sont perçus comme tels et s'ils se compénètrent, s'il se produit fusion, ce dernier cas se résout encore dans le second. Nous retrouvons là les trois modes d'éréthisme idéatif précédemment décrits, ceux d'*exaltation*, de *reformation* et de *coïncidence*. Qu'est-ce que le phénomène de reconnaissance, si ce n'est la coïncidence de l'image antérieurement acquise et de l'image extérieure correspondante, coïncidence externe-interne ? Les cas précédents sont toujours accompagnés d'éréthisme mental, puisqu'ils signalent un travail cellulaire. Dans le cas de la reconnaissance en quoi consiste ce travail ? Est-il marqué d'éréthisme ? Il est évident qu'il ne porte que sur des groupes restreints de cellules et qu'il ne marque pas un travail nouveau ; s'il engendre satisfaction, nous ne nous en apercevons pas ; il s'agirait d'une satisfaction histologique bien trop réduite pour être consciente.

Sans beaucoup anticiper sur ce que nous examinerons dans la suite au sujet de la tendance de la pensée à se développer, tendance commune à toutes les parties de l'organisme, nous pouvons déjà dire que l'idée provoquée se satisfait de toute expression, quelle qu'elle soit :

geste, parole, acte simple ou complexe. Dans bien des circonstances et surtout chez les personnes nerveuses, il y aurait une gêne allant jusqu'à l'obsession à suspendre une idée en cours de développement. Pensons un mouvement, nous serons tentés de l'exécuter; les impulsions irrésistibles sont les formes exagérées de cette tendance qui nous porte à donner expression à l'idée conçue. Ainsi donc, toute idée incomplète à laquelle il manque, pour être complète, la réalisation, cherche à se compléter par son expression, qui peut être ou le geste, ou la parole, ou l'acte. A cette tendance il faut rattacher ce fait : l'idée d'une sensation est aussi une idée incomplète à qui il manque, pour être complète, la réalisation : je pense un mouvement et je suis tenté de le réaliser, c'est-à-dire de le rendre effectif. A ce compte, l'image extérieure vraie serait, par rapport à l'image correspondante pensée, la réalisation de celle-ci. Nous verrons que le malaise appelé nostalgie, et qui entraîne une perturbation de l'activité psychique a son origine dans le mécanisme mental que schématise parfaitement le besoin qu'a l'image pensée de trouver sa réalisation dans l'image réelle, et dans ce cas, toute image extérieure qui ne ferait que rappeler plus ou moins exactement l'image vraie absente, exaspérerait la tendance élémentaire à la réalisation.

La représentation sensorielle est par rapport à la représentation mentale correspondante comme l'expression la plus vive de celle-ci (1). Nous sommes, dès lors, bien obligés d'admettre qu'une image antérieurement acquise,

(1) Dans son livre, *Einleitung in die vergleichende Psychologie mit besonderer Berücksichtigung der wirbellosen Tiere*, Loeb a décrit sous le nom d'héliotropisme animal, la tendance qui pousse certains animaux, la phalène notamment, à se précipiter sur la lumière qu'ils aperçoivent; il voit dans ce fait un acte instinctif qu'il range à côté d'autres tropismes, et qu'il considère comme des réactions du proto-

de nouveau provoquée par l'impression sensorielle dont elle tire son origine, atteint avec celle-ci son summum d'activité, et nous en pourrions conclure que le sentiment d'extrême activité éprouvé alors par l'image, ou mieux par les cellules qui la détiennent, bien que ne se répercutant pas dans les cellules voisines au point de s'amplifier et de devenir conscient comme état affectif distinct, est néanmoins ce par quoi l'image est reconnue.

Comment peut-il exister une différence, se demandera-t-on, entre le sentiment d'activité éprouvé par un groupe de cellules en contact pour la première fois avec l'excitant extérieur et celui éprouvé par un groupe déjà formé par un contact antérieur retrouvant ce contact? Dans l'un et l'autre cas, au moment où nous la considérons, l'impression est actuelle, et la psycho-physiologie nous apprend qu'une impression sensorielle normale est toujours accompagnée, jusqu'à ce que fatigue s'en suive, d'un accroissement d'activité à moins d'être pénible, et provoque la manifestation de signes qui accompagnent ordinairement le plaisir conscient. Si le sujet, éprouvant une sensation sensorielle normale, n'a pas conscience de l'état affectif qu'il trahit cependant, c'est que cet état est très peu amplifié et qu'il n'existe à proprement parler que pour les éléments intéressés ; c'est ce que nous appelons le plaisir ou satisfaction histologique.

---

plasma à l'action des agents extérieurs ; il trouve là un argument en faveur de sa théorie dite segmentaire, opposée à la théorie des centres nerveux et de la localisation. On pourrait interpréter ce fait d'une autre manière. Si la sensibilité sensorielle, trouve satisfaction dans l'excitation, la tendance à l'accroître, à rechercher la sensation la plus intense possible n'est que très naturelle, d'où le mouvement de la phalène vers la source lumineuse. Cette particularité peut être rapprochée du fait suivant lequel, pour nous, l'image pensée cherche à se réaliser le plus complètement possible. L'image pensée trouve satisfaction dans l'image vraie, mais de plus l'image vraie trouve satisfaction dans l'effet excitant.

On voudra bien pourtant admettre une différence entre le travail d'un groupe de cellules ayant acquis la possibilité de représenter une image et celui de cellules vierges, lorsque l'un et l'autre sont produits par l'excitant extérieur. Dans le premier cas le travail histologique d'acquisition est fait, dans le second il est à faire ; dans le premier, l'activité est presque toute employée par la représentation mentale ; dans le second, elle porte et sur la formation et sur la représentation. C'est une différence notable pour l'élément et c'est bien dans l'aperception cénesthésique de la variation de l'effort que consiste le phénomène de la reconnaissance.

Il ne nous aura pas été inutile de poser le problème dans ce recul pour en dégager le principe, mais réduit comme nous l'avons présenté, il échappe à l'analyse. La distinction entre l'effort employé pour se représenter une sensation déjà éprouvée, provoquée à nouveau par l'excitant extérieur et celui nécessité par la représentation d'une sensation nouvelle est infime. Dès l'âge où l'idéation commence à se former, nous ne recevons plus guère de sensations non encore éprouvées ; ce n'est pas la reconnaissance de faits aussi élémentaires qui doit seule nous occuper, mais la reconnaissance d'objets nécessitant une association complexe d'images.

Le principe reste le même ; le sentiment de reconnaissance repose toujours sur la satisfaction des éléments intéressés et correspond à un minimum d'effort matériel. Nous devons, avant tout, nous expliquer très clairement sur cette notion d'effort. — L'enregistrement d'une idée nouvellement acquise comme sa représentation est, en dernière analyse, le résultat d'un travail moléculaire, d'une activité dépensée en partie à vaincre une résistance, celle de l'état antérieur ; cette activité nécessite un certain effort. Il est facile de prévoir qu'une résistance vive, exigeant un effort considérable serait perçue comme pénible, mais jusqu'au moment où cet effort deviendra pénible, il aura été perçu agréable et, même, plus il sera intense jusqu'à cette limite, plus il nous procurera de plaisir. Comme une idée reconnue exige pour se représenter un travail moindre qu'une idée nouvelle, il résulte de cela que l'idée non reconnue nous donnera pendant un certain temps une satisfaction plus vive (1). Si c'était sur la satisfaction seule et non en même temps sur les différences dynamiques de celle-ci que nous faisons reposer l'aperception de la reconnaissance, nous nous heurterions à une contradiction insurmontable. C'est bien, en effet, l'activité intestine du travail idéatif qui nous fait paraître certaines idées agréables ou esthétiques, mais nous savons que par exemple la lecture d'une page littéraire qui aura émotionné notre mentalité nous laissera indifférents si nous la relisions plusieurs fois de suite à peu d'intervalle, car les voies histologiques mises en jeu pour la représentation ne tarderont pas à ne rencontrer plus aucune résistance et à être complètement acquises ; il faudra attendre jusqu'à ce qu'elles se soient dissoutes pour être susceptible d'éprouver encore de l'émotion mentale à cette même lecture.

Ce n'est donc pas sur la satisfaction seule, mais sur l'aperception de la qualité dynamique de l'effort que repose le phénomène de la reconnaissance. Avec lui la satisfaction doit bien exister, puisqu'il y a suractivité, mais

---

(1) Pendant un certain temps seulement, car l'état de plaisir qui accompagne l'éréthisme de reformation ne tarderait pas, comme nous l'avons déjà indiqué, de se transformer en état de gêne si l'amorce d'une formation nouvelle d'idées que marque l'éréthisme n'aboutissait pas, alors que notre attention se porte sur ce fait.

elle n'est plus consciemment perçue. Pour mieux fixer les idées, nous dirons qu'elle porte non sur les liens associatifs mais sur les éléments intéressés. L'élément, c'est le neurone ; les voies par lesquelles s'opèrent les associations sont les prolongements du neurone ; le neurone et ses prolongements ne forment-ils pas un tout comme le veut l'hypothèse moderne ? Nous n'aurions garde de l'oublier ; aussi si nous faisons une telle distinction, ce n'est pas à la lettre qu'il faut la prendre, c'est seulement afin de mieux faire saisir la différence de travail qui existe entre une représentation reconnue et une représentation nouvelle. L'effort pour la première porte sur les neurones associés formant bloc, pour la seconde, sur une association nouvelle des neurones, les voies jouent dans ce cas un rôle actif et dans le premier cas, leur rôle jadis actif, est devenu passif en ce sens qu'elles n'ont plus qu'à transmettre des mouvements acquis. Il est à prévoir que, si par suite de lésion, une interruption survient dans les voies que la représentation d'un objet utilise, la reconnaissance en sera altérée. C'est ce dont on peut se rendre compte en commentant le trouble du langage, aphasie amnésique par suite de traumatisme, connue en clinique sous le nom de *cas Voit*. « Le malade ne trouve un nom qu'après l'avoir écrit, ou fait les mouvements pour cela nécessaires. A la vue d'un objet, il n'a pas de représentation auditive, mais bien visuelle. Pour son interprétation, Wolff s'appuie sur d'autres symptômes de Voit : il est incapable, quand on lui nomme un objet, d'en écrire les qualités optiques ou autres, le trouble ne porte pas sur le langage, car le mot est *compris*, mais sur le pouvoir d'évoquer les qualités sensibles abritées derrière le mot, d'où la nécessité de recourir toujours à la sensation. Si le mot est compris, c'est grâce au souvenir des impressions visuelles, si l'objet est reconnu, c'est grâce à des sensations visuelles actuelles et intenses. Les faibles, insuffisantes par elles-mêmes, servent pourtant d'auxiliaires aux sensations tactiles, à elles seules impuissantes non à laisser *reconnaître* l'objet, mais à en faire trouver le nom. De même, les sensations acoustiques sont impuissantes, seules ou même aidées des tactiles. Le cas *Voit* éclaircit le processus de la reconnaissance chez l'homme normal, il y a chez le malade une faiblesse dans l'évocation des représentations anciennes qui le fait recourir à la perception sensible où nous procédons par souvenir. Ce n'est que par un seul sens qu'il trouve le nom de l'objet (presque toujours par la vue). Mais tout objet nous donne à la fois diverses sortes de représentations et il suffit d'une seule à l'homme normal pour invoquer l'objet total, quoique l'importance de chaque groupe de représentations varie suivant la nature de l'objet et le type sensoriel des observateurs (1). »

Qu'un objet se présente à nous sans les mêmes concomitances de sensations nous ayant servi une première fois à en acquérir l'idée, il ne sera pas reconnu tout d'abord et il y aura pour nous le représenter effort pouvant provoquer l'éveil de la conscience réfléchie. Est-ce à dire que toutes les variations de sensations concomitantes dans un objet connu sollicitent une activité semblable? Des centaines de figures étrangères défilent devant nous dans la rue, durant le cours d'une promenade, sans le provoquer; mais qu'une de ces figures vienne à nous rappeler quelques traits précis d'une personne connue et l'activité mentale en sera sollicitée. Nous aurons reconnu « à moitié » la personne dont les traits

---

(1) G. Wolff, Dissociation morbide des représentations. *Zeitsch. für Psychol u. Physiol. der Sinnesorgane*, 1897, analysé par P. Janet, *Revue neurologique*, 1897, p. 707.

nous étaient acquis ; c'est comme une demi-reconnaissance et ce cas entre dans celui d'éréthisme de reformation. Nous ne l'aurions pas rappelé s'il ne nous servait de transition pour présenter une nouvelle remarque. — Je suppose que je me trouve dans la rue, au milieu d'inconnus dont aucun n'attire mon attention ; ma pensée travaille automatiquement sans réagir aux excitations qui m'arrivent du dehors ; celles-ci se composent de sensations que je pourrai reconnaître, qui me sont toutes élémentairement acquises, mais qui ont, détachées, une action si faible qu'elles ne produisent aucun effet particulier sur ma mentalité ; mais voici que parmi les visages inconnus, regardés inconsciemment, j'aperçois une figure que je reconnais, et cela provoque la réaction de ma pensée. Il s'agit d'un individu dont la personnalité ne m'intéresse nullement, par conséquent mon activité psychique n'a pas à intervenir dans le fait. La reconnaissance de cette personne a provoqué un travail mental ; l'énergie de ce travail est sentie différente, et cela parce que le travail s'opère dans des conditions histologiques spéciales que nous venons de décrire ; c'est dans la conscience élémentaire de ce travail spécial que repose le sentiment de reconnaissance.

Tout ce qui précède concerne le mécanisme mental du phénomène de la reconnaissance. Ce phénomène lui-même comporte plusieurs distinctions. — C'est ainsi que M. Claparède, admettant deux degrés dans la perception, montre que le premier « correspond à la première phase du processus, celle où l'objet nous est donné comme une unité, comme un tout faisant partie du monde extérieur indépendamment des idées et sentiments qu'il peut susciter ; cette phase n'est autre que l'identification primaire qui produit la *reconnaissance sensorielle, assimilation* de Herbart, *sinnliches Wiedererkennen* de Müller » ;

la seconde, perception compliquée, comprend « les phases ultérieures du processus, compréhension de la signification des objets, c'est-à-dire *reconnaissance intellectuelle*, identification secondaire, *complication* de Herbart, *begreifliches Erfassen* de Müller (1). » Mais il est évident que l'un et l'autre demandent les mêmes conditions mentales, plus simple avec la première, plus complexe avec la seconde. Cette distinction ne concerne pas le mécanisme fondamental du phénomène.

On a dit aussi que « la reconnaissance est un jugement d'orientation et de localisation d'une impression dans le temps et dans l'espace (2) ». La reconnaissance dans le temps se peut distinguer aussi de celle dans le passé. La différence est que « la première opération nécessite la mise en jeu de plusieurs souvenirs, tandis que la seconde n'implique qu'un seul souvenir et se confond avec la conscience même qui accompagne ce souvenir (3) ». Il ne s'agit toujours que d'une différence du simple au complexe. — L'intervention de l'idée du moi, que les opérations complexes de reconnaissance peuvent solliciter, n'entraîne pas l'intervention de l'activité psychique ; le phénomène dépend toujours mécaniquement de l'activité mentale. Seule, la non-reconnaissance engendrant un effort intense, et par là une altération du sentiment de la personnalité, pourrait, par le fait même de l'intensité, provoquer le jeu effectif de l'activité psychique.

Dans le paragraphe précédent nous indiquions, comme nous venons de le faire pour la reconnaissance, que le sentiment de la ressemblance et du contraste se fonde sur l'aperception d'états différents de cénesthésie men-

---

(1) Cité par J. GRASSET, *le Psychisme inférieur*. F. Alcan, 1906 p. 145.
(2) J. GRASSET, *ouv. cité*, p. 147.
(3) P. SOLLIER, *les Troubles de la mémoire*, 1901, p. 36.

tale. — En résumé et schématiquement, le sentiment de la reconnaissance peut être considéré comme portant sur deux sensations semblables, l'une éprouvée jadis au contact de l'extérieur, l'autre éprouvée actuellement à ce même contact et rappelant l'impression de la première de telle sorte que l'une et l'autre sont perçues d'analogie adéquate. Le sentiment de ressemblance ne consiste pas dans l'aperception d'analogie mentale adéquate, mais simplement d'analogie entre deux impressions ; elles sont saisies comme se ressemblant parce que l'une et l'autre emploient pour se représenter des éléments communs. Avec la reconnaissance, tous les éléments sont communs ; avec la ressemblance, seulement la plupart. L'état cénesthésique signalant la ressemblance se rapproche de celui signalant la reconnaissance. On montrerait de même que le sentiment de différence ou de contraste se rapproche du sentiment de non-reconnaissance ou de l'impression que l'on éprouve devant l'objet nouveau.

§ 39. *Sensations mentales d'orientation.* — Si l'on entend par sens d'orientation celui auquel se rapportent les faits signalés chez les animaux, notamment les migrateurs, il est très peu développé chez nous pour produire des faits semblables et aussi bien marqués. A ce sujet, M. Beaunis, dans un ouvrage antérieur aux recherches de M. P. Bonnier, s'exprime ainsi (1) : « Aucune théorie ne rend compte d'une façon satisfaisante de cette faculté d'orientation. Nous ne savons même pas s'il faut l'attribuer à un sens spécial, sens de l'*orientation*, ou si, comme le pensent beaucoup d'auteurs, elle n'est pas plutôt la résultante d'un ensemble de sensations, d'impressions de souvenirs, de raisonnements, en somme un

(1) H. BEAUNIS, *les Sensations internes.* P. Alcan, 1889, p. 162.

acte à la fois instinctif et psychique comme tant d'autres qu'on observe chez les animaux. » Impossible de ne pas reconnaître sa participation à l'exercice de la pensée lorsqu'on aura réfléchi que par elle nous recomposons en les localisant les représentations fragmentées que nous avons du monde extérieur, comme nous localisons sur notre corps, par exemple, les sensations tactiles et que par celles-ci nous possédons la topographie de notre corps. Nous savons que chaque sens est sens de l'espace, il semble que nous ne voyons pas les objets sur notre rétine, mais à leur place respective. Cette localisation est morcelée, discontinue, actuelle ; comment rejoindra-t-elle les expériences antérieures ? Ce n'est certes pas la sensibilité musculaire seule qui nous permettra d'obtenir la localisation d'un ensemble, mais le concours dont parle M. Beaunis. Veut-on se rendre compte de l'effet pouvant aller jusqu'à l'angoisse que provoque un manquement à la représentation topographique d'un ensemble ? Qu'on se rappelle la gêne éprouvée dans un train en marche lorsqu'on ne sait plus relier la direction de la marche au point de départ. Cette fonction supérieure d'orientation n'est pas à confondre avec celle liée au sens de l'équilibre et qui la dépasse de beaucoup, car, dans cette union, si l'on retranche ce qui a rapport immédiat avec la fonction d'équilibre, ce qui reste pour l'orientation est fort peu ; on dira qu'un malade s'oriente mal lorsqu'il localise mal ses impressions périphériques, c'est plutôt sens de la direction qu'il aurait fallu nommer pour l'homme cette faculté, mais comme elle emprunte ses éléments aux mêmes parties d'organes, notamment les canaux semi-circulaires, que pour les animaux chez lesquels elle joue vraiment un rôle d'orientation, on l'appelle ainsi.

Lorsque, dans un train en marche, nous ne savons

plus relier le sens de la marche au point de départ ou lorsque nous traversons dans l'obscurité un appartement que nous connaissons bien et qu'arrivant à un endroit imprévu nous ne savons plus où nous sommes, en vérité nous sommes désorientés parce que nous n'avons pas su coordonner nos impressions actuelles à la suite des déplacements que nous venons d'effectuer, ce qui est le cas du premier exemple, où nous n'avons pas su retrouver la suite acquise de déplacements nécessaires pour nous rendre d'un endroit vers un autre dans une pièce que nous connaissons pourtant bien, comme dans le second exemple. Ces deux exemples nous font saisir que le fond même du phénomène d'orientation se rattache au phénomène de la reconnaissance ; mais tandis que le sentiment de la reconnaissance considéré en lui-même, comme nous l'avons fait tantôt, est une constatation purement passive, il devient actif avec le sentiment de l'orientation, car c'est par une suite de reconnaissances successives de nos déplacements antérieurs et de leurs effets que nous nous orientons, soit que nous nous déplacions, emportés par un véhicule, soit avec nos propres moyens de locomotion. En effet, il faut que nous reconnaissions, dans nos déplacements actuels, les déplacements antérieurs dont nous avons appris à connaître les effets, pour apprécier les effets de ceux actuels, et ainsi la reconnaissance joue un rôle actif dans l'exercice de l'idéation. Mais les sensations internes résultant de déplacements du corps seraient insuffisantes pour nous orienter, et nous avons recours à des points de repère fournis par les sensations sensorielles, comme le voyageur a recours à ceux conventionnels suivant lesquels on a désigné les différentes parties de l'horizon. Nous ne pourrions retrouver une succession tant soit peu longue de sensations internes de déplacement, par l'appréciation de ces seules sensations, et c'est pourquoi nous ne saurions attribuer chez nous le sens de l'orientation qu'à la résultante d'un ensemble d'impressions diverses comme le pense M. Beaunis. Quant à l'appréciation elle-même d'un déplacement, nous ne la trouverons qu'en la rapportant à un déplacement semblable antérieurement effectué et dont nous avons jugé l'effet par des points de repère. Le problème de l'orientation se réduit donc ainsi pour nous à celui de la reconnaissance.

Nous devons ajouter que la désorientation peut engendrer une gêne mentale qui, en s'amplifiant, altère le sentiment de notre personnalité : c'est l'origine de l'angoisse, que nous signalions tantôt. Les sensations actuelles que nous éprouvons durant cette altération du moi, bien que restant normales, ne trouvent pas, par le fait de la désorientation, des séries antérieures où elles pourraient s'emboîter comme chez le malade dont parle Krishaber (1). Par son origine, le trouble de la désorientation se réduit à un fait de non-reconnaissance.

III. — Les sensations mentales cogitatives.

§ 40. *La réception.* — Je ferme un instant les yeux et j'essaye d'imaginer une personne rencontrée tantôt ; je n'y parviens pas, mais un homme que je ne connais point se présente à ma vue intérieure ; il est assis, il se lève et gesticule avec les gestes familiers de la personne que j'aurais voulu me représenter ; en vérité, je le pense plutôt que je ne le vois. Il est remplacé par un autre personnage qui porte la blouse d'un ouvrier peintre ; celui-ci se met

---

(1) H. Taine, *ouv. cité*, t. II, p. 466.

encore à gesticuler, *en dehors de ma volonté*, comme s'il avait une volonté opposée à la mienne ; cependant il existe de par moi. Je *n'ai aucun pouvoir sur les gestes qu'il fait ;* si je voulais imposer à ma vision mentale les mouvements que je pense, elle s'évanouirait. Je l'essaye, et la vision disparaît ; cependant, l'ouvrier peintre revient, mais plus petit que tantôt, il salue un monsieur à redingote qui se tourne brusquement vers moi, me montre du bout de sa canne une foule et se dirige vers elle ; la foule est groupée dans un coin d'une très grande place que je n'ai jamais vue ; une rangée d'omnibus stationnent du côté opposé à la foule ; je n'ai pas le souvenir d'en avoir vu de semblables.

Comment puis-je apercevoir des gens que je n'ai rencontrés nulle part et cette foule, cette place, ces omnibus qui me sont inconnus ? On répondra que mes yeux les ont vus jadis sans que j'en ai eu connaissance. C'est fort bien, mais comment ces images se coordonnent-elles de manière à se présenter avec unité et suite ? Comment l'homme que j'ai distingué tantôt peut-il gesticuler d'après les gestes de la personne que j'ai voulu me représenter ? — J'imagine encore une petite vieille vue de dos, gravissant une rue en pente entre des maisons délabrées, image qui m'a frappé durant une promenade. — Je revois la vieille femme, elle est essoufflée et s'arrête ; la montée est pénible ; elle se retourne vers moi, elle a la figure d'une autre vieille que j'ai remarquée à l'hospice ; elle arrive enfin sur un seuil ; elle entre dans une cuisine, qui est celle de notre maison. Voilà une série d'images vues chacune à plusieurs jours d'intervalle, cependant j'aperçois la vieille femme dans une concordance parfaite d'allure avec le milieu où elle se trouve ; ainsi sont ces tableaux animés que projette le cinématographe. Dans ces projections on nous montre des choses merveilleuses : un promeneur passant aux bords d'une rivière a fantaisie de se baigner ; il se déshabille, mais, au fur et à mesure qu'il retire ses vêtements, il est assailli par une pluie de paletots, de gilets et de pantalons ; de désespoir, il se jette tout habillé dans la rivière et son corps en tombant soulève une gerbe d'eau. — Une fée touche de sa baguette une table qui se transforme en un carrosse d'où sortent des personnages nains. Toutes ses fantasmagories ont l'air de réalités parce qu'elles se composent d'une suite coordonnée de photographies prises par le préparateur en diverses séries et rattachées de manière à ce qu'elles paraissent l'évolution de la même scène : ainsi la métamorphose opérée par la fée. Le cerveau agit comme le préparateur de cliché ; il joint des suites d'images vues à intervalles parfois très éloignés et les coordonne sans difformité ni à-coup.

Par quel mécanisme peut s'organiser cette coordination ? Par des formes mémorielles de scènes reçues antérieurement ; s'exerçant, elles s'accommodent d'images détenues par des chaînes de cellules qu'elles éveillent par leurs vibrations. Transportons-nous dans le domaine du raisonnement pur, nous y retrouvons ce procédé. Je pense par des formes mémorielles de raisonnement acquises antérieurement, dans lesquelles les termes secondaires qui font l'objet du raisonnement viennent s'emboîter. La comparaison n'est point tout à fait exacte, parce que dans ce cas l'emboîtement est contrôlé ou refusé s'il ne convient pas à l'ensemble de l'idéation, tandis que dans les cas précédents il se fait sans contrôle, par le seul fait des mouvements intestins de la matière cérébrale, provoqués par une cause quelconque. Si l'on fait abstraction du contrôle qui est bien un fait de sensibilité mentale, la gêne éprouvée à certaines associations, la comparaison est entièrement juste. A un orateur qui s'arrête net au milieu de son improvisation, faute de distinguer clairement la suite de ses énonciations, il suffirait bien souvent de lui suggérer les mots *tandis que, pourvu que, pourtant,* etc., etc, qu'on saisit bien dans ce cas comme forme vide de la pensée discursive, pour qu'il trouve à les remplir, ayant ainsi à l'aide d'une forme, donné cours à la suite de ses idées. Ces formes ne sont pas pures entités, elles ont une réalité matérielle ; elles sont sensations mentales, résidus d'impressions sensorielles, affectives ou motrices, et sensations mentales cogitatives, car elles contribuent directement à la marche de l'idéation. Elles sont formes déjà composées par la pensée, susceptibles d'être reprises (*recipere*) par elle pour encadrer indifféremment des nouvelles pensées ou des images diverses.

L'exercice receptif de l'idéation se manifeste pleinement dans le rêve. Afin d'en tirer des considérations utiles, je reproduis ici un rêve que j'eus un soir de voyage, ayant écrit l'avant-veille un article sur l'évolution littéraire de notre littérature à partir du mouvement romantique jusqu'à l'impasse du faux idéalisme, où elle s'engagea il y a quelque vingt ans. Je le reproduis tel que je le notais au réveil.

« Le drap appliqué contre mon oreille me rend sensible le mouvement des artères ; pendant l'inspiration, le drap se déplace et je ne perçois plus alors les battements ; il me semble que les coups vont trois par trois ; on dirait le bruit que fait le train en passant sur les plaques tournantes. Nous allons vite. Nous traversons d'immenses contrées d'un caractère bizarre ; je n'en ai jamais vu de telles. J'essaye de me rendre compte ; je vois des constructions de style ogival à côté d'autres d'aspect moderne. Quelqu'un à côté de moi me souffle : « Ce sont les

« contrées littéraires ». Alors je comprends... je me souviens. — En effet le paysage me communique une impression semblable à celle que j'ai éprouvée en lisant certains écrivains.

« Nous traversons la contrée de Gœthe...Oui c'est bien cela : ces lignes de peupliers, ce fleuve calme, cette ville embrumée que j'aperçois au loin, ces plaines immenses et fertiles ; partout une belle discipline. Qu'ils sont heureux ceux qui vivent, ceux qui vivent en Gœthe...

« Un temps très long s'écoule ; nous entrons dans la contrée de Taine. Dans les brumes de l'horizon s'étendent d'autres contrées où l'on ne passera jamais. Cela m'attriste infiniment. Pour nous consoler, un ingénieur nous dit : « Les lignes sont en construction. » Alors nous rions ; Brunetière le traite d'imbécile, il discute, ne peut le convaincre et finit par lui dire : « Auguste Comte vous « a joué un tour dont vous serez les dupes. »

« Le rire ne cesse pas ; il fait naître un brouillard qui se dépose sur le verre ; je veux l'effacer pour voir au dehors ; je n'y parviens pas. Un critique se lève et me l'efface ; il dit : « Tu vois que nous sommes utiles. » Une voix : « Il fallait casser la vitre. » J'essaye ; je ne puis, quand soudain, sous mes efforts, elle s'abaisse. Oh ! je comprends mieux ce que je vois, une senteur se dégage du pays que je traverse ; elle m'enivre. J'entends la voix de Taine qui expose sa théorie des petits faits. Il se complaît dans ses phrases ; il les compose longues ; il s'écoute parler ; à chaque chute de phrase je vois passer devant la portière un poteau télégraphique. Les phrases de Taine sont harmonieuses ; les fils entre les poteaux forment des arcs mous. Brunetière interrompt quelquefois ; les fils sont très tendus.

« Taine a fini d'exposer sa théorie des petits faits. Le train est devenu omnibus ; le nom de chaque station est le nom d'un livre. Le commis de librairie qui passe sur le quai l'estropie en le criant. Cependant on distingue : *Fromont jeune... Trois Contes... Fumée...* Au bout d'un instant, ce sont de vrais noms de villages ou de villes que l'on crie : « Toulouse... Cassis... Saint-Cyr. » Sauf quelques-uns qui descendent de voitures, on convient généralement qu'on a déraillé ; on retourne au poste d'aiguillage et on repart. Un gommeux dit : « Cela m'est égal ! Je n'ai qu'une préoccupation : être « dans le train. » Au moment où il parle, on annonce : *le Disciple*, puis *Serge Panine*. J'ai mal entendu, je me penche à la portière sur le quai. Le gendarme de service s'approche obligeamment de moi et me dit : « C'est « d'un bon auteur ; il écrit très bien. »

« On repart, mais aussitôt : « *L'Assommoir !* vingt mi- « nutes d'arrêt, buffet ! » Un commis voyageur, pouffant de rire, me pousse le coude et me glisse à l'oreille le nom du plat que l'on a coutume de servir ici. On s'attarde au delà de vingt minutes. C'est trop long. Tout le monde est descendu du train ; on se groupe non pas sur les quais, mais sur la voie ; on est très partagé d'avis. Poussés par la faim, quelques-uns vont manger... les autres attendent, un mouchoir sous le nez ; l'odeur des cuisines est décidément trop envahissante ; on voudrait repartir quand on s'aperçoit que le retard est occasionné par le chargement de caisses contenant des brochures de propagande. Alors ici indignation de la part de quelques-uns qui quittent la gare. Je suis poussé dans un train qui arrive de Belgique, j'y trouve beaucoup de Belges, de Suédois et de Norvégiens. Je suis persuadé qu'à condition de pas regarder par la portière comme tantôt, mais *intérieurement*, cela me sera utile. Il manque un régisseur, c'est la préoccupation de tous. On est inquiet ; le train va vite, vite, si vite qu'on y respire mal. Nous voilà sous un tunnel qui ne finit jamais. On n'y voit presque plus. Brunetière *leur* dit : « Vous l'avez « voulu ; mais l'impression n'est pas complète. » Il éteint le gaz. »

A proprement parler, aucun raisonnement ne conduit le sens de ce rêve, mais une compénétration successive d'images le remplace. (C'est le cas de rappeler que le mot image ne saurait être conçu comme correspondant à une acquisition cérébrale fixe et particulière à chaque représentation ; ce qui survit à la représentation, c'est la possibilité de « mouvements » cérébraux correspondante et propre à servir à toute catégorie d'images semblables.) (Voir note 1, p. 42.) L'idée « les phases de l'évolution littéraire » a organisé à son profit l'idée « le souvenir d'un récent voyage ». Elle a utilisé des formes qui ne lui conviennent pas en propre. Pour peu qu'on analyse le sens de quelques détails, on saisira le commentaire rationnel qu'ils entraîneraient. Les voyageurs, dans ce rêve, au lieu d'entendre annoncer à la portière des noms de villes, entendent annoncer des titres de livres et bientôt ce ne sont plus des noms de livres que j'entends annoncer, mais bien des noms de villes : cela signifie pour moi que la période littéraire est entrée dans sa phase la plus complète de réalisme, substitution d'images ayant la valeur d'un raisonnement. Plus loin, le train s'est arrêté longtemps. « On se groupe non pas sur les quais, mais sur la voie » ; il s'agit ici de gens qui cherchent à s'orienter vers une direction nouvelle, et cela est senti par l'introduction de cette image : « on se groupe sur la voie ». Ainsi, ce qu'on appelle le raisonnement, j'entends raisonnement discursif, est réductible en genèse à un simple rapprochement d'images qu'on ne peut attribuer aux lois de l'association d'idées, comme on a coutume de le croire. Nous devons revenir sur ce point dans le chapitre suivant.

D'après ce qui précède, nous voyons que la forme d'une idée peut être remplie par diverses images qui se substituent à celles avec lesquelles la forme a été acquise sous l'action des phénomènes extérieurs tout comme si cette forme pouvait exister à part et être apte à emboîter des contenus très différents. Cela ne doit pas nous étonner ; dans l'exercice normal de l'idéation, les choses se passent ainsi ; l'idée générale de *livre*, par exemple, est apte à contenir une foule de représentations très diverses qui y répondent. On peut, toutefois, se demander comment les représentations particulières de livres divers et très différents ne viennent pas déranger l'idée générale que nous en avons, pour ainsi dire, à l'état de concept? Cette question demande une réponse précise, car elle est fort importante. Avant, il faut remarquer que notre comparaison entre l'exercice de l'idéation dans le rêve et celui-ci n'est pas tout à fait exacte, en ce sens que l'idée de *livre* considérée comme forme apte à recevoir toutes les représentations particulières de livres, bien que capable d'en comporter une variété infinie, n'est pas susceptible d'être emboîtée par d'autres idées n'ayant aucun des caractères de l'idée générale *livre ;* ainsi à l'état de veille, il ne nous arrivera jamais de confondre la représentation d'un livre avec celle d'une gare... Comment cela peut-il arriver dans le rêve ? En répondant à cette question nous répondrons en même temps à celle posée tantôt.

On a souvent remarqué que l'idée appelle comme d'elle-même d'autres idées la justifiant, la maintenant et la faisant progresser. Toute la littérature de la psycho-physiologie abonde en exemples de cette particularité qu'on a désignée sous le nom d'association systématique et qui n'est pas particulière au rêve, mais à tout délire d'idée fixe. A l'analyse mentale appartient l'explication de ce fait qui est dû à la tendance que l'idée a de se manifester le plus complètement possible et suivant le moins grand effort, c'est-à-dire en provoquant d'autres idées dont la spécificité composite participe le plus de la sienne, plus simplement en provoquant ses analogues. Cela se passe aussi bien pour l'idée dans l'état de veille que dans le rêve, mais voici où apparaît la différence. — Il n'existe en nous aucune idée à part, sans rapport d'analogie ou de spécificité composite avec d'autres; dans le rêve, un nombre fort restreint d'éléments est en activité; une idée s'accommodera alors toujours d'une autre puisqu'elles ont ensemble des éléments communs, ceux par lesquels elles sont associées, et quant aux autres éléments, qui, à l'état normal, font cependant partie de ces idées, comme ils ne sont pas éveillés, ils ne peuvent contredire l'association et en ordonner le refus. Une idée étant formée par une multitude de voies plus ou moins solidaires, il n'est pas nécessaire que tout son contenu se représente pour en donner la représentation. Dans le rêve, l'idée peut être éveillée par un contenu très différent de celui habituel, pourvu qu'il s'en rapproche en quelque point; il en résulte une incohérence dont le dormeur ne s'aperçoit pas : nous ne pourrions nous étonner dans ce cas de ce qui ne serait pas conforme à la réalité acquise. Or, chaque fragment du rêve qui se déroule est en lui-même conforme à l'acquis, et n'engendre aucune contradiction puisque la masse pensante ne fait pas écho. Dans le demi-sommeil, alors qu'on se sent encore penser, le résultat d'une idée incohérente sera souvent de nous réveiller, comme sans doute nous nous en sommes tous aperçus.

Nous rêvons quelquefois en verbo-moteurs; cela nous arrive après une journée consacrée tout entière à la lecture ou après avoir assisté, le soir, à une conférence; le déroulement du rêve s'opère au moyen de mots, de phrases toutes faites que nous croyons débiter ou lire. Le mot est le signe le plus abstrait de l'image, celui qui nécessite le travail matériel de représentation le plus réduit, qui emprunte actuellement le moins à la masse pensante, et le long usage que nous en avons fait nous permet de nous représenter son contenu avec un minimum de travail. Quand dans un texte je rencontre les mots *forêt*, *ville*, *pont*, *livre*, etc., la représentation que je me fais de ces termes est très réduite. On a si souvent insisté sur la propriété des mots comme réducteurs d'images qu'il n'y a pas besoin d'y revenir. Dans le rêve que je citais tantôt, ce n'est pas de mots que je me servais pour le déroulement du sens, mais d'images, et d'images qui remplissaient exactement le sens du mot, avec leurs propriétés, enfin d'images pouvant servir à la représentation d'idées abstraites comme, dans la peinture emblématique, on représente des idées abstraites par des images qui les évoquent : ainsi la balance ou l'épée représente la justice, l'ancre le salut, la roue l'inconstance, la lampe le travail. Un tel rêve est comme un rébus dont nous aurions le sens. Le sens est donné par l'idée directrice qui évolue par le déroulement des images. Celles-ci peuvent être fournies par des sensations d'origine extérieure ou des sensations internes assez vives pour être perçues et pas assez pour provoquer le réveil, mais elles ne fournissent, bien entendu, que les éléments dont les idées rêvées s'accommodent. Enfin toutes les images, quelle que soit leur origine, entrent dans le sens de l'idée directrice sans la perturber.

Comment les représentations particulières d'objet peuvent-elles convenir à l'idée générale que nous en avons, comment toutes les représentations particulières de *livres* ou *d'arbres* si variables, n'altèrent-elles pas l'idée que nous avons du *livre* ou de *l'arbre* en général ? telles étaient les questions que nous nous posions tantôt.

Ce serait une erreur de croire qu'une telle idée une fois acquise existe en nous à l'état de concept pur, imperturbable et inaltérable. Nous savons qu'une idée bien acquise peut être toujours altérée par une représentation particulière qui, cependant, lui convient et cela au point de nous faire éprouver l'éréthisme de reformation ; à ce sujet nous donnions comme exemple l'impression mentale que nous procure la vue d'un groupe d'arbres que nous connaissons bien, mais que nous revoyons après une absence couvert de feuilles, l'ayant vu pour la dernière fois dépouillé de feuillage, ou tout simplement après une ondée qui en avive les couleurs. Ainsi, une idée générale d'objets concrets sera perpétuellement altérée, modifiée par les représentations particulières actuelles, mais si l'idée est bien acquise par une longue suite d'expériences, la représentation particulière ne l'altère que peu et sans en nécessiter le rejet. C'est donc, semble-t-il, qu'elle a laissé son empreinte, sa forme durable, et pourtant il est impossible de la concevoir comme forme vide de contenu. On sait bien que si j'évoque telle idée générale d'objet, je ne me représenterai jamais qu'une image particulière, non pas l'arbre ou le livre, mais tel arbre ou tel livre. Cependant, si l'on réfléchit que dans le rêve l'idée est apte à se représenter autrement qu'en emboîtant les représentations particulières qui ont aidé à son acquisition, il faut que, privée de son contenu habituel, la forme d'une idée conserve cette idée en puissance ; par forme d'une idée, je ne crains pas de le répéter, j'entends seulement un complexus de mouvements histologiques détenteur de cette idée. Au sentiment physiologique de cette forme, infiniment réduit, que nous ne pouvons saisir à part, mais dont le jeu de reception nous est rendu manifeste par le mécanisme du rêve, convient bien le nom de sensation mentale cogitative. Cela est plus encore saisissable avec ces formes de la pensée qui sont de vrais cadres dans lesquels s'emboîte le développement discursif des idées et qui répondent aux conjonctions de coordination et de subordination : *car*, *cependant*, *néanmoins*, *lorsque*, *puisque*, etc. J'appelle reception le pouvoir suivant lequel l'intelligence emboîte des contenus particuliers dans les formes acquises. C'est par reception que l'orateur, arrêté au milieu de son discours, pensant à la forme *quoique*, *puisque*, etc., trouve la suite de son discours. C'est encore par reception que lorsque voulant retrouver une figure de connaissance, une personne quelconque se présente à ma vue intérieure, gesticule, s'assied, apparaît sur une place publique que je ne me souviens pas d'avoir vue, avec des traits qui me semblent nouveaux, et le tout parfaitement relié et comme naturel. Je comparais ce pouvoir au travail d'un préparateur de projections cinématographiques qui relie des fragments de scènes au point de nous faire apparaître ensuite comme naturelles des représentations qui n'existent pas dans la réalité mais suivant la succession que le cinématographe leur impose : des fiacres escaladant des maisons, roulant sur les toits, redescendant dans la rue.

Ce pouvoir receptif de l'intelligence se distingue-t-il vraiment des cas de l'association des idées ? Est-il nécessaire de surcharger la nomenclature de la psychologie d'un terme, celui de reception, pour exprimer une chose que d'autres déjà usités rendent suffisamment ? — Dans la reception, il faut d'abord distinguer une application de la tendance générale à l'activité suivant le moins grand effort, ensuite l'emboîtement des idées. La théorie associationniste n'explique nullement la façon dont les idées s'emboîtent, pas plus qu'elle n'explique comment elles fusionnent. Le principe de la reception est au fond le même que celui de la formation des idées par fusion des éléments (§ 7), mais la mémoire y joue un rôle plus actif. Ce que les associationnistes ont appelé l'association de contiguïté dans le temps et dans l'espace, et qui n'est autre que la manifestation de l'activité mémorielle, n'a pas à intervenir dans le progrès s'effectuant sur des idées constituées. Il n'en est pas de même, toutefois, pour la constitution de nos premières idées : c'est parce que les qualités, formes, couleurs, etc., ont été perçues en concomitance ou en contiguïté dans certains objets que j'ai appris à connaître ceux-ci et à les distinguer des autres. Donc, dans ce cas, la contiguïté dans sa forme la plus rigoureuse, la concomitance d'éléments externes a produit la formation de groupes composites correspondants ; elle a forcé des éléments internes à se représenter dans le même temps. Inutile de dire que la contiguïté ainsi comprise est toute contingente et relative à l'ordre extérieur ; les choses sont telles, elles auraient pu être autrement. Si j'ai acquis l'idée d'arbre grâce à la concomitance d'éléments en bloc peu variables, pour des raisons exactement les mêmes, pensant à un arbre, je me rappellerai une maison que j'aurai vue près de cet arbre, l'enseigne des magasins de cette maison, etc. Les liens entre ces idées sont très ténus, la soudure en est friable parce que la contiguïté n'a pas été fréquente. Il n'en est pas de même, par exemple, pour l'association de la lumière et du bruit dans le phénomène de la foudre. On entrevoit par là la part que l'activité mémorielle prend dans l'exercice de la reception qui dans le rêve se manifeste librement; et en même temps on peut distinguer cet exercice de celui de la fusion proprement dite entre éléments d'idées constituées et par laquelle les idées nouvelles s'engendrent les unes par les autres.

En résumé, la reception représente à la fois l'activité mémorielle et l'emboîtement des idées, et elle met pour nous en évidence le rôle des sensations mentales cogitatives.

§ 41. *Les fondements de l'idée et de la pensée.* — L'idée est ce qui se peut distinguer de son véritable genre prochain et de ses véritables différences, ainsi l'idée d'arbre, de cercle, de tel mouvement corporel. La constitution de l'idée est contingente et relative à l'ordre externe, aux concomitances d'éléments qui entrent dans la composition des objets aperçus et qui imposent des soudures entre les éléments internes correspondants, formant ainsi des groupes de spécificité composite opposables à d'autres, donc différenciés, pouvant contribuer à faire progresser l'idéation en nouvelles différenciations; sans cette constitution des premiers groupes, il serait impossible à l'intelligence de s'élever. La constitution du corps, sa structure, sa complexité et la combinaison de mouvements possibles jouent à l'égard de l'intelligence le même rôle que la constitution du monde extérieur : d'apport contingent, elles deviennent nécessaires. Spencer, en constatant la dépendance mutuelle des facultés cognitives et opératoires, cite cette assertion hyperbolique d'Anaxagore : « Les animaux auraient été des hommes, s'ils avaient eu des mains. » Or, l'activité mentale ne repose pas toute sur des faits susceptibles d'être distingués de leurs véritables genres prochains et de leur véritable différence, c'est-à-dire sur des idées, mais encore sur des pensées. Une pensée est synonyme d'une proposition, ou d'un enchaînement d'idées. L'usage courant emploie presque indifféremment les termes de pensée et d'idée, nous continuerons à le faire nous-même ; mais il pourrait être utile de marquer la distinction qui doit exister entre les deux. — Une idée est un fait mental différencié d'autres faits analogues; c'est l'analyse qui nous permet d'indiquer que l'idée d'une chose concrète est le produit d'une différenciation d'éléments internes; la conscience ne nous l'apprend pas. La nécessité suivant laquelle les idées se groupent pour entrer dans une pensée échappe aussi totalement à la conscience. Son effet est comparable à l'imposition de concomitances d'éléments externes pour créer des groupes d'éléments internes correspondants de spécificité composite; et tandis que cette nécessité du travail idéatif concerne la constitution des matériaux pour l'édification de l'intelligence, l'autre concerne le plan, l'encadrement, l'architecture et se compose de sensations mentales proprement cogitatives dont les effets conduisent le raisonnement. Ainsi pour le cadre de cette proposition complexe : « J'affirme que... parce que... mais,... cependant... » Chacun de ces mots, qui indiquent des directions différentes de la pensée, correspond à des états de cénesthésie mentale particuliers. De quelles causes originaires dépendent ces états ? On essayera de l'expliquer avec l'analyse de l'activité organique.

§ 42. *La linguistique et la sensibilité mentale.* — Nous voudrions encore signaler, à titre de simple indication, les rapports de l'expression grammaticale avec la sensibilité mentale.

Acquérir une langue étrangère est conformer notre intelligence à des modes de sensibilité mentale différents de ceux éprouvés avec notre propre langue. Penser dans une seconde langue, c'est sentir différemment, a-t-on coutume de dire. Ce n'est pas là une métaphore, mais la traduction exacte d'un fait bien réel. Nous avons bien réellement un sentiment de notre syntaxe, un sentiment des rapports d'attribution, de dépendance, d'opposition des mots entre eux, un sentiment de leur flexion. « Cette locution, *sentiment des cas*, dont je me sers quelquefois, dit Littré (1), si elle a quelque chose d'insolite dans l'expression, est précise dans la signification. Aujourd'hui en parlant notre langue, nous avons par certaines finales un sentiment impérieux des nombres, c'est-à-dire que rien ne peut nous contraindre à transporter l'emploi de ces finales et à donner le sens du pluriel à celles qui sont du singulier et réciproquement. » Une théorie soutenue par un grand nombre de linguistes entre autres Horne Tooke, veut que les désinences des noms aussi bien que celles des verbes aient été à l'origine des mots détachés, tout comme les préfixes et les suffixes. « Les désinences grammaticales, quelque artificielles qu'elles nous paraissent aujourd'hui, n'étaient pas primitivement l'effet d'un art prémédité et réfléchi; mais des mots indépendants, lesquels se sont agglutinés à la fin d'autres mots qu'ils étaient destinés à modifier et se sont réduits peu à peu à n'être plus que de simples syllabes ou de simples lettres sans signification par elles-mêmes, mais révélant encore leur ancienne force et indépendance par les modifications qu'elles continuent d'apporter au sens des mots auxquels on les ajoute (2) ». Cette théorie explique parfaitement que les mots, par les changements qu'ils subissent suivant leur relation avec le sens d'une pensée, correspondent à une sensation mentale différente

---

(1) Littré, *Histoire de la langue française*, 1898, en préface, p. xxxiii.
(2) Cité d'Horne Tooke par A. Gilly, *Premiers éléments de linguistique*, 1867, p. 128.

puisque les désinences, en tant que mots à part, correspondent sans aucun doute à des sentiments divers de relation.

Avec le développement de l'artifice grammatical, de nos jours, une mentalité même très fine aurait peine à percevoir des différences sensibles en correspondance avec ces relations. Cependant, dans le langage versifié, grâce à l'exaltation de l'activité mentale qui produit les résonances du rythme et de la rime, le sentiment du temps (présent, passé, futur) avec le verbe devient fort sensible. Dans la prose littéraire on saisira encore des différences qualitatives d'états mentaux en correspondance avec l'emploi du temps du verbe. Le verbe à l'état primitif exprime un état dans lequel la personnalité se trouve intéressée ; les sensations mentales qui répondent à ses désinences ne seraient qu'une répercussion de l'activité psychique susceptible seule d'apprécier la durée. La racine du verbe est l'impératif qui ne porte aucun caractère du temps, il exprime et commande une action, c'est toute la force du verbe (1). Il est à remarquer qu'avec les langues française, italienne, espagnole, allemande, souvent avec la latine et la grecque, pour ne citer que celles-là, il existe une différence phonétique très notable dans l'accentuation verbale du présent, du passé et du futur, soit que le verbe se conjugue seul, soit qu'il ait besoin d'un auxiliaire ; ainsi dans toutes ces langues le passé a toujours une accentuation moins forte, le futur plus rude et plus énergique que le présent. Ne voit-on pas en cela l'expression de sensations cogitatives différentes et la trace de la théorie que nous rapportions plus haut (2) ?

---

(1) BERGIER, *les Éléments primitifs des langues*, 1837, p. 96.
(2) Voir les curieuses remarques de J.-P. RICHTER dans sa *Poétique* au sujet de l'emploi des verbes.

Il est bien évident que la plupart des sensations mentales relatives à l'expression verbale de la pensée ne représentent plus les nécessités physiologiques que de très loin, à travers tous les remaniements successifs de l'artifice, mais à l'origine, au moment de la formation du langage, elles ont dû jouer un rôle actif spontané.

IV. — Les sensations mentales de répercussion.

§ 43. *Le néologisme verbal et le néologisme mimique ; le rire ; hypothèse sur son processus d'excitation.* — Quand la pensée s'exprime régulièrement suivant les tournures apprises de longue date, elle n'est accompagnée, de ce fait, d'aucune impression cérébrale consciente, autrement elle en serait gênée ; mais quand elle s'exprime par des tournures qui s'écartent de l'ordre acquis, il y a trouble dans les mouvements qui accompagnent la pensée et perception de ce trouble. C'est ce qui se produit lorsque nous entendons dire, par exemple : « Je voudrais qu'il arrivera ce soir. » Le mécanicien s'endort quelquefois aux battements réguliers de la machine ; il ne les entend plus, semble-t-il ; mais qu'il se fasse une irrégularité dans le bruit, aussitôt le dormeur sera éveillé. D'une façon générale on pourra donc dire que la sensibilité mentale, outre les propriétés que nous venons de lui trouver, contrôle l'acquis.

Ou bien le néologisme nous produit un effet esthétique dont il est très facile de s'expliquer mécaniquement la cause : il exige l'emploi de voies cérébrales nouvelles, d'où travail nouveau et sentiment de plaisir mental comme avec l'éréthisme idéatif ; ou bien nous constatons qu'il provoque le rire : ainsi avec l'incorrection du langage, le jeu de mots et le calembour. Dans un instant nous essayerons de rendre compte de cette différence.

Qu'on étende le sens du mot néologisme pour l'appliquer à cet autre langage qui est celui de la mimique. — Comme on possède les formes du langage parlé, on possède les formes de l'expression mimique; et l'expérience nous laisse prévoir les modifications particulières que les différents types que nous rencontrons imposeront à ces formes; mais en présence d'une personne dont le type offre un écart imprévu, les formes d'expression qu'elle montre, sont autant de néologismes mimiques pour nous; notre sensibilité mentale en sera émue et conséquemment notre idéation, puisque toute expression physionomique y est représentée. Chez celui qui la regarde, une physionomie étrange ou simplement nouvelle, ou bien s'exprimant d'une manière incomplète comme celle des enfants en bas âge, produit une impression non ordinaire engendrant un nouveau travail mental qui peut se traduire par un agacement souvent très sensible. Toutes physionomies d'animaux, en ce qu'elles se rapprochent d'autant plus de la physionomie humaine, provoquent en nous une impression cérébrale semblable à la précédente, produisant un travail mental que l'idéation ne parvient pas à utiliser. Regardez ce bon chien aux babines pendantes; il suit un omnibus; il est gros, il a de la peine à ne pas se laisser distancer; c'est sa seule préoccupation; il en fronce les sourcils. De temps en temps, il lève la tête pour regarder la portière de la voiture avec un regard interrogateur; il envoie les pattes de devant avec le sérieux et la régularité d'un lapin à mécanique jouant du tambour. Quelquefois après avoir levé la tête, inquiet, il double ses pas. En le voyant on se sent porté à rire. Nous constatons que la vue de certaines physionomies peut provoquer le rire, ainsi que le font les calembours ou autres jeux de mots et même de simples incorrections du langage, qui sont toutes, par rapport au langage appris, à ses formes d'expression prévues, de véritables néologismes. La mimique, étant un langage servant, comme celui verbal, à l'expression de la pensée, a aussi ses néologismes ou anomalies ; ces derniers ont les mêmes conséquences.

Ce que nous disons de la mimique en général est, bien entendu, applicable au geste, lequel apporte, dans l'expression de la pensée, une précision encore plus grande que les simples réflexes de la physionomie ; son emploi imprévu ou à contresens sera également perçu par celui qui le verra exécuter, comme un néologisme. — Avant d'entrer dans l'interprétation de ces faits, ajoutons une remarque aussi générale que les précédentes : ne peut contenir un élément de comique que la représentation ou l'idée excitant un travail purement mental soit inutile au progrès de l'idéation, soit en disconvenance avec d'autres idées acquises antérieurement et, par conséquent, encore inutile. Ne peut être inutile, c'est-à-dire, dans ce sens, inemployé par les centres où se passe le travail idéatif, que ce qui a déjà la forme d'une idée précise, toute faite, ne demandant donc aucun travail spécial pour être constitué en idée, faisant double emploi avec des idées déjà constituées, ou bien évoquant d'autres idées, sans toutefois leur convenir et sans que la sensibilité mentale éprouve un état de gêne nécessitant le rejet de cette disconvenance.

De cela nous pouvons nous rendre compte par un exemple frappant. La rencontre d'une personne étrangère qui ressemble beaucoup à une de nos connaissances nous fait rire pour peu que nous la voyons agir. « Deux visages semblables, dit Pascal, dont aucun ne fait rire en particulier, font rire ensemble par leur ressemblance. » Nous trouvons avec cet exemple, presque à la lettre, l'application de la formule que nous venons de donner. Avec la représentation d'une personne ressemblant à une autre, il s'agit bien de la mise en activité d'idées faisant double emploi avec celles que nous avons acquises de la personne connue. La cause du rire, la plus réduite dans ce cas, échappe à toute analyse autre que celle de la pure activité mentale. Avant de nous y engager, nous devons auparavant constater que le fait du comique est bien dû au non-emploi de l'activité idéative ou mieux à une dépense d'énergie mentale que l'idéation laisse perdre sans en profiter; car, supposons qu'elle profite de cette ressemblance pour un travail idéatif quelconque, que par exemple nous cherchions à nous mieux rendre compte de ce en quoi les deux personnes que nous nous représentons se ressemblent, ou que nous spéculions sur cette ressemblance, y voyant la preuve du déterminisme physiologique auquel nous sommes voués, la représentation cessera aussitôt de nous faire rire. « Laquelle est la vraie ? » se demande Baudelaire en parlant d'une personne et de son sosie. La remarque de Pascal est très juste; cependant nous nous sommes surpris bien souvent à nous poser la question que pose Baudelaire, mais alors nous n'avons plus ri. Et si la même cause extérieure nous fait tantôt rire, tantôt réfléchir, il y a entre les deux cas une différence interne très marquée; elle est toute dans ce que, dans le premier cas, la pensée ne conclut à rien et laisse perdre le travail de son mécanisme, dans le second, elle l'utilise.

M. Bergson, dans son étude sur le rire, s'étonne qu'on n'ait pas noté depuis longtemps qu'il n'y a pas de comique en dehors de ce qui est proprement *humain* :

« Un paysage pourra être beau, gracieux, sublime, insignifiant ou laid ; il ne sera jamais risible. On rira d'un animal, mais parce qu'on aura surpris chez lui une attitude d'homme ou une expression humaine. On rira d'un chapeau ; mais ce qu'on raille alors, ce n'est pas le morceau de feutre ou de paille, c'est la forme que des hommes lui ont donnée, c'est le caprice humain dont il a pris le moule (1). » Pour nous qui cherchons à démêler le mécanisme du rire dans l'activité mentale, il ne paraît pas bien aisé au premier abord de distinguer dans cette activité « ce qui est proprement humain » ; mais comme nous ne pouvons nier la justesse de la remarque précédente, nous ne devons point ne pas en tenir compte et il nous faut en chercher l'explication.

A propos de notre possibilité d'imitation nous avons appris (§§ 25-29) comment, par l'union des sensibilités sensorielles et musculaires, nous nous représentons, c'est-à-dire nous « imitons », les objets extérieurs qui frappent nos sens. Nous nous représentons des mouvements, des formes, des sons, et en nous les représentant nous les reproduisons immédiatement ou nous acquérons la possibilité de les reproduire suivant nos différents moyens d'expression. Voir une physionomie, c'est l'imiter ; voir un mouvement, c'est l'imiter aussi ; nous ne nous le représenterions pas s'il ne nous était possible de le suivre dans sa trajectoire. Voir une forme, c'est encore la reproduire. En un mot la représentation est la genèse de l'imitation, et quand il s'agit d'objets semblables à nous, d'êtres de notre espèce, représentation et imitation se confondent. Ainsi quand je vois un mouvement de bras exécuté par une personne qui se trouve devant moi, dans la représentation de ce mouvement

---

(1) H. Bergson, le Rire, 1901, F. Alcan, p. 3.

sont engagés des groupes d'éléments qui commandent en moi à un semblable mouvement. Il en est de même quand je regarde la physionomie de mon voisin. La vue d'une pierre, d'un arbre, d'un objet quelconque, autre qu'un être vivant se rapprochant de mon type, excite aussi des images musculaires sans lesquelles je ne pourrais me représenter la forme de ces objets, mais ces images s'appliquent à une infinité de représentations entièrement disparates; elles n'ont pas par elles-mêmes une signification précise comme tels mouvements de la mimique; elles n'intéressent immédiatement qu'une partie réduite de notre système musculaire, les mouvements du globe oculaire, de la tête et du tronc. La différence qu'on peut déjà prévoir au point de vue dynamique entre les représentations que nous avons d'individus humains ou se rapprochant du type humain et celles données par toutes les autres choses est que les premières nous *excitent* davantage, exigent une dispense d'énergie plus considérable. Or, le rire est causé par une dépense, vaine pour l'idéation, d'énergie; ne pourra provoquer le rire qu'une excitation vive des centres idéatifs.

Il est facile de vérifier ce que nous venons de dire en constatant que la seule vue du même geste répété peut provoquer le rire. La remarque de Pascal sur la ressemblance de deux visages qui nous font rire par leur ressemblance est fondée sur la répétition; en effet l'un est la répétition de l'autre; il s'agit avec ce fait d'un ensemble de phénomènes très complexes. Au contraire, remarquons l'effet produit en nous par la répétition d'un même geste vu chez une même personne. Un cycliste passe; si vous pouviez voir le mouvement de ses jambes en oubliant le motif pour lequel ce mouvement s'exécute, comme il arriverait si pour une cause quelconque votre regard était uniquement porté sur ses jambes, cela deviendrait comique et bien plus encore si ce cycliste était sur un tandem ou sur une triplette et si vous voyiez ses jambes et celles de ses compagnons se détendre ensemble. Si l'on vous demandait pourquoi vous riez, vous répondriez : « Parce que ces mouvements ne me paraissent « rimer à rien »; et en effet leur représentation isolée emploie en pure perte l'activité de l'intelligence. Un rideau de théâtre incomplètement baissé, nous laissant voir les pieds et les jambes en mouvement des acteurs, produit encore un effet comique. Autre exemple que nous allons relier aux précédents. La vue de personnages en silhouettes noires se mouvant sur un mur nous fait rire. Les « ombres chinoises » fournissent un spectacle qui ne manque pas d'exciter notre hilarité. Ce ne sont pas les représentations elles-mêmes qui nous font rire, mais les idées qu'elles provoquent *incomplètement*. Celles-ci excitées, ne trouvant pas à s'employer puisqu'elles sont incomplètes, produisent une dépense d'énergie vaine pour l'idéation. Cela nous est démontré par le fait que la répétition d'un geste est risible; il n'est risible que parce qu'il nous apparaît détaché d'une cause. Tout geste mécanique est risible pour la même raison. Il est risible de voir quelqu'un tomber par terre, si aucun travail émotif ou idéatif n'est provoqué par la représentation de la chute. Quant à démontrer que c'est l'idée provoquée par la représentation et non la représentation elle-même qui est risible, on peut s'en convaincre par la constatation suivante. Une personne que je connais contrefait les gestes d'un inconnu, cela me fait rire parce que la représentation actuelle est en disconvenance avec l'idée acquise antérieurement de la personne connue. Il en est de même si un inconnu imite les geste d'une personne connue. Mais si une personne que je ne connais pas imite les gestes d'un autre inconnu, cas dans lequel la représentation actuelle est seule en jeu, cela n'est plus risible, à moins que les gestes ne s'écartent du normal.

On a attribué la cause du rire à une disconvenance. Rien de ce que nous venons de dire ne contredit cette assertion. La répétition des idées antérieurement acquises nous paraît être le point de départ le plus humble de l'effet comique; pour cela, il faut qu'il s'agisse d'une idée intéressant notre activité *humaine* ainsi qu'on l'a prévu. La différence entre ce qui est proprement humain dans l'activité de l'idéation et ce qui en est en dehors s'affirme par cela d'une façon tout à fait instructive pour l'étude du mécanisme idéatif. La répétition d'un geste peut faire rire parce qu'elle provoque un surcroît d'activité provenant des idées éveillées antérieurement acquises. Rien de nouveau ne se produit alors. L'activité inemployée dans les centres de l'idéation se décharge, comme nous le verrons, dans les centres voisins. Que se passe-t-il avec la représentation répétée d'un objet quelconque autre que celui se rapprochant du type humain? A cette question nous avons déjà répondu quand nous disions que la vue d'une plate-bande piquetée d'agaves, tous de mêmes dimensions, plantés à égale distance les uns des autres, met la pensée dans un état d'exaltation, c'est le cas de l'éréthisme d'exaltation, une des causes premières de l'impression esthétique. La différence entre ce fait et les précédents est facile à saisir. Dans le dernier, l'énergie de la représentation est employée par l'idéation, au point de donner l'illusion d'un accroissement de conscience ; elle ne rencontre aucune idée, acquise antérieurement, à provoquer; l'«image» est hyperesthésiée ; ne trouvant pas aussitôt de récepteur, elle cherche des voies nouvelles aptes à la décharger de son trop-plein d'énergie. Dans les précédents, l'énergie de la représentation se perd, sans autre effet que d'avoir éveillé une idée antérieurement acquise faisant partie du mécanisme mis en jeu par la représentation. Pour qu'un geste ou qu'une physionomie, pour que ce qui est en un mot, « proprement humain » donne une impression esthétique, il faut que la représentation agisse activement sur l'idéation même pour un travail nouveau. La vue d'un régiment qui passe, réunion d'hommes sous le même uniforme défilant dans des gestes semblables, peut être esthétique ou comique, suivant que l'idéation emploie ou non l'impression intense qu'elle en reçoit. Inutile de montrer après cela que l'impression esthétique écarte le comique.

Tout ce qui précède ne concerne que le phénomène du rire consécutif à une représentation extérieure, le comique de fait; quant au comique fourni par l'expression du langage, tout y est proprement humain, il se résout encore en une disconvenance. Toute expression de langage employée pour signifier une idée autrement que ce que nous l'avons appris par l'expérience et la coutume peut nous faire rire. Il serait trop long d'en énumérer les cas comprenant depuis la simple incorrection de langage jusqu'aux métaphores les plus invraisemblables. — Plus complexe, mais toujours de même nature, est la cause du comique de situation. L'exemple suivant nous en rend compte. M. J. Moinaux nous raconte que la bonne de Mme Capon ayant appelé de la fenêtre un rétameur pour raccommoder quelques pièces de faïence, celui-ci arrive dans l'appartement et voit un monsieur aux genoux d'une dame, Mme Capon. « Je suis perdue ! Cet homme a tout vu », dit à voix basse la dame effrayée au monsieur agenouillé, son amant. Mais celui-ci, inspiré par sa posture, répond à haute voix : « Voici la mesure prise, madame, vous aurez vos bottines mardi prochain. » Après quoi, il salua respectueusement et sortit.

Quelle que soit la manière dont le rire a été provoqué et sa cause mentale, il est toujours dû à la mise en activité d'une idée antérieurement acquise et éveillée dans de telles conditions que cette idée joue en pure perte. L'énergie dépensée, ne trouvant pas à s'employer dans les centres où s'élaborent les idées, se répand ailleurs. L'exemple que donne Spencer du rire provoqué par un monsieur qui éternue dans un concert au milieu du court silence qui sépare l'andante et l'allégro dans une symphonie de Beethoven, paraît s'écarter de la précédente explication ; en l'analysant, on voit aussi qu'il s'y range. L'énergie à la fois mentale et sentimentale développée par l'audition musicale, brusquement détournée au profit de l'idée suggérée par la représentation et dépassant cette idée se répand ailleurs que dans les centres idéatifs. Dans ce cas, la représentation n'est pas seule cause de l'énergie développée, mais le fait provoquant le rire est identique aux précédents. Pourquoi cette énergie n'est-elle pas employée par les centres de l'idéation ? Où peut-on supposer qu'elle se répande ?

En cherchant les causes de la provocation naturelle de l'activité mentale, nous avons reconnu (§ 4) que toute perception qui *exalte* les éléments acquis ou les *reforme*, ou qui se produit en *coïncidence* avec d'autres provocations d'éléments, excite l'activité mentale et que le fond du phénomène repose sur une extension de l'acquis, extension s'opérant grâce à la spécificité composite des éléments constitués et suivant le moins grand effort par analogie ou contraste (§§ 6, 7). C'est le mécanisme foncier de l'activité mentale ; avec le rire, nous devons encore le rencontrer ; mais nous allons voir avec quelle restriction. Si l'on analysait n'importe quel fait risible, on trouverait toujours qu'il est conditionné mentalement par l'un des cas de l'éréthisme idéatif. On s'en apercevrait aisément avec le comique d'expression qui est toujours fondé sur un analogue ou contraste très apparents. Cela peut paraître exagéré de l'affirmer pour tous les faits comiques. Cependant, si l'on réfléchit que les modes d'éréthisme précités sont les seules façons possibles de rencontres par lesquelles les idées entrent en combinaison, toute représentation, quelle qu'elle soit, devra produire au moins l'un de ces modes. D'autre part nous avons vu que l'excitation mentale répondant au phénomène comique ne porte pas sur la représentation elle-même, mais sur une idée antérieure éveillée par cette représentation. L'éveil se produit par analogie ou contraste, mais par fausse analogie ou faux contraste, par disconvenance, disions-nous tantôt, et il n'en résultera aucun effet esthétique. On remarquera tout de suite que les liens entre représentations et idées à effet comique sont tous artificiels, abstraits, en dehors de ceux que nous fournit l'expérience ; ils représentent sans doute un travail histologique ; l'effet esthétique, comme l'effet comique, perd à être répété ; un calembour répété deux fois de suite ne fera plus rire la seconde fois ; le travail des voies cellulaires n'impressionne plus dès qu'il est acquis, et on remarquera aussi qu'avec l'impression esthétique il est acquis moins vite, l'effet dure davantage, résiste mieux à la répétition qu'avec l'impression comique ; le phénomène histologique avec la première, marque donc un travail nouveau plus important. Avec le second, ce qui est nouveau étant faux, artificiel, compte pour peu, et c'est bien parce que l'impression comique manque aux conditions suffisantes pour un travail utile au progrès de l'idéation ou à l'illusion d'un accroissement de conscience que l'énergie provoquée par elle se perd sans profit réel pour l'idéation. Nous nous demandions ce qu'elle devient.

L'impression du comique provoquant le même effet physiologique que le chatouillement, divers auteurs n'ont pas manqué de rapprocher les deux causes. C'est ainsi qu'Hecker après Fischer a cru pouvoir ramener la psychologie du rire au fait du chatouillement. Sa théorie se résumerait ainsi (1) : « Dans le chatouillement, il y a d'abord l'effet produit par chaque sensation cutanée : excitation des vaso-moteurs et du grand sympathique, dilatation de la pupille, éclat des yeux, rétrécissement des vaisseaux, comme on peut le constater expérimentalement dans une application de sinapisme ou une affusion brusque d'eau chaude. Il y a ensuite une condition nécessaire, l'intermittence ; il faut, pour chatouiller, un changement dans la vitesse ou la direction du mouvement ou une interruption. Au moment de l'attouchement correspond l'expiration, au moment de l'interruption correspond l'inspiration ; dans un cas l'élévation, dans l'autre cas l'abaissement du diaphragme. En résumé, le chatouillement est une excitation intermittente de la peau qui produit une excitation intermittente des vaso-moteurs et une excitation intermittente de la respiration et une alternance d'état agréable et d'état pénible. Mais à quoi sert le rire dans cette occurrence ? Il joue un rôle protecteur, c'est un phénomène *compensateur* de la diminution sanguine dans le cerveau ; les expirations fréquentes qui compriment la cage thoracique et, par suite, le cœur, les gros vaisseaux, les poumons empêchent les vaisseaux sanguins de se vider.
— Quant au rire de cause intellectuelle, Hecker, qui emprunte sa psychologie à l'esthéticien Fischer et qui paraît fondre ensemble les deux théories du contraste et

---

(1) D'après l'analyse de Th. Ribot, *Psychologie des sentiments*, F. Alcan, 1898, p. 357.

de la supériorité ramène toutes les manifestations de ce genre au comique. Or, dans le comique, il y a deux états simultanés, l'un agréable, le sentiment de notre supériorité, l'autre désagréable, la contradiction dans l'objet ; de là une alternance rapide de plaisir et de peine. Le comique est une impression intermittente, il agit comme le chatouillement, c'est un chatouillement psychique qui, lui aussi, se traduit par le rire et pour les mêmes causes. »

La théorie d'Hecker contient une part de vrai, en faisant du rire un phénomène compensateur comparable aux effets qui succèdent au chatouillement. Spencer (1) considère également le rire de cause intellectuelle comme phénomène de compensation. Quant au second point de la comparaison, il est appuyé sur un terme équivoque : l'idée d'intermittence qui serait commune aux deux processus ; elle ne rend pas suffisamment compte de la réalité mentale. Le sentiment de notre supériorité ne précède pas toujours le départ du rire s'il lui succède quelquefois ; il est de cause psychique étrangère au fait mental lui-même. De plus, aucun élément de déplaisir n'intervient dans l'impression comique.

D'après les recherches de Nothnagel et de Bechterew, les neurones présidant au rire se trouveraient dans le thalamus, reliés à la périphérie par des conducteurs centripètes amenant les impressions tactiles du chatouillement et à l'écorce par des conducteurs centrifuges qui amèneraient les impressions mentales provoquant le rire. De plus, ces derniers contiennent des fibres pouvant produire inhibition ; aussi, chez un individu affecté de

---

(1) Spencer, *la Physiologie du rire* dans *Essais sur le progrès*, traduction A. Burdeau, F. Alcan, 1891, pp. 293-314.

lésions qui ont détruit ces fibres, le rire se produit à la moindre sollicitation; l'intoxication du hachisch suspendrait leur effet (1). Cela posé, nous allons pouvoir revenir au rapprochement précédent du rire d'origine mentale à celui provoqué par l'excitation du chatouillement.

Même lorsque l'énergie mentale est utilisée pour le progrès de l'idéation, une partie diffuse dans le système musculaire et c'est ainsi que l'on a noté l'augmentation dynamogénique dont s'accompagne l'exercice de la pensée. Avec l'effet comique, c'est-à-dire quand l'idée ne trouve pas à s'employer dans les centres où elle se produit, ne peut-on pas supposer que la décharge nerveuse plus brusque se porte dans les centres voisins? Elle aurait une action plus forte sur les sphères tactiles qui occupent un plus vaste territoire et dont la spécificité est moins différenciée que celle des autres. Cette action générale et diffuse aurait pour conséquence de produire le même réflexe que l'excitation du chatouillement exercée sur les parties les plus sensibles de la peau. A cela on pourrait objecter que si la décharge partait des centres de l'idéation pour atteindre ceux avoisinants, il serait étrange que l'effet ne se manifestât que par la réponse des centres tactiles et non point des autres centres. Précisément l'excitation des centres tactiles n'est pas la seule réponse, mais c'est la plus générale et la dominante; et quand on observe la variété des auras précédant l'explosion du rire caractéristique chez les personnes sujettes à des accès d'hilarité, l'hypothèse que nous venons d'admettre semblerait plausible. « L'aura est cette sorte d'avertissement rapide et subtil, d'aspect variable, qui précède l'envie de rire. Il peut être sous la

---

(1) C. BINET-SANGLÉ, Action du hachisch sur les neurones, *Revue scientifique*, mars 1901, p. 274.

dépendance des nerfs sensitifs vaso-moteurs et moteurs. Les unes, *auras sensitives*, se rattachent aux dispositions morales du sujet ; les autres plus intimement liées à l'accès, sont la traduction extérieure de l'excitation de la région cérébrale sur laquelle va tout d'abord se porter la décharge, tel frisson qui passe à la commissure des lèvres ou des paupières ou le petit trille précurseur du fou rire qui court aux tempes. Ce frémissement vague peut siéger, d'ailleurs, dans un point quelconque du corps ; c'est une sensation de chatouillement, de frôlement au creux épigastrique ou dans la région précordiale : c'est une palpitation, une oppression soudaine. Les *auras sensorielles* peuvent affecter la vue, le goût, l'odorat, l'ouïe, ce sont des éblouissements, des sensations lumineuses, des phosphènes ; d'autres fois des bourdonnements, des grésillements ; chez d'autres, l'aura sensorielle se manifeste sous forme d'une sensation olfactive agréable, un parfum, l'odeur d'une fleur. Les *auras vaso-motrices* se manifestent par une sensation de vapeur froide ou chaude, de vertige léger. Enfin l'*aura motrice* consiste généralement en une trémulation musculaire dans une région très circonscrite, la paupière inférieure par exemple ou la commissure labiale, la constriction des dents, le balancement du corps, des épaules. Stanley cite des cas de nystagmus. Cela peut être encore une flexion brusque d'un doigt ou d'un orteil, tous mouvements involontaires qui précèdent immédiatement l'accès de rire (1). » Reste à savoir si la cause du rire part toujours, dans ces cas, des centres de l'idéation. Presque tous les malades chez qui ont été observés ces phénomènes avouaient que l'accès de rire s'emparait d'eux sans motif explicable. L'hypothèse ne serait

---

(1) RAULIN, *le Rire et les Exhilarants*, 1900, p. 90.

valable que pour les cas où les centres de l'idéation auraient été point de départ.

On a pu se rendre compte, d'après les recherches de Brissaud (1), que l'écorce du lobe frontal est relié au thalamus, centre réflexe du rire par des voies passant par la capsule interne et formant ce qu'on a appelé « le faisceau psychique ». Celui-ci étant volontaire, on en a déduit qu'il peut jouer un rôle inhibiteur. Les personnes affectées de lésions détruisant ces voies dans les deux hémisphères n'ont plus la possibilité d'arrêter leur rire qui éclate à la moindre provocation. Chez elles, l'excitation ne suit donc plus le faisceau psychique ; du reste, si la donnée anatomique indique que cette voie sert à l'inhibition, on ne la suppose servir à la provocation que par hypothèse. La provocation pourrait se faire, après la rupture de cette voie, par une diffusion de l'énergie sur l'écorce, à travers les sphères sensorielles et autres ; celle tactile, plus vaste, moins différenciée, ainsi que nous le remarquions tantôt, répondrait pour ces deux raisons, presque toujours seule, à l'excitation qui se propagerait au thalamus par l'intermédiaire de voies d'association reliant la sphère tactile, comme tous les autres centres sensoriels au centre de la mimique, et l'hypothèse que nous proposions serait justifiée.

Quelle que soit la manière d'interpréter le phénomène, il est bien certain que le rire d'origine mentale est dû à une perte brusque et considérable d'énergie des centres de l'idéation, perte succédant à un accroissement de cette énergie. Ce phénomène serait une des preuves les plus caractéristiques de l'existence de la sensibilité mentale et de la dissociation fonctionnelle de l'activité mentale. Quelques manifestations de l'activité psychique

---

(1) J. Soury, *ouv. cité*, pp. 1375-1377.

provoquent aussi le rire ; nous aurons à en reparler avec l'analyse de cette activité.

§ 44. *Excitation « à vide » de la sensibilité mentale ; effet de la rime et du rythme.* — On a remarqué tantôt que la vue d'un geste répété, si nous ne le rattachons à rien, peut provoquer le rire, tandis que la vue répétée d'un objet quelconque, autre qu'un être humain ou se rapprochant du type humain, produit une exaltation de l'activité mentale. On a vu que la différence entre les deux cas consiste en ce que, dans le premier cas, il est engendré un travail considérable dont l'énergie dépasse le centre de l'idéation parce qu'il porte sur des idées bien acquises ; tandis que dans le second le travail est moindre, mais porte diffusément sur les groupes de neurones de spécificité composite analogues à celui exalté, d'où un travail nouveau de l'idéation. Considérons un troisième cas.

Ce cas serait celui de la répétition d'éléments du mot, une syllabe quelconque. Voici un travail qui n'a rien à créer de nouveau ; la syllabe, comme articulation et son, est bien acquise par nous depuis longtemps. L'énergie s'accroît avec la répétition de cette syllabe, mais elle ne s'applique qu'à des groupes fort restreints d'éléments, d'un mécanisme peu ample, c'est-à-dire d'un faible retentissement. Le travail mental tendra, comme tout fait d'exaltation, à se répercuter sur l'organisme entier, mais comme la décharge employée par lui, pour ce fait, est faible, elle diffusera peu hors des centres de l'idéation et nous pouvons par la conscience en observer l'effet. Le cas que nous avons supposé se rencontre chez les malades montrant de l'écholalie, trouble qui consiste, comme on l'a vu, à répéter indéfiniment la même syllabe ou une suite de consonances pareilles sans s'inquiéter de les relier par un sens logique. Un malade du docteur

Charlin s'exprime ainsi « Henri quatre... il en faut quatre, trois deux un et un partout, tout cru, ha !... Je suis d'aplomb. Je suis aux poids et mesures... Mesures, trois épiciers, pourriture... Brillant, boyant, boyant, brillant. » L'émotion mentale donnée par la poésie n'a mécaniquement point d'autres origines. Par une image fort belle, Sainte-Beuve comparait la rime « à ces vases d'airain artistiquement placés chez les Anciens dans leurs amphithéâtres sonores et renvoyant à temps égaux la voix aux cadences principales ». La répétition de l'assonance ou de la cadence du mètre fait un appel périodique à un groupe d'éléments, d'où un surcroît d'énergie. Toutes les représentations verbales qui seront amenées par la succession des pensées exprimées dans la forme versifiée en profiteront ; le sens des mots s'élargit, au point que des pensées souvent très pauvres, bien banales, d'une logique douteuse nous donnent l'illusion de l'amplitude et de la richesse. Le battement d'ondes nerveuses produit par la cadence et la répétition des mêmes syllabes, étant de spécificité peu précise, profite à chaque terme du discours en ce sens que chacun, exalté, tendra à se représenter le plus possible par la résonance de ses analogies.

§ 45. *Le plaisir comme sensation mentale de répercussion.* — Le fait qu'une répétition de syllabes est agréable à l'idéation, comme le montre l'écholalique, est une preuve bien caractéristique que la mentalité aime à sentir son jeu. Dans cet exercice n'entre rien de proprement intellectuel ; il s'agit d'un mécanisme dont l'activité se répercute en un sentiment de plaisir. C'est parce que certaines idées apparues dans des conditions telles qu'elles n'excitent pas d'émotions profondes liées à l'activité psychique, c'est-à-dire à la représentation intéressée du moi, à l'instinct de conservation, et parce qu'avec elles prédomine le sentiment du jeu de l'activité mentale, que ces idées sont esthétiques. L'impression esthétique n'est pas que du domaine mental ; elle peut provoquer la représentation de sentiments d'origine organique et psychique, mais toujours la répercussion de l'activité mentale reste sensible, *esthétique*, et c'est pour cela que la représentation d'idées belles, bien que même donnant parfois la représentation de sentiments tristes, reste agréable. Après ce que nous avons déjà dit au sujet de l'impression esthétique (§ 11), nous ne saurions rien ajouter de nouveau concernant la genèse de cette impression, mais le but de ce paragraphe est de montrer son étendue dans quelques-unes de ses variétés.

Nous savons que le « beau » est entièrement relatif à l'état de l'activité intellectuelle. Est beau ce qui excite agréablement la sensibilité mentale en donnant l'illusion d'accroissement de conscience, mais l'excitation cesse bientôt d'être esthétique dès qu'elle est répétée à peu d'intervalle. Ce que j'ai trouvé beau il y a quelques années, mes idées ayant évolué, ne me paraîtra pas plus beau aujourd'hui. Tel objet plaira à l'intelligence d'une personne sans culture et ne conviendra pas à la mienne. Un historien d'art admirera une œuvre ancienne qui excite vivement son idéation et qui n'agit pas sur la mienne, ne possédant pas la même culture. Sans métaphore, un chirurgien peut parler d'une belle opération dont la vue serait insupportable à la plupart d'entre nous. — D'une façon générale, peut être appelée esthétique toute perception ou représentation ou idée engendrant un travail mental à répercussion agréable : le « beau » est ce qui produit cette répercussion assez puissante pour donner l'illusion d'accroissement de conscience. C'est parce qu'il est infiniment vaste, dans sa réalité concrète, que le terme *esthétique* a pu se prêter à une foule de théories métaphysiques et à des doctrines en apparence contradictoires : naturalisme, idéalisme, impressionnisme, etc. Les remarques que nous exposons actuellement ne concernent que des faits de physiologie cérébrale.

Ainsi averti, le lecteur ne protestera pas devant l'affirmation que l'humour peut être esthétique, ce qui veut dire seulement ici : cause d'un travail mental à répercussion agréable. Le comique ne l'est point, pour peu qu'il soit intense, puisqu'avec lui l'excitation mentale dépasse, sans y produire aucun travail nouveau, les centres de l'idéation. Comme l'humour, l'ironie consiste dans la transposition du réel en l'idéal, c'est-à-dire de l'acquis, de ce qui a fait l'objet d'expériences antérieures en des rapprochements d'idées que l'expérience ne nous fournit point. « Tantôt on énoncera ce qui devrait être, en feignant de croire que c'est précisément ce qui est : en cela consiste l'ironie. Tantôt, au contraire, on décrira minutieusement et méticuleusement ce qui est, en affectant de croire que c'est bien ainsi que les choses devraient être : ainsi procède souvent l'humour. L'humour ainsi défini est l'inverse de l'ironie (1). » Cette distinction, à considérer les formes de la pensée dans leur mécanisme, s'impose pour le cas où l'ironie, par l'intermédiaire de l'idéation, provoque un état affectif de crainte, de pitié, etc., comme dans cet exemple : Deiphobe mutilé par la trahison d'Hélène montre ses plaies en disant : « Voici les gages que ma vertueuse épouse m'a laissé de mon amour. » Mais si elle n'intéresse pas le sentiment, l'ironie aura le même effet que l'humour, qui, très intense, provoque le rire. L'exaltation mentale procurée par l'humour et l'ironie ou la combinaison des deux, la « blague »,

---

(1) H. Bergson, *ouv. cité*, p. 129.

est souvent esthétique au sens étymologique du mot, puisqu'elle se dépense dans les centres de l'idéation ; mais il est aisé de démêler en quoi la répercussion qu'elle engendre se distingue de celle procurée par les idées esthétiques dans le sens courant de ce mot. Pour celles-ci comme pour les autres, l'effet excitant est produit par des rencontres d'éléments en contraste ou analogues, mais avec l'ironie, l'humour ou la blague, la rencontre est précise, limitée, porte exclusivement sur les éléments en jeu, et, pour ainsi dire, sur des représentations prises dans un sens détourné. Voici un exemple d'humour ou de blague. M. Grosclaude suppose qu'un reporter est allé interviewer la plus vieille locomotive de France ; celle-ci affirme n'avoir jamais fait usage d'excitant. « Cependant vous fumez ? — C'est ma seule faiblesse. — La seule ? bien vrai ?.. Voyons, tout à fait entre nous, vous n'avez jamais eu de ces aimables écarts qui embellissent l'existence d'une locomotive à l'âge des passions ? — Jamais, monsieur, vous me croirez si vous voulez ! Mon Dieu, j'ai eu comme les autres mes heures de poésie... — Vos vapeurs ! » On voit bien qu'il s'agit ici de représentations tronquées, volontairement déformées, et on n'a qu'à se reporter aux exemples donnés au paragraphe 1 pour voir qu'avec eux les rencontres portent sur des représentations entières, sans comporter aucune restriction. Avec ceux-ci, l'excitation mentale est extensive ; dans le dernier exemple, elle est intensive.

Dans ces remarques nous nous bornons à indiquer le principe de mécanisation, sans préciser autrement ; le lecteur en fera lui-même l'application. Il s'agit là de choses très relatives, et il serait dangereux d'établir des catégories fixes. A quel moment l'ironie, l'humour et la blague dépassent-ils le mécanisme fin de l'idéation pour provoquer le rire, et cessent-ils ainsi d'être esthétiques ?

Personne ne le saurait dire, car les mêmes idées n'auraient pas les mêmes effets sur chacun de nous. L'humour n'a pas d'autres différences mentales d'avec le comique que quantitatives ; à quel point commence la différence qualitative pour l'ironie ? L'ironie ample peut produire quelquefois un effet esthétique proprement dit, c'est-à-dire à répercussion entraînant l'illusion d'accroissement de conscience. A quel moment cela se produira-t-il ? Il est bien certain que ce sont là des questions pour lesquelles on ne saurait donner de réponse fixe, étant relatives à l'état intellectuel du sujet pensant.

Le néologisme comme l'idiotisme peut être esthétique, d'où le plaisir très vif que nous éprouvons à entendre parler les gens du peuple quand nous arrivons dans une province que nous ne connaissions pas. L'éréthisme de reformation suffit à expliquer cette particularité, dont la sensibilité mentale se rassasie assez vite. Le langage d'un maître écrivain nous plaît pour une pareille raison, et dans ses défaillances un tel écrivain viendrait-il à ne nous exposer que des pensées très communes, il pourrait encore un temps séduire notre mentalité. La lecture de tout ouvrage étranger, dans une traduction très serrée, agit fortement sur la sensibilité mentale.

Pourtant, la provocation de la pensée par le moyen du langage verbal est celle qui produit sur la sensibilité mentale l'excitation la moins vive, car les mots assemblés en phrases pour le développement discursif de la pensée sont groupés presque toujours suivant des tournures acquises par un long usage n'obligeant pas la mentalité à un travail nouveau. C'est là, au point de vue esthétique, un désavantage sur les autres arts, dont les moyens atteignent l'idéation par l'intermédiaire des sens et avec des variations en nombre incalculable ; il en résulte qu'avec eux l'idée est presque toujours provoquée en reformation.

Autre fait d'apparence paradoxale concernant encore le plaisir mental consécutif au travail de l'idéation. — Un paysage que je connais, qui ne m'excite plus, si je le revois en reproduction photographique, me plaira à nouveau puisque les images reproduites reformeront celles acquises. Si je le vois en photographie stéréoscopique, ma mentalité en sera encore plus fortement émue, bien qu'il approche alors davantage que la simple photographie, de la réalité, laquelle ne m'émeut plus. Toutefois, la photographie stéréoscopique n'atteint pas exactement la réalité, il y a toujours avec elle reformation mentale, mais les éléments employés pour voir la photographie en relief sont plus nombreux que pour voir la photographie sur un seul plan, d'où accroissement du travail mental. D'autre part, la représentation picturale la plus parfaite possible, celle qui donne l'impression de la photographie en couleur et qui approche de très près de la réalité, excite moins que la vue d'un tableau non pas « fini », « léché », mais « indiqué » et qui s'écarte beaucoup du réel. On s'aperçoit aussitôt que si ce dernier m'excite davantage, c'est parce qu'il m'oblige, pour le voir, à le recomposer pour mon propre compte, d'après les justes indications données par le peintre jusqu'au point, délicat à déterminer, où ces indications seraient insuffisantes ou maladroites. Le travail mental est de la sorte bien plus intense, le sentiment d'activité d'autant plus agréable.

Enfin considérons une dernière particularité du plaisir comme sentiment de répercussion de l'activité mentale. — Nous reportant encore aux exemples donnés au paragraphe 1, nous voyons que toute représentation intense, dite image littéraire, est toujours conditionnée par l'un des trois modes de l'éréthisme idéatif reposant sur l'analogie ou le constraste des éléments en jeu. Voici un autre exemple dont le principe semble différer: « Tout à coup la porte s'ouvrit sous une poussée furieuse et claqua contre le mur, presque arrachée de ses gonds. Et le gars apparut; il avait les deux mains en avant, toutes larges, avec les doigts écarquillés *à cause de la pesée faite sur la porte et aussi à cause de l'horreur qu'il éprouvait.* » (J. Richepin.) L'affirmation qu'un même geste sert à donner deux expressions de choses différentes me plaît. En analysant cet exemple, il est facile de voir qu'il ne s'écarte nullement de ceux présentés aux premières pages de ce livre, il donne l'illusion de l'éréthisme de coïncidence.

Tandis que la pensée littéraire ou artistique, d'une façon générale, crée la jouissance mentale par un déploiement de richesses de l'idéation, la pensée scientifique paraît procéder d'une toute autre manière. Celle-ci essaye de diminuer le nombre des idées en cours, à restreindre les explications des phénomènes, à en donner la synthèse la plus ramassée possible. Par là elle agit encore puissamment sur l'activité mentale; l'exemple littéraire cité quelques lignes plus haut participe en somme de ce procédé. L'idée précise, complexe, qui, donc, commande à un nombre considérable d'éléments et d'idées secondaires, est le stade le plus élevé de la compréhension répondant à l'éréthisme de coïncidence; sa découverte est le plus puissant incitateur de l'émotion mentale. Le passage suivant est un excellent commentaire de ce fait. « Dans les trois lois de Képler, il n'y a pas de contradiction, mais combien est agréable la réduction à la seule loi de la gravitation newtonnienne, elle qui embrasse en même temps, sous un seul point de vue, la chute des corps à la surface de la terre, les phénomènes de la balistique, les marées, etc. La réfraction et la réflexion de la lumière, les interférences et la polarisation formaient des chapitres spéciaux dont les théories n'entraient pas en contradiction. En ramenant tous ces phénomènes à des vibrations transversales, Fresnel réalisa pourtant une grande simplification et un très heureux progrès. Maxwell a simplifié beaucoup plus encore, en traitant toute l'optique comme un chapitre de l'électricité. — L'adaptation des pensées entre elles n'est pas au bout de sa tâche, quand elle a supprimé les contradictions. Toute dispersion de l'attention, toute surcharge de la mémoire sera désagréablement ressentie même s'il n'y a plus de contradiction. Chaque fois qu'on reconnaîtra que quelque chose d'inconnu et de neuf est une combinaison de choses anciennement connues ; chaque fois qu'on découvrira que des choses qui semblaient d'espèces différentes sont de même espèce ; chaque fois qu'on diminuera le nombre des pensées directrices, d'après le principe de la permanence et de la différenciation suffisante, on éprouvera un heureux soulagement (1). »

§ 46. *La gêne comme sensation mentale de répercussion.* — La gêne qui intervient lorsque l'activité mentale s'engage dans une opération sans issue ne compte pas, à proprement parler, comme sensation mentale de répercussion, car nécessitant un changement d'état qui doit la faire cesser, provoquant une direction nouvelle de l'activité, elle est plutôt idéative. Nous verrons plus loin comment elle devient provocatrice des phénomènes de volonté et d'attention consciente. Le plaisir provoque quelquefois l'attention : ainsi dans les cas d'éréthisme mental sous l'effet de l'excitant extérieur ; cet état d'attention spon-

---

(1) E. MACH, *la Connaissance et l'erreur*, trad. Marcel Dufour, 1908, pp. 189-188.

tanée compte peu dans le progrès de l'intelligence; il est en vérité à la base; mais, par lui-même, il ne participe que faiblement au développement de l'idéation. Dans le sens du progrès, le plaisir est plutôt passif, la gêne active; c'est ainsi qu'on a souvent qualifié la douleur de « fonction intellectuelle » (Ch. Richet).

§ 47. *Conclusion*. — Arrivés au point où nous en sommes, je ne pense pas qu'on puisse mettre en doute l'existence de la sensibilité mentale; mais il ne suffit pas de la reconnaître, il importe aussi de la distinguer fonctionnellement de la sensibilité propre aux activités organique et psychique. Il est bien évident que si les états de la sensibilité générale, ou sensitive, ou organique, comme on voudra l'appeler, servaient de sanction à l'exercice de la mentalité comme à celui de la formation des idées, le plaisir et surtout la douleur organiques inhiberaient l'action des mécanismes fins servant au travail de la pensée; ceux-ci doivent être dans un certain état d'autonomie à l'égard de tout autre travail. De même les états pénibles et agréables qui sanctionnent les idées sur lesquelles se fondent plus particulièrement le sentiment de la personnalité, ne participent pas nécessairement et immédiatement au progrès de l'intelligence, car s'il en était autrement il s'en suivrait, comme on le verra, que tout travail de la pensée serait conscient. Le sentiment du moi, lequel n'apparaît manifeste que tardivement et après un développement considérable des activités organique et mentale n'intervient pas activement et directement dans la partie proprement mécanique du progrès mental. Dans le courant de ce chapitre, nous avons relaté l'entrée en jeu de l'activité psychique dans quelques manifestations de la sensibilité mentale; mais nous avons noté, en même temps, que ce fait était postérieur à celui mental et provoqué par lui en répercussion.

Dans les deux premiers chapitres, on a essayé d'apercevoir comment peuvent se matérialiser les conditions d'avènement d'une idée nouvelle ou des impressions de la pensée donnant l'illusion de cet avènement, et cela nous a conduit à une hypothèse histologique, celle des modes de l'éréthisme idéatif. On a constaté ensuite le bien fondé de cette hypothèse en substituant à la notion vague d'analogie, sur laquelle nous l'avions établie, le sens physiologique de cette notion. Elle s'adapte au principe d'activité suivant le moins grand effort. C'est également celui-ci qui préside à l'origine au passage du mimétisme sensoriel à l'imitation proprement dite. Les termes mimétisme, spécificité, analogie nous présentent différents aspects physiologiques et intellectuels de la même loi d'activité. Mais on sait bien par expérience que le développement et l'exercice de l'intelligence se heurtent fréquemment à des empêchements externes ou internes ; la sensibilité mentale en est contrariée. Alors interviennent les facteurs de volonté et d'attention conscientes qui détiennent une autonomie relative, et qui semblent en contradiction et avec le précédent automatisme du développement intellectuel et avec le principe d'activité générale, puisqu'ils sollicitent l'effort quelquefois le plus grand possible. Est-ce qu'à tous ses étages d'exercice, l'intelligence n'obéirait pas à un même principe d'activité ?

Venant d'examiner l'intervention de la sensibilité mentale dans l'activité mécanique de l'idéation, il nous reste à dire comment cette sensibilité engendre des états de renforcement de l'attention et de la volonté proprement dites par lesquels nous pouvons agir suivant le plus grand effort possible, principe qui paraît en dehors de l'activité mondiale et qui cependant s'y rattache et en découle, comme on le montrera. — Auparavant, nous rechercherons les conditions du dynamisme mental, ce par quoi le progrès intellectuel est susceptible de s'accomplir à ses débuts sans l'intervention de la conscience réfléchie, et nous verrons aussi jusqu'où il peut conduire avec la part d'automatisme qui entre dans la formation du raisonnement.

CHAPITRE IV

DYNAMIQUE MENTALE

I. *La pensée comme dynamisme.* — § 48. Du besoin que l'idée a de s'exprimer. — § 49. De l'inhibition que la pensée exerce sur elle-même. — § 50. Particularités diverses de la tendance à la réalisation. — § 51. Nature de l'activité mentale. — § 52. Volition et désir. — § 53. Lois du dynamisme mental.
II. *Le raisonnement et la logique mentale.* — § 54. De la connexion des idées. — § 55. Le syllogisme et le raisonnement perceptif. — § 56. Le raisonnement et la raison. — § 57. Les variétés du raisonnement. — § 58. Critérium physiologiste du vrai.
III. *L'autonomie intellectuelle.* — § 59. Le dynamisme de l'attention. — § 60. Le dynamisme de la volition et de la volonté proprement dite. — § 61. Conclusion générale.

I. — LA PENSÉE COMME DYNAMISME.

§ 48. *Du besoin que l'idée a de s'exprimer.* — Dans les faits que nous avons considérés jusqu'à maintenant, nous nous sommes efforcés de remonter aux apparences dernières afin d'enrayer, autant qu'il est possible, les erreurs du raisonnement et d'utiliser avec quelque certitude le témoignage de l'introspection. L'analogie sensorielle reconnue comme apparence ultime est la première des réalités intellectuelles. Deux autres phénomènes, ceux du plaisir et de la douleur, ne nous trompent pas en ce sens que les éprouvant nous en sommes tout aussi certains que du précédent ; ils nous donnent la certitude physiologique, comme le premier nous fournit la certitude intellectuelle; à nous d'y atteindre dans nos analyses. Nous sommes encore certains que nous tendons à l'activité. Toutefois, cette troisième certitude ne s'impose pas avec l'évidence subjective des premières ; tous nos états de passivité sont en contradiction avec elle; elle est presque objective ; il nous faut l'acquérir par les preuves de l'expérience, mais une fois reconnue elle est appelée à rendre à l'introspection les mêmes services que les précédentes. Par l'observation des faits qui s'y rattachent, nous trouverons de nouveaux arguments en faveur de l'autonomie mentale de laquelle dépendent des états, qu'une analyse superficielle eût attribués à l'activité psychique. Par la tendance à l'activité, le progrès intellectuel se poursuit d'abord d'une façon fatale, puis vient un moment où les réactions intérieures des parties constituantes interviennent. Afin de saisir le mécanisme de cette intervention, il importe avant tout de reconnaître le caractère général de la tendance à l'activité dans le domaine mental.

La pensée peut s'exprimer de différentes façons par la mimique, la parole, l'écriture, la réalisation de l'acte conçu. La tendance à l'activité comprend tous ces différents moyens. On se rendra compte du besoin constant et fatal auquel elle correspond par la curieuse expérience dite de « l'écriture automatique des hystériques ». — On place dans la main anesthésique d'une hystérique un crayon ; la main se trouve derrière un écran de telle façon que le malade ne se doute pas de l'objet qu'il tient. Sous le crayon on glisse un feuille de papier, et le sujet exprime par écrit, à son insu, la pensée qui l'occupe dans le moment. Je ne pense pas qu'on puisse donner une démonstration à la fois plus subtile et plus forte que celle-ci de la tendance de la pensée à la réalisation.

Partant de l'activité organique avec laquelle cette tendance doit à l'origine être supposée confondue, elle lui revient comme cause sollicitante ; et en effet la satisfaction d'un besoin organique est encore une manière d'exprimer, en la réalisant, l'idée de ce besoin. Par là on découvre le rôle physiologique de la pensée. Elle représente l'organe et l'excite à accomplir ses fonctions. La fonction de nutrition ou de reproduction, par exemple, est sollicitée par le besoin correspondant, mais la fonction, étant satisfaite, peut être réveillée par l'idée en l'absence du besoin. Une expérience de M. Pawlow met en valeur le rôle de la pensée dans une des phases de la fonction de nutrition. — Si l'on pratique chez un chien une fistule permanente de l'estomac, on remarquera que chaque ingestion d'aliment arrivant de l'œsophage est accompagnée d'une sécrétion abondante de suc gastrique quand le chien aura aperçu cet aliment avant l'ingestion ; mais s'il ne l'a pas aperçu, il n'est sécrété que très peu de suc gastrique. L'expérimentateur ayant sectionné le pneumogastrique qui relie, comme on le sait, le cerveau à l'estomac, peut montrer au chien l'aliment avant de l'introduire dans la fistule, mais l'ingestion ne provoque plus abondance de suc gastrique. L'animal a bien l'idée de la nourriture qu'on lui présente, mais l'idée n'arrive pas à son « expression » (l'excitation des glandes stomacales) à cause de l'interruption du conducteur. — Peut-on dire que rechercher l'activité de la pensée dans ses rapports avec la fonction de l'estomac, c'est remonter bien haut ? Non, il s'agit de vaincre la surprise que nous cause cette nécessité impérieuse du besoin que la pensée a de son expression, cette expression étant toutes les variétés de ce qu'en physiologie on peut appeler phénomène moteur. Sans ce besoin d'expression ou de réalisation, la pensée demeurerait à l'état de conception pure, et, née d'une cause, elle serait privée d'effet.

Le barbier du roi Midas, dit la fable, souffrait beaucoup de son secret. Comment s'en décharger? Il le confia aux roseaux; l'ayant dévoilé, il en fut délivré. Pareillement, voici une autre souffrance provenant du même besoin d'expression, de la même tendance arrêtée. M. X... regarde une pendule posée sur la cheminée de son salon; il lui vient l'idée de la soulever dans les mains; il juge cette idée extravagante et veut la chasser, mais l'obsession commence, son désir augmente; il ne peut lui obéir à cause des personnes qui se trouvent présentes et dont il craint la moquerie. Quand elles seront parties vite il ira vers la pendule, et la soulèvera dans ses mains pour satisfaire son idée. Étrange névrose! dira-t-on. Pas plus étrange que celle de Midas. Nous avons tous éprouvé l'une et l'autre. Pensez à un objet qui se trouve à côté de vous et retenez-vous de le regardez. Si vous ne cédez pas, vous serez bientôt gêné par le désir qui s'accroîtra en vous de voir cet objet. Et que de fois n'avons-nous pas fait un effort violent pour nous retenir de raconter des choses que le respect, le devoir ou la prudence nous interdisaient de dévoiler.

On citerait des foules d'exemples pour prouver que l'idée et l'acte acquis tendent à se manifester dans l'entier développement suivant lequel ils ont été enregistrés dès que leur représentation est provoquée. Ainsi, on a coutume de rappeler cette gêne éprouvée à citer incomplètement un vers connu, etc., etc. Dans cet ordre d'observations, le plus remarquable exemple est fourni par les scènes que jouent les cataleptiques. « Je mets, dit M. Janet, les mains de Léonie dans l'attitude de la prière et la figure prend une attitude extatique. Je la laisse dans cet état, car j'avais l'intention d'attendre combien de temps l'expression se conserverait. Je la vois qui se lève du siège où elle est assise et qui, très lentement, fait deux pas en avant. A ce moment, elle plie les genoux, mais toujours avec une lenteur singulière ; elle s'agenouille, se penche en avant, la tête inclinée et les yeux levés au ciel dans une merveilleuse posture extatique. Va-t-elle rester ainsi et, l'attitude étant complétée, garder l'immobilité cataleptique? Non, la voici qui se relève sans que je l'aie touchée, elle baisse la tête davantage et met ses mains jointes devant sa bouche, elle avance cinq ou six pas encore plus lentement que tout à l'heure. Que fait-elle donc ? La voici maintenant qui fait un grand salut respectueux, s'agenouille encore une fois, relève un peu la tête et, les yeux à demi clos, entr'ouvre les lèvres. Ce qu'elle fait se comprend maintenant, elle va communier. En effet, la communion faite elle se relève, salue encore, et la tête tout à fait inclinée, revient se mettre à genoux dans sa position primitive. Toute cette scène, ayant duré un quart d'heure, s'interrompt alors par la fin de l'état cataleptique [1]. »

§ 49. *De l'inhibition que la pensée exerce sur elle-même.* — Le dernier exemple du paragraphe précédent nous amène à considérer l'inhibition que la pensée exerce sur elle-même. A l'état de veille la masse de sensations qui occupe le cerveau exerce une inhibition constante qui, abstraction faite de tout autre empêchement, ne permet pas à toutes les idées que nous concevons de se réaliser aussitôt et entièrement. Dans le sommeil hynoptique, l'inhibition est levée puisque toute activité est suspendue, et si l'on suggère à l'hypnotisé une idée, celle-ci occupant seule le cerveau, se réalisera jusqu'à sa plus complète expression. L'hypnotisme ne confère

---

[1] Pierre Janet, *ouv. cité*, p. 20.

pas, comme on le croit généralement, un pouvoir nouveau à l'idée suggérée, mais il permet le libre cours de la tendance à la réalisation commune à toutes les idées. Nous pouvons fournir de cette hypothèse, un certain contrôle.

Il arrive souvent qu'un malade surpris par une attaque de caractère épileptique circonscrite à une simple absence continue automatiquement un acte commencé. M. Magnan cite le cas d'une jeune femme prise de vertige pendant qu'elle coupait des tartines de pain à ses enfants ; elle continua à accomplir les mêmes mouvements et se fit au bras une blessure profonde avec le couteau. De même « un faucheur aiguisant sa faulx, surpris par un vertige, continuant avec la main droite son mouvement de va-et-vient, se fit de cruelles blessures (1). » — Dans ces deux cas une idée, celle du geste à accomplir, occupant seule l'activité cérébrale, continue à se réaliser. Les profondes coupures que se font la ménagère et le faucheur ne peuvent éveiller des idées empêchant la continuation du geste, parce que l'excitation anormale que reçoit le bulbe dans l'attaque, en resserrant les petits vaisseaux qui irriguent le cerveau, interrompt l'exercice des facultés et fait pour ainsi dire le vide dans l'idéation. Ce vide n'est pas absolu dans l'attaque circonscrite au vertige ; l'acte qui se réalisait immédiatement avant l'accès continue, et il continue par répétition identique de lui-même, aucune autre idée ne pouvant intervenir pour le modifier. — Dans ces exemples, l'idée n'a pas besoin, pour sa réalisation, d'actes non encore accomplis par le sujet. Nous allons constater qu'elle peut en provoquer de tels. « Dans

---

(1) MAGNAN, *Leçons cliniques sur l'épilepsie*, recueillies par *Brissaud*, p. 37.

quelques cas, l'ictus épileptique n'interrompt pas une idée ou plutôt une tendance délirante ; et de même que nous avons vu le vertigineux continuer un acte commencé, de même l'épileptique peut poursuivre une idée qui, au moment du vertige, le préoccupe et s'est emparée antérieurement de son esprit. Ainsi un ouvrier bijoutier, âgé de trente-sept ans, atteint à la fois du délire mélancolique et d'épilepsie, s'était un jour assis sur un banc de la place du Châtelet. Profondément découragé, il avait résolu d'en finir de la vie, lorsqu'un vertige survenant, il se lève, va droit au pont, enjambe le parapet et tombe dans la Seine (1). » — Que s'est-il passé ? La femme et le faucheur ont continué à exécuter l'acte commencé parce que l'activité que cet acte nécessitait était la plus forte dans le moment et a résisté à l'anéantissement de toutes les autres activités du cerveau. Chez l'ouvrier bijoutier, l'idée la plus forte, celle qui occupait constamment son esprit était celle du projet de suicide, puisque nous savons que cet individu était atteint du délire mélancolique ; l'ensemble de ses autres idées ont toujours fait inhibition à celle-ci et l'ont empêché de la réaliser ; mais l'accès épileptique inhibe toutes les idées, sauf la plus forte ; elle peut résister, et se trouvant seule à occuper le champ désert de la conscience, elle se manifeste. Ainsi ce malheureux se jette-t-il à l'eau. L'idée va à son expression si rien ne l'en empêche ; c'est son aboutissant naturel ; elle n'a pas besoin pour cela de l'adjonction d'aucune autre force mentale ; l'épileptique, dans l'accès, est incapable d'en manifester aucune, hors celle de l'idée qui seule l'occupe.

On en peut conclure que l'idée et son expression sont les deux faces d'un seul phénomène, le commencement

(1) MAGNAN, ouv. cité, p. 38.

et la fin: Si l'expression ne se réalise pas, c'est que l'idée n'est pas assez intense pour vaincre l'inhibition d'autres idées, et un homme serait-il capable de n'avoir dans l'esprit qu'une seule idée à la fois, chacune trouverait expression, se réaliserait et se *délivrerait* par elle-même ou plutôt par la tendance commune à toutes. Il semble bien, en effet, que l'expression délivre de l'idée, qui réalisée se détache comme un fruit mûr tomberait de l'arbre, au point quelquefois de ne plus laisser trace mémorielle. Voici un cas souvent cité et diversement interprété qui pourrait s'appliquer ici en fine démonstration.
— La femme d'un ami d'Érasme Darwin était sujette à des rêves très fréquents; elle s'en souvenait fort bien au réveil, mais quand, par hasard, elle avait parlé ses rêves, leur ayant ainsi donné expression, elle n'en conservait pas le souvenir.

L'existence de types particulièrement auditifs, visuels, moteurs, etc., est une preuve que l'idée est intimement liée à une forme d'expression, liée d'une façon constituante; cette remarque qui vient s'ajouter à l'affirmation émise tantôt : l'idée et son expression sont solidaires, sert de transition pour arriver à une position plus avancée du problème relatif à la réalisation de l'idée.

§ 50. *Particularités diverses de la tendance à la réalisation.* — L'impression actuelle d'un objet qui tombe sous nos sens équivaut, pour l'idée qu'on en a acquis antérieurement, à l'expression de cette idée, ou plus simplement : l'idée d'un objet trouve son expression dans la présence sous les sens de l'objet lui-même. — Cette équivalence, entre l'effet procuré par la présence sous le sens d'un objet dont nous avons l'idée et l'effet procuré à cette idée par son expression, nous est révélée par le vide que l'on ressent de l'absence d'un objet qui tombait fréquemment sous nos sens, bien que nous n'en ayons reçu que des sensations exogènes « La mer me manque », dit une personne ayant quitté depuis quelques mois une ville maritime; ses occupations ne lui ont jamais laissé le temps de jouir de la mer autrement qu'en spectateur. « Le bruit me manque », pourrait dire également celui qui a abandonné la ville pour habiter la campagne. Certes, dans ce sentiment de gêne qui, amplifié, serait le « mal du pays », le *Heimweh*, on ne peut nier qu'il ne se glisse une part de psychisme, mais le point de départ de cette gêne est mental.

Il n'y a donc aucun paradoxe à dire que l'image réelle extérieure d'une idée peut être comme l'expression réalisante de cette idée ; c'est à la fois la genèse et la conséquence extrême de la tendance de la pensée à se réaliser. Sans y songer, nous l'avons expérimenté tantôt lorsque nous engagions le lecteur à s'empêcher de regarder un objet situé à côté de lui et auquel il penserait fortement ; il en éprouverait une gêne. Aurions-nous tort de prétendre que la nostalgie n'est que cette gêne amplifiée? Ce qui le prouverait, c'est que les individus les plus sujets à ce mal sont ceux ayant habité des lieux caractérisés par des images spéciales : bord de la mer, montagnes, marécages dont ils se trouvent privés. Larrey, constata, durant la retraite de Moscou, sans en deviner la cause, que les soldats plus particulièrement atteints de nostalgie étaient parmi les troupes levées en Suisse et en Hollande. Précisément ces deux pays sont à images très spéciales. Le besoin de réalisation de la vraie image étant éveillé, l'équivalent ne ferait qu'exciter ce besoin ; notre pensée consciente peut s'illusionner, mais ses éléments inconscients ne s'illusionnent pas. Le trouble causé par le non-réalisation de cette image peut engendrer les plus graves désordres et la mort, sans qu'aucune lésion n'indique le siège de ce mal, dont

Sauvages a indiqué les symptômes par ces quatre mots : *morositas, pervigilia, anorexia, asthenia*. Ces symptômes sont exactement les mêmes que ceux produits par l'absence prolongée dans l'amour. C'est en effet comme un sentiment de nostalgie ou de vide, qu'éprouve l'amant séparé de l'amante dont la vue est pour lui la réalisation de l'image acquise et pensée. La vue d'une image équivalente, c'est-à-dire celle d'une personne ressemblant à la personne pensée, exaspérerait la gêne idéative. Le mécanisme de l'idéation sert ici incidemment la fonction de reproduction. Le désir que les amants ont de se revoir est sollicité d'une façon aussi énergique, et peut-être plus encore, par la gêne idéative de non-réalisation d'image que par la non-satisfaction de l'appétit sexuel.

Il nous intéresse beaucoup de savoir que l'image pensée appelle l'image vraie — comme telle idée appelle sa réalisation dans une expression quelconque : mimique, parole, acte correspondant — et qu'ainsi l'image vraie est l'expression de l'image pensée ; en effet nous acquérons par cela une explication complémentaire de celle que nous faisions de la tendance de l'idée intense à se manifester par son expression. — L'image intense d'un mouvement tend à se manifester par un mouvement qui lui sert d'expression, parce que la tension de ses éléments cellulaires doit se décharger quand elle dépasse le maximum de capacité de l'élément détenteur. Toutefois, cela n'explique pas pourquoi l'image pensée trouve, dans l'image vraie dont elle est créée, une satisfaction équivalente à celle que donne l'expression à une idée pensée. La raison de ce fait nous paraît être dans cette tendance que toute idée incomplète éprouve à se réaliser dans sa forme la plus complète. De constater que l'image pensée est incomplète à l'égard de l'image extérieure vraie à laquelle elle correspond et que le complément reçu par l'impression vraie de cette dernière est une satisfaction mentale, nous amène à nous expliquer un autre fait assez obscur.

L'idéation, avons-nous reconnu, progresse, par la satisfaction des éléments cellulaires qui constituent son substratum immédiat. Nous avons examiné aussi les combinaisons possibles des éléments internes acquis; mais les modes d'éréthisme idéatif ne trouvent à s'exercer, pour appliquer ces combinaisons, qu'après l'acquisition des premiers éléments de la pensée, opération primordiale qui ne saurait échapper à la loi du progrès intellectuel; la satisfaction de l'élément cellulaire. En effet, l'acquisition d'une sensation, c'est-à-dire le façonnement morphologique, la constitution de la qualité vibratoire d'un groupe de cellules, pour acquérir l'aptitude de détenir en puissance cette sensation, exige de nombreuses expériences, la fréquente impression de la cause provocatrice. D'après ce que nous venons de voir, il est plus que probable que la sensation pensée, et encore non définitivement acquise et formée, éprouvera dans son élément substratif, une satisfaction chaque fois qu'elle retrouvera l'impression vraie et originaire. Cette satisfaction de l'élément explique le classement qui s'opère peu à peu dans les centres en train de se peupler sous l'effet des excitants extérieurs, puisqu'en vertu de cette satisfaction tel élément excité par telle provocation extérieure sera remis en activité par la même provocation et non point par une autre. Ainsi la confusion devient impossible. C'est là, je crois, la clef du problème de la « reconnaissance », que nous avons essayé plus haut (§ 38) de résoudre.

Par l'examen de la gêne idéative provenant d'une idée incomplète qui cherche à se compléter par son expression ou sa réalisation, nous parviendrons à démêler quelques sentiments d'origine mentale qu'on aurait pu attribuer à l'activité psychique. — Je m'amuse à projeter une boule contre un caillou ; je suis seul, aucune pensée d'amour-propre ne vient me tenter ; j'ai rarement joué aux boules; je n'y éprouve qu'un plaisir médiocre. Le désœuvrement est la seule raison qui m'a fait ramasser une boule oubliée dans un coin de jardin. Je vise et je lance plusieurs fois cette boule contre le caillou que je ne touche pas ; enfin j'ai pu l'atteindre et j'en éprouve de la satisfaction. A quoi l'attribuer, si ce n'est à l'idée que j'avais de toucher le point visé, idée qui s'est accrue jusqu'à devenir une gêne et qui a enfin trouvé sa réalisation, qui en somme a été *exprimée* par l'acte nécessaire à son accomplissement. Ainsi s'explique le plaisir procuré par toute la catégorie des jeux d'adresse ou de hasard désintéressés joués seuls. Qu'on rattache ce fait aux faits précédents, besoins d'expression divers que nous avons énumérées jusqu'ici, on les trouvera en substance identique à ce dernier.

La curiosité est un sentiment qui semble ne relever que de l'activité psychique, et cependant, dans sa réalité toute nue, elle est encore un phénomène de mentalité pure. L'individu en proie à la curiosité possède les premiers termes d'une suite d'idées (tel concierge qui aura entendu des éclats de voix chez un locataire d'une maison voisine). Le fait constitutif de la curiosité est la gêne plus ou moins vive que procure l'attente du développement d'une suite d'idées (pour ce concierge : savoir la cause du bruit entendu). La curiosité a, pour ainsi dire, comme corollaire le bavardage, le besoin constant de donner expression verbale aux idées; curiosité et bavardage ont, en effet, pour cause commune la difficulté pour la pensée de se contenter d'une idée non développée. Le bavard, dont nous avons pris pour type le barbier du roi Midas, souffrira d'une idée incomplète, c'est-à-dire qui n'aura pas trouvé son expression ou sa réalisation dans l'énonciation verbale. De même l'artiste ou le philosophe ou le savant, est poussé à la recherche par une curiosité incessante qui chez un être de mentalité faible serait signe d'imbécillité. En résumé, il faut considérer l'expression de l'idée comme le dernier stade de son développement : sans la tendance qui l'y fait arriver, elle serait comme avortée dans le cerveau qui l'a conçue, tandis qu'exprimée, elle s'en va par le monde, ayant une prise sur la vie comme les lois physiques dont elle est, par la vie, l'extrême élaboration.

§ 51. *Nature de l'activité mentale*. — A quoi attribuer le besoin d'activité dont les précédents exemples nous montrent l'application dans le domaine mental? Est-ce aux nerfs? On a comparé les centres nerveux à des réservoirs d'énergie qui tendent à se décharger quand ils ont atteint leur maximum de potentiel. Est-ce aux muscles, suivant la théorie dite de l' « activité musculaire spontanée » ? Il ne nous servirait à rien de rapporter ici les divers arguments que donnent les myogénistes et les névrogénistes en faveur de la priorité du muscle ou du nerf. La discussion est loin d'être close et, le serait-elle, il n'en resterait pas moins vrai que chaque organe est, par rapport aux autres, dans un certain état d'autonomie fonctionnelle; le cœur et l'estomac, par exemple, sont susceptibles de fonctionner quelque temps en dehors de l'organisme si on leur assure des conditions mécaniques convenables. Il serait très plausible de supposer que l'énergie de toute fonction est d'origine commune, et qu'elle ne se différencie que par l'organe qui l'emploie ou le département de l'activité intellectuelle auquel elle s'applique. L'application de cette énergie dans le domaine mental n'est donc qu'en apparence différenciée, grâce aux fonctions qui l'utilisent et lesquelles sont dans certaine autonomie à l'égard des autres activités organique et psychique (1). C'est la fonction qui crée la différenciation dans ce cas. Le fonds commun à toutes les espèces d'énergie explique les rapports constamment entretenus entre les fonctions. Comme le fait remarque Maudsley, « lorsque toute la force d'un stimulus n'est pas réfléchie par les centres spinaux, son cours naturel est de remonter au *sensorium commune*, où elle devient le point de départ d'un nouvel ordre de phénomènes, et cela bien que toute fonction spéciale ait un centre ganglionnaire spécial (2). »

La conséquence de l'indifférenciation de l'énergie qu'emploie l'activité mentale est que, dans ce domaine, pas plus que dans les autres, il ne peut y avoir de force perdue. Un excédent de force inutilisé par un mécanisme sera employé par un système voisin ; c'est un point acquis par de nombreuses expériences ; ainsi toute excitation périphérique : sensation de lumière, de son,

(1) L'hypothèse d'une source d'énergie vitale unique semblerait être ébranlée par la discussion entre les myogénistes et les névrogénistes ; la discussion reste ouverte et on est obligé d'avouer que les fonctions du muscle et des nerfs demeurent encore dissociables à l'analyse (Morat : *Fonctions d'Innervation* in *Traité de Physiol.* de Morat et Doyon, t. II, p. 319 et suiv.). D'autre part, des expériences nombreuses démontrent l'autonomie fonctionnelle des organes comme le cœur et l'estomac, mais elles ne prouvent rien contre l'hypothèse d'une source d'énergie vitale unique. Celle-ci s'applique à des êtres complexes. Leur complexité est une différenciation de parties qui se résout unitairement dans l'organisme simple et dans le résultat fonctionnel général d'un organisme complexe. La dualité (nerfs et muscles, système spinal et sympathique) s'impose dans un système cyclique dont le maintien de l'activité est opéré par des échanges entre parties ; mais en pareils cas, l'échange suppose une qualité commune entre les parties qui opèrent, c'est à cette qualité dominante et ordonnatrice, synthétiquement unie, que se rapporterait l'hypothèse de l'énergie vitale unique.

(2) H. MAUDSLEY, *Physiologie de l'esprit*, trad. Herzen, 1879, p. 177.

d'odeur, augmente la dynamogénie du sujet ; sa force musculaire est accrue pendant l'effort intellectuel. L'inverse est aussi vrai ; l'effort musculaire augmente l'énergie du travail de la pensée et accroît l'acuité de la sensation. — M'étant un jour occupé à arracher avec la main des plantains qui avaient envahi un champ à la terre dure, plusieurs heures après, en fermant les yeux, et le soir, à l'obscurité, je revoyais ces plantes en silhouettes ternes, sous forme de croix à branches multiples, forme que je leur avais vue, penché sur elles, durant l'effort nécessité pour les extirper du sol. Ce fait tendrait à montrer que l'excédent de force musculaire a tourné au profit de l'idéation. L'utilisation inverse, c'est-à-dire d'un travail supérieur excédant de la pensée pour un travail inférieur, est encore appréciable à la conscience. — J'avais une remarque embarrassante à faire à un camarade ; je l'aborde ; nous étions dans une cour d'hôpital ; en lui parlant, j'avais le regard fixé sur le pied d'un laurier-rose, sans attention, tout préoccupé intérieurement des expressions que j'employais, afin de n'être point blessant et cependant de dire tout ce que je devais pour ne pas avoir à revenir sur le sujet de l'entretien. L'image du laurier-rose me revint à la mémoire le soir, dans l'obscurité, tandis qu'au moment de la conversation je ne l'avais aperçu que vaguement ; elle me revint plusieurs fois, surgissant seule et non amenée par le souvenir de l'entretien ni par un autre lien associatif, aussi précise en détail que devant l'objet : je revoyais une plaque de lichen sur l'écorce de l'arbuste, le lit moussu du double filet d'eau entourant le pied, une paille arrêtée au travers par un caillou, le tout peu net en couleur, mais très net de forme.

Pour le dynamisme des idées, la conséquence de l'indifférenciation de l'énergie employée par l'activité mentale est une indifférence au devenir particulier des idées, à leur sens intellectuel par rapport aux autres idées, la recherche de l'intensité en dépit de la raison. Pourvu qu'elles soient analogues, c'est-à-dire de spécificité composite très voisine, deux idées qui se présentent simultanément se renforcent et tendent chacune avec plus d'énergie à se représenter. « Cette qualité de l'*intensité* est généralement négligée en pratique, car ce que nous recherchons dans les images, c'est une qualité tout à fait différente et indépendante de la première, c'est-à-dire la *vérité*. Mais la vérité n'est rien sans l'intensité. Quand deux raisonnements sont inégalement forts, c'est le plus fort qui triomphera, qu'il soit vrai ou qu'il soit faux. On ne parle pas de vérité en mécanique ; il n'y a que les forces qui agissent ; il en est de même en psychologie : toute discussion, toute délibération est au fond un problème de cinématique. En étudiant l'intensité des images, nous étudions en réalité la manière dont, en fait, se fondent nos convictions, vraies ou fausses (1). »

§ 52. *Volition et désir*. — Avec la précédente remarque nous revenons aux premières pages du livre, dans lesquelles nous avons vu que le rapprochement analogique d'idées produit un surcroît d'activité mentale, bien que le rapprochement soit conclu d'une manière qui ne pourrait satisfaire la raison. C'est ce qui se produit encore dans certains cas, lorsque pour un motif quelconque la pensée a besoin de renforcer l'intensité de son jeu. Le motif est le plus souvent d'origine psychique. Il est curieux d'examiner la coopération des activités psychique et mentale dans ces cas. La superstition nous en four-

---

(1) A. BINET, L'intensité des images mentales, in *Revue philosophique*, mai 1887, p. 474.

nit un bel exemple. Elle est due en dernière analyse au sentiment d'un manque d'intensité concernant l'idée d'acte à accomplir. Pour renforcer cette idée, la pensée opérera des adjonctions d'idées le plus souvent irrationnelles, tirées d'analogies plus ou moins lointaines entre l'idée à renforcer et celle adjointe. — Une intrigante courtisane romaine du temps des Théodora et des Marozie songe à faire élire son neveu pape. Pour cela, il faudrait que le pape actuel, gravement malade, mourût avant le retour des troupes allemandes parties en expédition dans les environs de Rome ; en revenant elles assureraient l'élection du candidat impérial. L'intrigante a peu de foi dans la réalisation de son désir ou pour parler le langage que nous employions tantôt, son idée de réussite est adynamique pour des raisons dépendant de l'activité psychique. L'idée a besoin de s'en adjoindre d'autres, et, détail intéressant à remarquer, voici qu'elle opère des adjonctions dans le sens affirmatif ou négatif (c'est dans cette indifférence irrationnelle qu'on aperçoit bien cette particularité de pensée purement dynamique). Notre intrigante, à la fenêtre, voit une femme qui passe dans la rue et qui a encore la distance de trois maisons à franchir avant d'arriver à l'embranchement d'une ruelle ; elle pense aussitôt : « Si cette femme entre dans un des trois corridors, le pape ne mourra pas avant le retour des Allemands et mon neveu ne sera pas élu ; si elle s'engage dans la petite rue, le pape peut mourir avant », et pleine d'anxiété elle regarde ce qui va arriver.

Consultons-nous, en faisant taire la fausse honte de notre amour-propre, et examinons si, nous aussi, nous ne nous sommes pas abandonnés à des adjonctions aussi irrationnelles à propos d'un désir vulgaire. Ces adjonctions s'imposent en dehors de notre volonté, phénomènes d'ordre mécanique sur lesquels la raison n'a tout d'abord aucun pouvoir, et, chez beaucoup d'intelligences, n'en aura jamais aucun. On peut considérer comme une sorte de superstition objective l'acceptation d'adjonctions transmises par tradition : ainsi l'idée de malheur attachée à la vue de certains objets ou à l'accomplissement de certains actes ; d'ordinaire, dans ces adjonctions, les traces de l'analogie sont très apparentes, de sorte que bien irrationnelles, elles satisfont à une réalité mentale. — La prière à Dieu qui cesse d'être un hommage désintéressé et qui se fait quémandeuse est encore une adjonction irrationnelle. Son efficacité pratique n'en est pas moins très réelle sous ces formes d'aberration, car l'individu qui a fortifié l'idée, objet de son désir, par une adjonction comme l'idée d'un vœu, est affermi dans la croyance en la réalisation de ce désir et agit avec plus de fermeté.

Avec ces faits nous atteignons au cœur même de l'activité psychique. Le désir et la crainte marquent des états que l'activité mentale seule n'explique pas. C'est que cette dernière ne connaît ni la crainte en la non-réalisation, ni le doute ; elle est constamment positive ; *la conception à l'état primitif et naturel est accompagnée d'affirmation et de croyance*, formule donnée par Spinoza, retrouvée par Dugald-Steward et commentée par Taine. Crainte et désir supposent doute ; c'est une complication que l'activité mentale ne renferme point, étant la pensée pour ainsi dire à l'état naturel et primitif ; et ce sont le désir et la crainte qui suscitent l'adjonction, laquelle est du ressort de l'activité mentale. L'expérience journalière nous dit qu'elles suscitent encore la volonté ou le non-vouloir qui, est encore la volonté. Cela est un fait d'importance telle que nous ne pouvons l'accepter sans réflexion.

La tendance à la réalisation que nous avons examinée remplace la volonté. N'est-elle pas sa condition intime immédiate. Elle est la volonté inconsciente, physiologique, le vouloir vivre des métaphysiciens. La volonté proprement dite est consciente, le désir l'est aussi ; tandis que la tendance à la réalisation peut être inconsciente. — Afin d'opposer ce qui dans l'activité psychique est appelé *désir* et constitue le commencement de l'acte volontaire, nous appellerons, dans l'activité mentale *volition*, la tendance plus marquée à la réalisation de toutes idées autres que celles intéressant le moi physiologique et moral. Désir et volition sont pour nous deux états qui empruntent leurs différences aux activités auxquelles ils se rattachent.

Il importe de bien retenir l'acception que nous donnons ici à ces deux termes, afin d'éviter toute confusion avec les mêmes mots employés couramment par la psychologie qui ne reconnaît pas de distinction entre les domaines de la mentalité et du psychisme. La volition est pour nous le moment où la tendance à la réalisation s'accroît en ce qui concerne l'exercice de la pensée à l'état naturel et primitif ; le désir est le même phénomène en ce qui concerne la pensée se rapportant à l'individu ayant conscience de lui-même, de sa personne physique et morale opposée à tout ce qui est extérieur à lui. Quant à nos divers besoins, ils se réalisent instinctivement sans le concours de la volonté consciente. Ils peuvent ainsi plus tard l'utiliser; alors, dans ce cas, ils ne sont plus sollicités seulement par l'organisme, mais encore par les activités mentale et psychique. Le besoin d'activité, comme tout autre besoin, est aussi de réalisation instinctive. Employé par le domaine mental, il ne devient la volonté proprement dite que par l'intermédiaire de la sensibilité propre à ce domaine comme le désir et le besoin. Nous trouverons bientôt les preuves de ces affirmations et le bénéfice de la distinction établie ici entre les différents états dynamiques : besoin, volition, désir, qui amorcent la volonté consciente proprement dite.

§ 53. *Lois du dynamisme mental.* — Malgré ses complications et ses particularités et la variété de ses moyens, la tendance à la réalisation qu'emploie l'activité mentale n'obéit qu'à deux lois qui marquent les deux faces du même phénomène régissant l'activité mondiale, celui de l'activité suivant le moins grand effort.

1° L'élément idéatif en activité tend à se développer jusqu'à ce qu'il ait trouvé son expression, laquelle peut être aussi bien la parole que le geste qu'un acte simple ou complexe, et même l'image réelle d'une image pensée (genèse mentale de la nostalgie, reconnaissance).

2° L'élément idéatif en activité tend à se développer en produisant la mise en activité d'éléments de spécificité voisine de la sienne ou de spécificité contraire (modes de l'éréthisme idéatif).

La première de ces deux lois peut être vérifiée à tout instant : c'est ainsi qu'en elle rentrent toutes les catégories des faits connus sous le nom d'impulsion : kleptomanie, pyromanie, etc. En montrant que l'image pensée trouve son expression dans l'image vraie extérieure, nous saisissons pourquoi l'idée cherche à se réaliser le plus complètement possible. La curiosité, le besoin de divulguer, les impulsions sont des états simples qu'on aurait pu croire très complexes ; s'ils ne marquent pas directement le progrès, ils font ressortir la fatalité du passage de l'idée à l'acte et le rôle physiologique de l'idée, suppléance de l'organisme réveillant et excitant à tout instant les tendances diverses correspondant aux divers besoins du corps.

La seconde loi marque directement le progrès de l'intelligence et elle participe aussi de la première ; car pour l'élément en activité, c'est bien une façon de se manifester le plus complètement possible que de provoquer l'activité de ses voisins immédiats, ses analogues, ou de ceux de spécificité opposée, ses contrastes (l'analogie et le contraste étant deux formes qui obéissent également toutes deux à l'activité suivant le moins grand effort). C'est ce mode d'activité qu'emploie le dynamisme de la pensée. Il ne tarde pas à ne plus lui suffire, cependant il peut conduire à lui seul fort loin la pensée dans son développement, comme on l'a déjà vu et comme on va le voir encore avec l'exercice naturel du raisonnement.

II. — Le raisonnement et la logique mentale.

§ 54. *De la connexion des idées.* — Dans les précédents paragraphes nous avons examiné par aperçu général le dynamisme de la pensée et le passage naturel de l'idée de sa phase de conception à son expression ; on doit étudier maintenant l'application du dynamisme précédent à la formation de l'idée. Celle-ci se crée par la composition d'un groupe distinct d'éléments toujours en rapport avec les éléments voisins, et cependant ce groupe est apte à se représenter comme s'il existait isolément. Lorsqu'il s'agit d'une idée simple et concrète, l'action directe de l'extérieur et les réactions internes immédiates qui en résultent suffisent pour établir la différenciation nécessaire à l'acquisition distincte de l'idée ; dans les autres cas, les réactions sont très complexes. Visiblement la pensée se dédouble alors ; l'intelligence discute, raisonne avant d'admettre la nouvelle idée qui lui est proposée. Le fait nouveau qui se présente est-il réellement nouveau ? Ne peut-il entrer dans une catégorie de faits déjà connus ? Dans quelle mesure se détache-t-il du connu ? Telles sont les questions que nous nous posons suivant les cas. Cependant, ces cas, ne se ramènent-ils pas tous à un même mécanisme foncier, le même pour l'acquisition d'un fait très simple, d'une sensation non encore éprouvée, que pour celle d'une idée générale très complexe ?

Quand la psychologie s'est assurée que la pensée est réductible à des images et par suite à des sensations, elle a fait un progrès immense, s'établissant sur une base physiologique. On s'est demandé ensuite comment les images s'associent. La conscience a fourni aussitôt la réponse : elles s'associent par contiguïté, par ressemblance et par contraste. Cette réponse, une personne étrangère aux spéculations philosophiques, l'eût pu donner en réfléchissant deux minutes à la façon dont nos idées paraissent se lier lorsqu'elle laisse voguer sa pensée à l'aventure ; et c'est pourtant de cette réponse que la philosophie s'est contentée depuis deux siècles. Elle s'est aperçue enfin qu'elle s'était engagée dans une impasse. En vain essaya-t-elle dans ses dernières années de réduire le nombre des cas d'association en ramenant les uns aux autres. Il est pourtant bien évident que ce ne sont pas les idées qui s'associent, ce sont leurs éléments qui entrent en connexion. La conscience porte sur l'idée et non sur l'élément. Ce n'est donc pas la conscience que nous devons dans ce cas d'abord interroger ; nous n'évoquerons que plus tard son contrôle. C'est en se demandant comment des éléments parviennent à se grouper et à établir ainsi des différenciations qu'on poserait la question du progrès de la pensée sur des bases physiologiques, sans cela c'est la porte ouverte aux spéculations vides et sans fin.

Nous ne savons si une association a été conclue par

contraste, ressemblance ou contiguïté que lorsqu'elle a été conclue, cela est bien certain. Les termes que nous employons alors pour désigner la qualité de l'association ne sont que des étiquettes commodes. En disant, par exemple, que les idées s'associent par ressemblance, l'associationniste prend, volontairement ou non, le résultat conscient d'un phénomène pour sa cause intime dont il ne saisit pas la réalité physiologique.

Ce reproche consiste à dire que par manque d'analyse la théorie associationniste n'a pas su distinguer l'idée de ses éléments matériels ; il n'est certes pas nouveau. Un second, non moins grave, est que cette théorie a conséquemment le tort de ne pas distinguer l'action de l'externe sur les éléments cérébraux, de l'action toute interne, réaction de ces éléments entre eux. Cela n'est pas aussi aisé à saisir.

Il est évident que l'association est toujours interne ; si je juge que deux images extérieures se ressemblent, je parle de la ressemblance des deux images internes qui les reflètent ; sans l'interne, l'externe n'existerait pas pour nous. Mais l'interne représente le passé, l'acquis, le progrès effectué, en un mot ce qui est en nous capable de modifier le résultat d'une association nouvelle. Sans doute l'association ne peut être conçue autrement qu'intérieure, mais dans le moment où elle se produit il faut, sous peine d'ignorer le travail physiologique, distinguer l'action des images extérieures, leur effet actuel, des réactions que l'acquis va imposer à cet effet qui dès lors variera. En un mot, deux phénomènes extérieurs qui se produisent simultanément ou successivement, qui me paraissent se ressembler et qui, donc, sont associés dans mon esprit par ressemblance, plus tard, grâce au progrès de l'acquis, pourront ne plus me paraître semblables, bien que présentés dans des conditions extérieures identiques, les conditions intérieures de leur représentation s'étant modifiées. On dira alors que l'extérieur n'a pas varié et que l'interne a varié. Mais il est bien certain que le principe de mécanisation suivant lequel le progrès intellectuel s'opère est invariable ; il ne peut pas ne pas être constamment conforme à lui-même, sans cela l'intelligence ne saurait progresser avec unité et suite, tandis que l'ordre de l'apparition des phénomènes extérieurs est par rapport à nous presque toujours dans un perpétuel état de changement. Cet ordre impose des associations momentanées et passives, celles de contiguïté qui seront reformées ensuite par la nécessité de l'ordre imposé par le progrès intellectuel. Si l'on veut donner une explication de ce progrès avec la théorie dite de l'association des idées, on est obligé de tenir compte, dans les différents cas, de la distinction que nous venons d'indiquer, de façon à bien voir que les uns jouent un rôle passif et les autres un rôle actif.

Dans la question qui nous occupe, quelle est exactement la part de l'externe ? — Supposons un appareil enregistreur aussi complexe que l'ensemble de nos organes sensoriels et qui, durant plusieurs jours, enregistrerait tous les phénomènes de lumière, de son, d'odeur se produisant devant ses bouches respectives. Cet appareil comme le phonographe, étant capable de reproduire dans la même succession les phénomènes enregistrés, j'assiste à cette reproduction. Je remarque d'abord que la plus grande incohérence règne dans la succession des phénomènes qui me sont présentés, soit dans leur concomitance, soit dans leur succession ; mais bientôt je ne tarderai pas à observer que dans des périodes tout à fait inégales les mêmes faits reviennent semblablement groupés ou avec très peu de différence. L'appareil possède des cylindres enregistreurs auxquels je peux donner une grandeur illimitée. Mais mon cerveau, qui est aussi un appareil enregistreur, est, comme matière, très réduit ; il ne cesse cependant de répondre à toutes les excitations que je reçois ; il lui faut économiser la place ; les phénomènes, enregistrés une fois, le seront, suivant toute vraisemblance, par les mêmes particules de matière s'ils se représentent identiques. Les cylindres de l'appareil que j'imaginais sont à surface illimitée et l'enregistration se fera par succession dans le temps, sur des places toujours renouvelées, tandis que mon cerveau enregistrera par superposition afin, semble-t-il, d'économiser la place.

Lorsque l'appareil a commencé à reproduire ce qu'il avait enregistré, je me suis seulement aperçu assez tard que certains groupes de faits étaient plus ou moins semblables entre eux. Cela coïncide bien avec ce que nous savons déjà sur les propriétés de la sensation. Prise en elle-même, non pas au point de vue physiologique mais intellectuel, la sensation n'a aucun rapport avec celles qui n'appartiennent pas à son espèce ; elle est inanalogue aux autres ; elle est comme une étrangère, un point absolu dans un monde où la vie n'existe que par le relatif et nous savons aussi que cette remarque n'est pas de théorie pure. Un cerveau qui serait attentif seulement à un mode unique de sensation cesserait d'être actif pour son propre compte ; la vie intellectuelle y deviendrait momentanément impossible ; c'est ce qui arrive dans l'hypnose provoquée par l'envahissement exclusif d'une impression lumineuse, sonore, etc. Les rapports s'établissent en effet non pas entre phénomènes spécifiques isolés, mais entre des groupes de phénomènes concomitants qui ont été imposés par l'extérieur. Les éléments internes correspondants et contigus formeront des groupes qui se graveront peu à peu par l'effet de la superposition, et par cet effet ils s'imprimeront d'une façon durable.

Après cela, doit-on se demander quel est le rôle de l'interne ? La question est aux trois quarts résolue. Ce rôle consiste d'abord matériellement dans l'enregistration à type de superposition, terme qui convenait parfaitement à la comparaison établie tantôt, mais qui maintenant a besoin d'être éclairé. — Dans les centres un élément impressionné par un phénomène extérieur répond à la même provocation par la même réponse ; les choses se passent comme si une provocation identique, chaque fois qu'elle se produit, exerce toujours son effet sur le même élément intérieur. Une fois que l'enregistration a été imprimée assez pour garder l'empreinte, il devient inutile de dire que l'impression se superpose, mais simplement que l'élément interne est en état de fournir réponse exacte et entière au phénomène éducateur externe toutes les fois que celui-ci nous excite à nouveau ; du reste l'élément interne était déjà dans cet état dès la première provocation, mais l'enregistration n'eût peut-être pas été durable.

Comment se fait-il que ce soit toujours cet élément et non pas un autre qui entre en jeu sous l'effet de la même excitation extérieure ? Si d'autres pouvaient répondre, ce serait l'anarchie dès la base. Schématiquement on peut s'imaginer que lorsqu'un élément reproduit la première fois une excitation, il s'effectue un travail matériel par lequel l'élément central se modifie ; probablement la cellule vierge acquiert dans sa matière plastique des changements de forme qui lui assurent un mode spécifique de vibrations. Plus tard, à la seconde provocation par le même excitant, ce sera la même cellule qui répondra, car pour toutes les autres il y aurait un nouveau travail à accomplir ; tandis que la mise en activité d'un élément déjà préparé sera une activité se produisant avec un effort de moins en moins grand. L'inévitable répercussion sensible de ce phénomène doit se traduire pour un état affectif qui amplifié aurait les conditions nécessaires pour apparaître à la conscience comme plaisir, d'autant plus vif que le travail serait plus intense et accompagné d'un sentiment d'effort tendant à s'annuler. Le lecteur retrouve en cela la genèse de notre théorie de la reconnaissance (§ 38). Ce qui se passe pour l'élément se passera pour des groupes d'éléments contigus imposés par l'ordre extérieur. L'acquisition et la conservation de l'image complexe s'expliquent comme celle d'une sensation ou d'une image simple et entraînent les mêmes conséquences de répercussion sensible. Loin de nous la pensée de croire que les images reçues de l'extérieur soient conservées toutes faites, comme des clichés dans le cerveau ; la nécessité de l'économie de matière ne nous permet pas cette conception, mais on peut bien admettre que la représentation des images est due à certains mouvements intestins qui rapprochent les éléments nécessaires à la représentation quand celle-ci est provoquée ; l'acquisition de ces mouvements et leur facilité de se reproduire s'expliquent par ce que nous venons de dire tantôt.

A partir de ce moment, nous pénétrons dans le travail d'association proprement interne ; nous quittons l'action de l'externe sur l'interne pour trouver celle que l'interne exerce sur lui-même. — Les groupes d'éléments contigus, imposés par la concomitance des éléments composant les phénomènes extérieurs, sont comme isolés les uns des autres, comme des grumeaux dans une masse liquide ne pouvant se confondre, comme une sensation auditive ne peut être confondue avec une sensation lumineuse. Cependant, ils sont composés d'éléments communs; par là ils conservent des liens qui les rattachent les uns aux autres; ils sont tous de spécificité composite plus ou moins voisine. Nous savons qu'un groupe acquis, telle idée, est toujours prêt à répondre à la provocation extérieure à laquelle il doit son existence. Chaque fois que je reverrai mon chien, je me le représenterai aussitôt et j'en aurai l'idée; mais si j'aperçois un autre chien ressemblant beaucoup au mien au point de m'y tromper, l'idée acquise, répondant par erreur à la représentation présente, je croirai revoir mon chien. Comment peut se produire cette erreur? Parce que le groupe externe présente de toutes petites différences avec le groupe acquis.

Quand je commets une erreur de perception extérieure, ce qui fait que je m'aperçois de cette erreur, c'est que les éléments ne pouvant entrer dans le groupe interne dont je me sers pour me représenter le phénomène extérieur, engendrent un nouveau travail qui ne tardera pas à se répercuter comme sentiment d'effort. Il y a surprise; la même chose se passe avec les relations entre les groupes internes. Nous avons dit que les réactions internes représentent la part active du progrès intellectuel; cela nous amène à reconnaître que ce progrès s'exerce encore par des états de surprise, et à affirmer qu'une théorie complète de l'association des idées ne peut négliger de noter les états sensibles qui accompagnent les associations. Les états sensitifs, bien que demeurant presque toujours inconscients, n'en ont pas moins un effet important; il convient de s'appliquer à les reconnaître. Par là, la théorie devient physiologique et cesse de prêter aux fantaisies de la spéculation pure, pour se poser sur une base rendant possible une discussion utile.

Le lecteur a retrouvé dans les observations précédentes bien des points qui lui sont devenus familiers ; nous ne pouvions point ne pas les rappeler, voulant tenter de montrer une dernière fois l'impuissance radicale de la conception classique des lois de l'association, en ce qui concerne l'explication du progrès de l'intelligence.

Que devient, après ce que nous venons de dire, la valeur des cas d'association? — Considérons d'abord celui de contiguïté. On a su en distinguer deux sortes : la contiguïté dans le temps et la contiguïté dans l'espace. Cette distinction n'intéresse en rien le fait histologique d'enregistration, car elle ne trouve pas de mécanisme apte à la reproduire, l'enregistration se faisant, comme nous l'avons indiqué, par superposition. Ce n'est donc pas par ce seul fait que nous acquérons les notions de temps et d'espace ; on peut même dire qu'il assure à la représentation des choses extérieures une nouvelle existence indépendante de leurs conditions d'existence mondiale. Ce qui est contigu dans l'espace, enregistré, devient contigu en concomitance ; ce qui était contigu dans le temps devient contigu en succession immédiate. Le propre de la contiguïté par concomitance est de supprimer l'espace spatial conformément aux nécessités de la représentation et à la nature de l'enregistrant ; de même, et pour les mêmes raisons, le propre de la contiguïté par succession immédiate est de supprimer le temps. Il en résulte que supprimant la cause qui les faisait distinctes, la contiguïté dans le temps et celle dans l'espace, en devenant histologiques sont cérébralement sur le même pied. C'est par contiguïté que je me représente les détails de tel arbre en particulier, le bruit du tonnerre lié à l'éclair, le nom d'une rivière lié à la représentation d'un paysage en revoyant ce paysage, la longue suite de paroles qui succèdent aux premiers mots du récit de Théramène en me remémorant ces premiers mots. A ce point de vue la distinction entre la concomitance et la succession immédiate disparaît ; ainsi j'ai l' « idée » du récit de Théramène par le sentiment confus des éléments qui composent cette idée. Au contraire, si je veux voir les détails de l'idée de tel arbre en particulier, je le ferai par succession de représentations élémentaires, tandis que les éléments en ont été enregistrés en concomitance. Comme on le voit par là, la distinction du temps et de l'espace est tout extérieure à la réalité du fait histologique. On ne manquera pas d'objecter que si je me représente tel arbre en particulier, je suis obligé de le projeter dans l'espace sensible. Sans doute, mais grâce à une opération distincte, à un mécanisme précédemment exercé conjointement avec la perception extérieure de l'image, et par lequel j'ai su acquérir la représentation de l'espace ; il en serait de même pour la projection dans le temps. Ces mécanismes servent pour retrouver la situation de l'image, comme celui de la parole me sert pour énoncer le récit de Théramène. Si l'halluciné se représente des portions d'événement, situées dans le temps et dans l'espace à tel point qu'il les peut minutieusement décrire, c'est que, pour lui, la matière pensante se trouve dans un état apte à reproduire toutes les opérations nécessaires à situer les événements qu'il se représente. La contiguïté, en tant que phénomène histologique d'enregistration, ne situe pas. Elle prépare le terrain à une autre sorte de travail par lequel s'exercera le progrès et qui sera un travail proprement actif, tandis que celui par lequel elle s'opère reste passif. Elle sert à constituer des groupes d'éléments qui par leur composition permettront d'établir des ressemblances et des différences entre les groupes. On va le comprendre aisément.

Les éléments a, b, c, d sont de spécificité différente, donc dans un état de neutralité vis-à-vis les uns des autres, ils ne sont que préanalogues, comme nous l'avons déjà fait remarquer ; il n'en est pas de même pour les groupes $d\ a\ b$, $a\ d$, $b\ c\ d$, qui sont de spécificité composite différente et sont, de par leurs éléments communs, plus ou moins analogues les uns aux autres. Le premier profit pratique fourni par la contiguïté d'éléments imposés par l'ordre externe est de permettre l'exercice du travail interne, qui est fondé sur les relations possibles entre groupes, grâce à leur spécificité composite, laquelle rend l'esprit apte à se parcourir en tout sens sans s'inquiéter de l'ordre extérieur. Le second profit est encore de permettre à l'esprit de se parcourir, à condition de reconstituer les éléments de l'ordre extérieur : le temps et l'espace. Par ses deux possibilités de parcours, l'une due à la propriété qu'à la matière nerveuse de conserver l'impression reçue, l'autre due à ce qu'on peut appeler le sentiment d'analogie, ou mieux des rapports de la spécificité composite, la pensée, en quête d'éléments pour l'effectuation de son progrès, est en état de faire constamment appel à ses ressources accumulées.

Nous avons avancé que ce progrès s'opère par surprise et qu'il est conduit par le sentiment de l'état affectif que subit la masse pensante, suivant la qualité des connexions entre les éléments des idées. Le fait est trop important pour le laisser passer sans commentaire. — Nous disions que lorsque nous voyons un objet qui diffère peu d'un objet bien connu de nous, de telle sorte que nous croyons revoir en lui l'objet connu, nous le voyons grâce aux éléments acquis et constitués en groupes distincts. Ce n'est donc pas par ressemblance véritable que l'objet vu *a'* est représenté par les éléments contigus ayant servi à la représentation antérieure d'un objet *a*, mais par surprise ou par fausse reconnaissance. L'objet *a* est, mentalement parlant, d'analogie adéquate au groupe d'éléments internes A qu'il a formé jadis et qui le représente. Par défaut d'attention, perception trop rapide et incomplète, l'objet *a'* provoque le groupe interne A correspondant à l'objet *a*. Pour que l'intelligence s'aperçoive qu'elle s'est laissée surprendre, il faut que, par suite de l'attention, les éléments de *a'* non employés par le groupe A créent un état de tension, un effort local nouveau, se répercutant comme sentiment d'effort perceptible à la masse pensante. C'est alors que l'activité interne proprement dite sera provoquée. Qu'arrivera-t-il ? Cela ne doit pas nous occuper encore.

Ainsi donc, l'intelligence d'abord trompée accepte pour identique ce qui n'est que ressemblant et *elle ne s'aperçoit que l'objet* a' *est seulement ressemblant à l'objet* a *qu'au moment où elle arrive à percevoir les différences entre les deux*, c'est-à-dire, dans le cas présent, au moment où le groupe A est reformé par l'effet de la perception.

Saisit-on, après cela, la modification que la loi de ressemblance des associationnistes doit subir pour répondre à la réalité des faits dont elle prétend rendre compte, quand on la considère comme facteur du progrès ? Pour qu'elle participe au progrès effectif il faut qu'il y ait, dans le moment où nous avons conscience de la ressemblance, subconscience des différences, de sorte qu'elle ne peut s'appliquer que conjointement avec la loi d'association par contraste.

D'autre part, le progrès d'intelligence ne saurait être

supposé sans un progrès matériel des voies cérébrales, reformation de matière, multiplication différenciée des groupes d'éléments et accomplie par connexion et fusion des voies intercellulaires. Interprété par cette considération, le cas d'association par contraste devient un non-sens. Des éléments qui peuvent produire des effets de contraste sont précisément incapables de fusionner, et, par conséquent, de former des associations matérielles telles que le progrès les nécessite. Ils peuvent produire un effet intellectuel et non former des liens. Et comme l'association par ressemblance n'est applicable que par l'intermédiaire de l'effet du contraste, ce cas, aussi succinctement exposé que chez les associationnistes, est sujet à la même critique.

En résumé, une explication du progrès intellectuel par les connexions possibles entre les éléments des idées doit tenir compte d'abord des répercussions affectives, que ces connexions entraînent suivant que le fait histologique est nouveau, reconnu, ou incomplètement reconnu, car c'est en cette connexion que se réduit en dernière analyse la possibilité constructive de l'idée. Ensuite, après avoir constaté que la contiguïté des éléments ne représente que la condition matérielle et passive du progrès, on reconnaîtra que les lois de ressemblance et du contraste ne jouent, pour le progrès idéatif, que par association d'effets et non pas chacune pour son compte ; telles qu'elles sont posées par les associationnistes, elles ne s'adaptent pas aux nécessités matérielles de la formation des idées. Il conviendrait encore de reconnaître que ce travail de formation n'aboutit pas toujours à des connexions utiles rendant le progrès effectif ; il ne fait le plus souvent que l'amorcer. C'est seulement par une connexion nouvelle d'éléments que peut être constitué un groupe nouveau.

Dans son exercice, la loi du progrès, quel que soit son résultat dans telle ou telle circonstance, agira toujours conformément au même principe. On comprend aussi que la nécessité d'union fonctionnelle entre les impressions de ressemblance et de contraste nous oblige encore à reconnaître que ce principe est indifférent au résultat qu'il donne, c'est-à-dire qu'il pourra au hasard des rencontres des voies histologiques produire indifféremment des ressemblances ou des contrastes et le résultat obtenu, selon la façon dont on le considère en l'analysant, pourra être tenu comme issu de ressemblances ou de contrastes. C'est en effet ce qui se passe pour l'idée; comme on le sait, elle ne peut être définie qu'en l'opposant à son véritable genre prochain ou à ses véritables différences.

Comme les éléments ou groupes d'éléments ne se déplacent pas, on est obligé d'admettre que les rencontres entre eux sont effectuées par les courants partis de ces éléments, et ici se pose une question capitale : quels sont les modes possibles de rencontre entre groupes d'éléments par l'intermédiaire des courants qui les représentent ?

A cette question, la théorie de l'éréthisme idéatif fournit une réponse précise. On voudra bien s'y reporter (§ 7). Elle nous permet d'aborder l'analyse du raisonnement non plus suivant les procédés de la logique formelle, mais suivant la réalité des mécanismes idéatifs dont s'occupe l'analyse de l'activité mentale. — Quelques mots sont encore utiles auparavant pour bien indiquer la solidarité fonctionnelle des modes en exercice de l'éréthisme idéatif.

Les modes d'*exaltation* et de *coïncidence* ne sauraient participer effectivement au progrès mental que s'ils engendrent une *reformation* d'un des groupes d'éléments qu'ils ont éveillé, puisque le progrès de l'idéation est, en définitive, une différenciation nouvelle, une recomposion ou reformation d'un groupe d'éléments. Quand l'*exaltation* provoque, au lieu de l'analogue, le contraste, dans ce cas aucune reformation ne sera amorcée ; mais ce qu'il faut bien voir, c'est que le contre-coup de la reformation peut provoquer souvent comme contrôle un effet de contraste. En effet, pour la compréhension, le contraste joue le même rôle que l'analogue, puisque, répétons-le, on ne peut définir une idée que par son véritable genre prochain ou ses véritables différences. Ne pouvant être créatrice de connexions nouvelles, l'impression du contraste contrôle la légitimité des créations, car si le groupe d'éléments contigus, imposés par la perception d'un phénomène extérieur, n'était pas en état de contraste avec l'acquis, son acquisition en tant que nouvelle différenciation serait inutile. Il en est de même pour la constitution d'un groupe nouveau créé par les réactions internes ; il doit subir l'épreuve fournie par l'effet du contraste ; s'il peut exister, c'est parce qu'il est opposable en quelque sorte à l'acquis.

Ainsi nous voyons que, dans le progrès intellectuel, chaque mode de connexion matérielle ou d'effet de répercussion intervient d'une façon différente, mais convergeant vers le même but : la constitution d'un groupe nouveau. Nous ne nous ferions qu'une idée très incomplète de leur activité si nous ne devions tenir compte en même temps de l'état affectif cérébral qui les accompagne, bien que ces états soient presque toujours infiniment réduits. C'est ce que ne peuvent montrer les lois dites de l'association des idées.

Il est sans doute bien vrai que, suivant la conscience, les idées paraissent s'associer par contiguïté, ressemblance et contraste, et qu'ainsi l'esprit se parcourt sans cesse en tous sens et devient apte à se féconder lui-même ; le rôle de ce jeu ainsi compris est tout à fait comparable à celui du vent dans la nature : il répand les germes mais du phénomène de la fécondation et de la germination, de la façon dont la plante s'élève, le vent ne rend aucun compte ; il en est de même de la théorie associationniste à l'égard du progrès intellectuel.

§ 55. *Le syllogisme et le raisonnement perceptif.* — Le syllogisme, comme on le lui a souvent reproché, ne sert pas directement le progrès de l'intelligence, « les procédés de la logique ne garantissant que l'accord qui a été observé » (E. Mach). Sa conclusion ne nous fait pas faire un pas en avant, mais contrôle celui que nous venons de franchir.

Tous les cristaux ont un plan de clivage.
Ceci est un cristal.
Donc ceci a un plan de clivage.

Le dernier terme nous fait revenir au même point ; il n'a pas été opéré de différenciation nouvelle. Il n'en eût pas été de même si une différence entre la première et la seconde image avait été perçue, comme cela n'aurait peut-être pas manqué d'arriver avec la perception directe de l'objet. Un objet particulier (tel cristal) ne peut jamais ressembler entièrement à l'idée générale que l'on a d'une catégorie d'objets, les cristaux en général. Alors la raison d'être du raisonnement eût été de vérifier si, malgré ses différences sensibles, l'objet est bien réellement un cristal ; si oui, j'en eus conclu que cet objet est un cristal d'une forme que je ne connaissais pas encore. La réponse trouvée, j'aurai recours au syllogisme pour m'assurer que je ne me suis pas trompé et je me dirai : Ceci me semble être un cristal, comme je sais que tous les cristaux ont un plan de clivage, ceci ayant un plan de clivage, je ne me suis pas trompé ; c'est bien un cristal.

Il est impossible de ramener tous les raisonnements au type du syllogisme, puisque le syllogisme tel qu'on le pose escamote précisément ce qui fait la raison d'être du raisonnement, le besoin de vérification. Comment la pensée arrive-t-elle à obtenir la première réponse qui sera l'objet de vérification ? Comment, ayant perçu une différence entre l'objet vu et l'idée de celui par lequel je vois cet objet, saurais-je qu'une différence réelle s'impose ou non. Ceci est le fait d'un mécanisme sensitif dans lequel entre la réaction affective du connu à l'égard du non-reconnu.

Un raisonnement que nous acceptons d'après autrui, ou celui que nous retrouvons après l'avoir formé antérieurement, ne représente plus qu'un travail de la mémoire et non un travail de la matière pensante qui opère présentement une différenciation nouvelle soit avec la simple perception qui est un raisonnement en raccourci, soit avec le raisonnement en forme. Avec cette opération nous nous trouvons, en somme, en présence d'un travail cérébral histologique dont le résultat sera de dépasser l'acquis ; le type de ce travail nous est fourni par l'acquisition d'une impression nouvelle. — Comme on a donné trois termes au syllogisme, nous distinguerons, pour la commodité de l'analyse, trois temps dans le travail du raisonnement perceptif conditionnant un progrès.

1° La pensée est mise en contact avec un fait nouveau, un groupement d'impressions sensorielles non encore éprouvées dans une pareille concomitance de phénomènes extérieurs. L'intelligence le saisira, grâce aux éléments internes dont le groupement se rapproche le plus de celui extérieur qu'elle aperçoit, c'est-à-dire que, un certain temps assez court, les éléments servant à la représentation actuelle seront les mêmes que ceux ayant servi à une représentation antérieure la plus voisine de celle actuelle. C'est ainsi qu'apercevant un animal ressemblant beaucoup à mon chien : je crois voir en lui mon chien. Je serai porté à en conclure, comme le fait l'associationniste, que l'image actuelle a attiré par ressemblance une image antérieure. Cela n'est que l'envers conscient du phénomène. En réalité, j'ai perçu l'impression actuelle par le concours d'éléments acquis antérieurement comme groupe de spécificité composite ; l'impression actuelle s'est ainsi servie de ce groupe parce qu'elle est à son égard de spécifité voisine. Ainsi apercevant un brin de paille agité à la surface de l'eau, trompé par ses mouvements, je penserai : « Ceci est un vermisseau. » Apercevant un cristal, je penserai au cristal en général.

2° Le second temps est celui qui disparaît dans le syllogisme et qui est cependant la cheville du raisonnement, son point de départ, sa raison d'être. — Par l'effet de l'attention, je distingue mieux l'aspect de l'objet qui s'est présenté à moi ; or, il peut se différencier de l'idée qui m'a servi à le voir, et par laquelle j'ai cru le reconnaître. Il mettrait alors le groupe d'éléments de cette idée en reformation. Il correspondrait à cet état de perplexité durant lequel nous nous dirions : « Cet objet qui glisse sur l'eau est-il bien un vermisseau ? Ce cristal est-il bien un cristal ? Cet animal est-il bien mon chien ? »

3° C'est alors que, par l'effort de l'attention portant sur les deux groupes perçus différents, je devrai reconnaître si l'objet perçu se distingue vraiment de celui remémoré, s'il offre une distinction apte à nécessiter un nouveau groupe réellement différencié du premier. Cette troisième phase constitue le progrès même de l'intelligence.

Traduisons les trois moments du raisonnement perceptif par les phénomènes sensitifs qui leur correspondent. Le premier correspond au sentiment du reconnu; le second à celui du non-reconnu; le troisième, après un effort mental dans lequel on pourrait, comme nous le montrerons, retrouver l'application histologique des lois dynamiques exposées plus haut, aboutit ou bien au sentiment du reconnu, et dans ce cas le syllogisme servira de moyen de contrôle, ou bien au sentiment du non-reconnu, à la nécessité d'admettre un nouveau groupe différencié, formant une idée nouvelle. Cette nécessité provisoire, hypothétique, recevra le contrôle relatif de ce que nous appellerons, en l'exposant plus loin, le critérium physiologique du vrai.

J'aperçois un objet ayant la forme d'un polyèdre convexe brillant à la lumière et je dis : « Ceci est un cristal. » Ce qui me permet de l'affirmer c'est que cet objet, pour se représenter, a utilisé les éléments acquis groupés antérieurement en moi et correspondant à la représentation de l'idée *cristal*. C'est en vertu du moins grand effort que ce phénomène mental s'opère. La réponse de tout autre groupe aurait nécessité un effort nouveau, donc plus grand. La mise en jeu de celui-ci avec une tension minima répond au phénomène de reconnaissance. L'analyse nous a prouvé que ce phénomène correspond à un état de satisfaction histologique (§ 38) ; je ne perçois pas positivement cet état sensitif; mais son effet spécifique n'en est pas moins sensible : j'ai reconnu l'objet. Si cessant de me fier à l'état cérébral particulier d'où me vient ma certitude présente, je fais appel au raisonnement syllogistique, et si je me dis, en me rappelant les propriétés générales des cristaux : « Tous les cristaux ont un plan de clivage, ceci est un cristal, donc ceci a un plan de clivage », en sous-entendant : « Si ceci n'avait pas de plan de clivage, ce ne serait pas un cristal », si enfin le syllogisme confirme ma supposition, je n'aurai pas fait un pas de plus car aucune association nouvelle n'aura été créée. La nécessité de poser le syllogisme doit venir après le second temps, celui du non-reconnu.

Poursuivant mon examen, je remarque que le cristal vu actuellement n'appartient pas aux systèmes cristallins déjà connus de moi; c'est le second temps du raisonnement perceptif marquant non-reconnaissance et comme nous l'avons également montré (§ 38), s'accompagnant de gêne histologique. Pareillement, à la lisière d'une forêt, j'aperçois un animal qui me fait dire : « Ceci est mon chien » ; mais l'obliquité de son corps et l'allure de ses membres postérieurs dans un état de flexion, même durant le repos, me font dire ensuite: « Ceci n'appartient pas au type chien connu jusqu'ici de moi. » A partir de cet instant, j'ai le pressentiment d'une idée nouvelle, et à considérer les choses au point de vue de l'histologie cérébrale, l'idée antérieure qui m'a servi à la représentation actuelle est en état de reformation; un travail nouveau va s'opérer, un état de tension cellulaire succède à l'aisance de tantôt, il y a gêne quelquefois perceptible par amplification. En somme, ce qui était satisfaction avec le premier temps, devient gêne avec le second et cette gêne sera la sollicitation d'un nouveau groupe, pour la constitution duquel nous verrons s'utiliser les lois du dynamisme mental.

Le plus souvent, les deux premiers temps se confondent, c'est-à-dire que l'objet extérieur met immédiatement en état de reformation le groupe interne grâce auquel il est perçu. C'est le cas que nous citions au commencement de ce livre, lorsque, assis au bord d'un bassin, j'aperçus un petit objet fin, long, recourbé, s'avançant par saccades sur la surface de l'eau ; la perception que j'en ai, grâce à l'idée de vermisseau par laquelle je me représente cet objet, reforme cette idée, car un vermisseau pourrait glisser à la surface de l'eau, mais non par brusques saccades et dans cette activité rigide, sans mouvements propulseurs. Ou bien si c'est par l'idée paille que la représentation s'est effectuée, l'idée est également reformée, car une paille ne s'agiterait pas ainsi. C'est bien une paille, en effet, je l'ai reconnue ensuite ; elle était agitée par le vent. Le premier temps a bien été, dans ce cas, la reformation immédiate de l'idée qui s'est présentée à mon esprit pour me laisser percevoir intellectuellement l'objet extérieur. On peut affirmer même que presque toujours le raisonnement perceptif se pose ainsi ; il s'amorce le plus souvent du premier coup. Le lecteur s'apercevra que c'est la forme même de l'attention spontanée. — Nous venons de prétendre que lorsqu'il se pose en deux temps, le résultat du premier, phénomène sensitif de satisfaction, est de créer le second, phénomène de gêne, de non-reconnaissance, représenté par l'éréthisme de reformation et sans lequel le raisonnement n'aurait pas été amorcé. Mais, d'autre part, nous savons par de très nombreux exemples que l'éréthisme de reformation est cause de plaisir histologique. Il y a là, semble-t-il, une inconséquence irréductible.

L'éréthisme de reformation est en effet cause de plaisir histologique, mais seulement quand l'intelligence n'en veut faire aucun usage pratique ; si peu que le phénomène se prolonge il y aura gêne, comme nous avons eu déjà l'occasion de le remarquer (§ 14) à propos de la « surprise » élémentaire de la pensée. — L'intelligence qui perçoit un objet extérieur, et qui pour cela est obligée d'employer un groupe déjà formé, entre dans un état d'activité ; nous savons qu'il est agréable si la perception est exacte, si l'objet correspond bien à l'idée par laquelle il est perçu, en un mot s'il est reconnu. Si la correspondance est établie dans des conditions telles que l'objet ne sera qu'à demi reconnu, il y a éréthisme de reformation, état en lui-même agréable, car il s'agit encore d'une activité sollicitée et produite par un minimum d'effort. Et même, comme le travail matériel qui s'opère alors est plus considérable que dans le phénomène de reconnaissance pure et simple, puisqu'une partie des voies d'association joue dans ce cas pour la première fois, le sentiment d'activité sera encore plus intense.

Cependant si l'intelligence, au lieu de jouir du fait lui-même, cherche à utiliser pratiquement ce fait, la gêne sera perçue, car les éléments qui servent à me représenter l'objet extérieur ne sont plus en concordance avec l'effet que, dans ce cas, j'en attends ; il y a vision intellectuelle confuse. On peut bien dire que présentement la perception intellectuelle se fait par une idée qui ne l'emboîte pas entièrement ; cette idée n'est pas accommodée pour l'objet, de sorte que la pensée voulant en faire usage, en éprouve gêne.

Ainsi s'explique le passage du premier au second temps du raisonnement perceptif, en présence d'un fait extérieur nouveau, le passage d'un état de satisfaction à un état de gêne ; la résolution de cette gêne en un nouvel état agréable est l'acte accompli par le troisième temps.

Afin de pouvoir discuter utilement, rendons les choses visibles par un schéma. — Je suppose que l'objet x a été perçu par l'idée dont les éléments en concomitance forment le groupe de spécificité composite $a\ f\ g\ d\ e\ r$. L'idée m a cru reconnaître l'objet x, mais en réalité il y a eu fausse reconnaissance, car les éléments de l'objet x

appellent un groupe dont la spécificité composite est *a p g d s r*. Par les éléments *p s* de l'un, *f a* de l'autre les deux groupes diffèrent. L'état affectif mental de reconnaissance s'est modifié entièrement ; il y a maintenant gêne à considérer le second groupe par le premier puisqu'ils ne sont point semblables. Quelle sera l'issue de l'opération ? Le nouveau groupe créé par l'objet *x* est-il réellement nouveau, diffère-t-il de tous les autres ? C'est encore l'état affectif mental qui doit en rendre compte.

Ce nouveau groupe tendra à provoquer ses analogues ; il paraît bien extraordinaire qu'il puisse s'en présenter d'autres, tout naturellement, sans l'aide d'un raisonnement, puisque l'objet auquel il correspond a été perçu par son plus analogue, le groupe *a f g d e r*; mais l'objet extérieur a pu être mal perçu, puisqu'il y a eu fausse reconnaissance. C'est ce qui m'est arrivé quand j'ai vu l'objet *paille*. Si le nouveau groupe ne trouvait pas d'analogue assez strict pour faire cesser l'état affectif du non-reconnu, la nécessité de l'existence à part de ce groupe imposé par ce fait, serait légitimée par la représentation des contrastes, dont l'effet serait de justifier l'impression du non-reconnu et dès lors de faire disparaître la gêne qu'il provoque. Sur la provocation des contrastes par un groupe exalté, nous avons suffisamment insisté pour ne pas avoir à y revenir (§ 7); quant à leur entrée en représentation, elle s'explique comme précédemment. L'idée nouvelle ainsi établie et justifiée en tant que nouvelle, demeurera toujours sous le contrôle de ce que nous montrerons plus loin sous le nom de critérium physiologique du vrai.

§ 56. *Le raisonnement et la raison*. — « Le raisonnement, dit la logique classique, est une *opération discursive*, tandis que la raison est *intuitive*. » Il est évident qu'en pratique la raison ne se distingue pas du raisonnement. Nous ne pouvons en faire la « faculté des principes » siégeant au sommet de l'intelligence, rendant ses arrêts du haut de son trône, sans se mêler à ce qui se passe au-dessous d'elle. La raison est l'accord des nécessités constitutives de l'intelligence avec les nécessités constitutives du monde extérieur, l'accord des lois internes avec les lois externes. Dans le raisonnement qui est discursif et se décompose en plusieurs temps, le passage d'un temps à l'autre, le changement de direction dans le moment où il se produit, est œuvre intuitive, une sorte de divination de ce qui pourrait convenir pour modifier ce qui ne convient plus, comme une sorte de connaissance immédiate de la résolution possible. Ce serait un prodige du « principe intellectuel » dirigeant l'intelligence, planant au-dessus d'elle; mais ce qui nous paraît au-dessus intervient au-dessous, à la base; le moment où « l'intuition » intervient n'est autre chose que celui où se produit le changement de l'état sensible sollicité par l'état précédent; si la question n'en devient pas plus claire, elle est au moins posée sur un terrain abordable.

La théorie de l'éréthisme idéatif nous a permis de surprendre les états sensitifs dépendant du travail histologique qui s'effectue entre les éléments des idées pendant que s'opère le progrès en différenciation de l'intelligence. Les gradations que suit ce progrès en s'accomplissant sont infinitésimales; c'est bien ce que nous représentent les liens d'analogie du moins au plus et du plus au moins entre groupes de spécificité composite. Les notions de ressemblance et de différence ne sont pas susceptibles de servir avec assez de souplesse cette conception sans laquelle il est impossible de saisir le progrès d'une matière qui ne permet pas les sautes brusques et procède par changement de nuances. Mais la notion d'analogie offre l'avantage d'incorporer en elle les deux autres, puisque les ressemblances et les différences sont le résultat du plus ou du moins analogue ; elle en compose, décompose et recompose perpétuellement les effets apparents ; et ce qui fait que nous les apercevons, ce sont les états sensibles que l'analogie produit suivant qu'elle évolue du plus au moins ou du moins au plus. Celle-ci est le fonds du raisonnement. Ce n'est pas une entité, un produit de l'esprit, une apparence seconde comme précisément la ressemblance et la différence ; lorsqu'on la considère, ainsi que nous le faisons en ce moment, comme manifestation de l'activité mentale, sa réalité, répétons-le, consiste dans les affinités de la spécificité composite.

Par elle, nous venons de voir comment le raisonnement perceptif opérant sur un fait nouveau trouve sa conclusion. L'état de perturbation engendré par l'introduction brusque d'un fait nouveau dans un milieu comme la matière pensante qui ne supporte pas les changements brusques, se calme peu à peu après la suite de réactions que nous avons examinés dans le précédent paragraphe. L'introduction a été faite par surprise, ou fausse reconnaissance, et sans que l'esprit ait à se dédoubler pour juger et raisonner ses opérations, la perturbation se résout avec profit. C'est ainsi que, à l'époque où l'individu est encore incapable de dédoublement mental, l'intelligence emmagasine, distingue, classe et idéifie l'apport de l'extérieur. Plus tard le dédoublement intervient avec le raisonnement proprement dit lorsque l'objet considéré est très complexe et d'apparence changeante, ou lorsqu'il est inaccessible à l'expérience. C'est pour suppléer à l'indigence ou l'impossibilité de l'expérience qu'on a organisé des expériences factices avec les différentes méthodes de concordance, de différences et de variations concomitantes ; leurs résultats seront toujours interprétés par le mécanisme sensitif que nous avons décrit et qui représente la raison.

On distingue trois sortes de raisonnement, nous apprend encore la logique classique : la déduction, l'induction et l'analogie, forme particulière de l'induction. Or, l'analogie n'appartient pas plus à l'induction qu'à la déduction, mais également aux deux. Avertis comme nous le sommes sur le sens précis de ce terme, cela ne doit pas nous surprendre. L'intelligence ne peut progresser qu'en avançant en différenciation. Par là, un groupe d'éléments qui aurait pu répondre à un grand nombre de phénomènes, en se différenciant ne répondra plus qu'à un nombre restreint, et de plus en plus restreint à mesure qu'il se différenciera davantage. Il semble donc qu'en se différenciant, il devient de moins en moins analogue au sens absolu du mot; c'est comme si de l'analogue, l'esprit progressait vers l'inanalogue, et cela explique que nous perdions toute trace d'analogie avec les idées produites par un long travail de différenciation. Mais ce travail s'est toujours opéré par l'analogie, c'est-à-dire par des rapports de la spécificité composite. L'analogie est donc la méthode naturelle du progrès ; la déduction et l'induction n'en sont que des applications modifiées, comme on va le voir.

§57. *Les variétés du raisonnement*. — Les observations qu'a faites Taine sur l'acquisition du langage chez les enfants illustrent parfaitement l'emploi de la méthode naturelle de l'analogie dans les premiers progrès. A une petite fille âgée de douze mois, durant une visite chez sa grand'mère, on a montré une copie peinte d'un tableau de Luini où est un petit Jésus tout nu, et en lui montrant le tableau on lui dit : « Voilà le bébé. »

« Depuis huit jours, quand dans une autre chambre, dans un autre appartement on lui dit, en parlant d'elle : « Où est le bébé ? » elle se tourne vers les tableaux, quels qu'ils soient, vers les gravures, quelles qu'elles soient. Bébé signifie donc pour elle quelque chose de général, ce qu'il y a de commun pour elle entre tous les tableaux et gravures de figures et de paysages, c'est-à-dire, si je ne me trompe, *quelque chose de bariolé dans un cadre luisant.* » Un peu plus tard, entre le quinzième et le dix-septième mois, le même mot peu à peu est rapproché pour elle du sens ordinaire. « On lui a montré d'autres enfants en lui disant *bébé* ; on l'a appelée elle-même de ce nom ; à présent elle y répond. De plus, en la tenant devant une glace très basse et en lui montrant son visage réfléchi, on lui a dit : *C'est bébé*. Maintenant, elle va toute seule devant la glace et dit « bébé » en riant quand elle se voit. — Partant de là, elle a étendu le sens du mot, elle appelle *bébés* toutes les figurines, par exemple les statues en plâtre de demi-grandeur qui sont dans l'escalier, les figurines d'hommes et de femmes des petits tableaux et des estampes (1). » Si on observe en elle l'évolution de tout autre mot, on verra toujours semblable procédé : le mot s'applique d'abord à des impressions vaguement semblables et peu à peu ne s'applique plus qu'à un nombre d'impressions plus restreintes et qui répondent plus strictement à l'objet d'abord désigné pour l'emploi du mot proposé. Derrière le mot, on poursuivra l'évolution de l'idée et, traduisant celle-ci par sa réalité histologique après ce que nous avons dit dans le paragraphe précédent, on peut se rendre compte des formations de groupe, que cette évolution entraîne et les états sensitifs servant de guide à cette opération. C'est, en somme,

---

(1) H. Taine, *ouv. cité*, t. I, p. 360 et suiv.

une application constante du raisonnement perceptif avec l'emploi indifférent et confondu de ce qu'on appelle plus tard l'induction et la déduction.

C'est par induction que l'enfant procède lorsqu'il passe d'un objet simple à un objet complexe en le voyant par la même idée, et c'est en même temps une déduction, car il passe ainsi du général au particulier, l'idée simple étant pour lui plus vaste, offrant une chance de fusion plus considérable avec les autres idées que l'idée complexe. En effet, histologiquement le groupe $a\,b$ est plus simple que le groupe $a\,b\,r\,d\,f$, mais considéré sous le rapport des connexions futures possibles, $a\,b$ peut entrer dans un nombre plus considérable de connexions que le groupe $a\,b\,r\,d\,f$. Cette confusion des deux procédés était inévitable, car les possibilités de raisonner par déduction et d'induction doivent être déjà en principe dans les premiers raisonnements de l'enfant ; les procédés artificiels de la déduction et de l'induction en forme ne se dédoubleront que plus tard ; et la meilleure preuve à donner de leurs étroits liens primitifs est que les résultats de l'induction demandent après coup à être justifiés par la déduction.

On utilise, en Extrême-Orient, contre la lèpre et les diverses affections de la peau, la carapace écailleuse du pangolin ou la peau bigarrée du serpent ; le gui qui vit aux dépens de l'arbre comme le fœtus aux dépens de la mère se donne pour prévenir ou guérir toutes les maladies de la grossesse ; la peau résistante du *Panax Gin Seng* jouit d'une grande renommée comme aphrodisiaque parce que sa forme bifide rappelle la partie inférieure du corps humain (1). En Provence, les agates coloriées ou marbrés de blanc et de forme globulaire étaient

---

(1) SIMOND, Notes d'histoire naturelle et médicale, in *Archives de médecine navale*, août 1893.

portées par les nourrices pour maintenir ou rétablir la sécrétion du lait (1). Paracelse, ce génie à qui nous sommes redevables des bases de notre thérapeutique moderne, emploie souvent des raisonnements d'une logique semblable. On reconnaît en eux le type du raisonnement de l'enfant et de l'homme primitif; ont-ils été opérés par déduction ou par induction? Il serait aisé de montrer qu'ils peuvent être le résultat de l'une ou de l'autre, et il n'échappe à personne qu'ils ont été conclus par analogie, qui dans ces cas est apparente, même dans le sens le plus banal qu'on lui confère habituellement. Elle est toujours pour nous l'envers conscient d'un travail de connexion entre groupes d'éléments de spécificité composite; nous voyons de plus qu'elle se révèle aussi comme détentrice des possibilités d'induction et de déduction.

Le lecteur nous saura gré de lui épargner un long exposé de cette partie de la logique ayant rapport aux méthodes du raisonnement et qu'il a dû lire ailleurs quantité de fois; nous en rappelons seulement en quelques lignes, d'après Taine, l'essentiel. — L'induction est le type des raisonnements nécessaires à la connaissance des choses réelles, et les méthodes employées pour la vérification sont celles des concordances, des différences et des variations concomitantes. Toutes ces méthodes ont recours au même artifice, qui est l'élimination ou exclusion des caractères qui n'ont point la condition cherchée. Pour un objet qui par nature, comme telles lois de l'astronomie, se refuse à toute élimination ou décomposition, on aura recours à la déduction. Ce second type de raisonnement concerne les choses non réelles mais possibles, tels les objets de l'arithmétique,

---

(1) L. Aubert et J. Bourrilly, *Objets et rites talismaniques en Provence*. Valence, 1907.

géométrie, mécanique pure et, en général, toutes les sciences déductives.

Ainsi nous sommes avertis : la différence entre l'induction et la déduction est conditionnée par la différence des objets auxquels le raisonnement s'applique ; les uns consistent dans les choses réelles, les autres dans les choses possibles. — Avant tout, il faut remarquer le conventionnel qui entre dans cette distinction. Le travail histologique, qui conditionne en dernier lieu l'exercice de la pensée, ignore la distinction des objets en réels ou possibles. Les opérations de l'induction et de la déduction offrent-elles pour le travail de la pensée des différences essentielles ? Nous avons vu que non : il convient d'insister. — L'une et l'autre consistent à franchir l'expérience sensible. C'est ce que nous aide à comprendre la théorie de l'éréthisme idéatif, car précisément les modes de rencontres intercellulaires, dites d'exaltation, de coïncidence et de reformation, nous représentent un travail interne qui échappe en partie à l'action du dehors, de ce que le commun appelle le sensible ; inutile de dire que les réactions internes sont toujours soumises à la sensibilité mentale (1).

Le point de départ de la déduction et le terme extrême de l'induction doivent être des idées telles qu'on les puisse tenir pour adéquates à leur objet. L'idée de mammifère sera adéquate à son objet quand nous aurons pu en obtenir la définition exacte; la logique appelle induction la suite de jugements qui nous auront permis d'arriver à l'établissement d'une telle idée. Les propositions sur lesquelles sont fondées les sciences déduc-

(1) Les propositions fondamentales des sciences déductives sont en dehors de l'expérience sensible, mais leurs conséquences l'y ramènent et c'est ainsi qu'elles appartiennent au sensible.

tives sont encore d'analogie adéquate à leur objet ; ainsi : « d'un point on ne peut abaisser qu'une perpendiculaire à une droite », « si à deux grandeurs égales on ajoute deux grandeurs égales, leur somme sont encore égales », etc. Le fond du raisonnement déductif est le même que celui du raisonnement inductif, bien que l'un paraisse par rapport à l'autre de progrès inverse. « Je comprends la vérité de cette proposition $4 + 3 = 5 + 2$; en substituant à chacun des termes les unités dont ils se composent, j'obtiens la proposition suivante : $4 + 3$ est à $5 + 2$ ce que IIII, III est à II, III, II. » Le rapport qui unit les termes du second jugement étant un rapport d'identité, l'assimilation des deux rapports entraîne l'identité des termes du premier jugement ; il est ainsi justifié, vérifié. L'analogie impliquant l'identification intégrale des jugements, apparaît ici comme démonstrative. Et il en est ainsi de toute espèce de raisonnement. Un raisonnement est légitime lorsqu'une ou plusieurs substitutions de termes permettent d'identifier le rapport affirmé dans un jugement donné avec un rapport qui est évidemment vrai, ou du moins qui est admis comme tel. Ainsi « Socrate est mortel, » car « Socrate » étant un individu de la collection générale « homme », « mortel » une qualité de l'ensemble abstrait « homme », on peut poser la proposition : « mortel est à Socrate ce que homme est aux hommes ». La vérité de la conclusion est fondée sur le rapport impliqué dans le concept « homme », rapport implicite qui, par l'identité des mots, apparaît comme évident. Encore ici le raisonnement est un cas singulier de l'analogie, le cas de l'analogie intégrale (ce que nous appelons l'analogie adéquate). Il n'y a donc pas de différence essentielle entre l'imagination qui invente et le raisonnement qui démontre. Cette conclusion est décisive, car elle atteste l'unité de l'esprit humain, unité fondamentale, puisque l'esprit est puissance d'unification, se développant par le procédé préliminaire de l'analyse et par le procédé constitutif de la synthèse (1). » Par là encore se justifie notre théorie de l'analogie considérée comme détenant la possibilité de l'intelligence (2).

L'induction et la déduction sont des procédés de la logique formelle et qui ne nous apportent, comme on l'a dit maintes fois, aucune connaissance nouvelle; elles travaillent sur l'acquis. Le seul moyen d'acquisition nous est donné par le type du raisonnement perceptif, lequel appartient en propre à la logique naturelle et primitive de la mentalité.

Contrairement à ce qui doit être avec les raisonnements déductifs et inductifs, la cause occasionnelle, l'amorce du raisonnement perceptif, est l'erreur, ou, si l'on préfère, l'analogie inadéquate. Cela est facile à comprendre : ce qui est nouveau, ce qui n'a pas encore été reçu par le système de nos idées, ce qui est encore en dehors de la masse pensante, en diffère ou bien y serait déjà, et, dans ce cas, nous n'aurions aucune opération nouvelle à effectuer pour l'y intégrer, nous n'aurions qu'à le

---

(1) Léon Brunschvicg, *ouv. cité*, pp. 29-30.
(2) Dans le chapitre VIII, de *l'Analogie réelle ou transcendante*, M. de Roberty, dans sa *Sociologie*, s'est appliqué à nous mettre en garde contre l'emploi illégitime que l'on pourrait faire de l'analogie considérée comme méthode de raisonnement. Ses objections nous paraissent fort justes. Pour éviter tout malentendu, il est bon de dire ici qu'elles ne peuvent s'appliquer à notre conception, car nous ne considérons pas l'analogie comme méthode de raisonnement, mais comme la possibilité de ce qui nous permet de raisonner. Remontant en deçà de ce qu'on pourrait appeler les opérations factices et secondaires de l'intelligence, nous cherchons à nous rendre compte des possibilités primitives et essentielles de l'intelligence, le moment où l'opération intellectuelle peut être encore aperçue comme fonction physiologique.

reconnaître. L'introduction d'un fait nouveau dans l'idéation est cause d'une erreur momentanée; nous avons constaté que cette introduction s'opère par surprise, fausse ou demi-reconnaissance, créant la *reformation* de l'idée par laquelle nous avons perçu le fait nouveau, il s'en suit un état de plaisir passager quelquefois perceptible, mais pouvant dégénérer bientôt en un état de gêne ; nous savons aussi comment ce dernier état se résout. La justesse de l'idée nouvellement acquise reste vérifiable par les procédés de la logique formelle. Mais ces procédés doivent aussi s'appuyer sur des états sensitifs; leur contrôle n'est donc encore que relatif. Le critérium du vrai doit être physiologiquement commun dans son processus à tous les raisonnements, de quelque nature qu'ils soient : perceptifs ou primitifs et naturels, de logique proprement dite, secondaire ou factice.

§ 58. *Critérium physiologique du vrai.* — Si la division des idées en réelles et possibles n'intéresse pas le travail histologique de la mentalité, puisque toute idée est à la fois réelle et possible par le fait qu'elle est enregistrée dans la masse pensante, en un mot, qu'elle existe en nous, on pourrait, pour la clarté de la démonstration que nous tentons, diviser les idées d'une part en possibles et d'autre part en momentanément possibles et bientôt impossibles. Ainsi l'idée que j'ai d'un brin de paille animé d'un mouvement propre ou d'un vermisseau qui se déplace sur l'eau sans mouvement est une idée impossible ou fausse, elle engendrera une gêne qui est l'amorce d'un raisonnement vérificateur. Dans ce sens restreint et tout spécial donné aux termes *possible* et *impossible*, on comprend que les sensations normales sont possibles, et que celles anormales ne le sont pas. C'est pourquoi l'aberration sensorielle dans le jeune âge a pour conséquence de rendre l'édification normale de l'intelligence impossible, d'où la folie (*folie sensorielle* (Voisin). Une sensation peut être jugée normale lorsqu'elle est apte à entrer, sans causer de gêne, dans tous les systèmes susceptibles de l'employer; normale, elle est, disions-nous, d'analogie adéquate à l'excitant auquel elle correspond, cela, bien entendu, suivant l'apparence, mais l'apparence dernière, donc inaberrable, ce en quoi consiste l'intelligence considérée subjectivement.

Tout le travail d'acquisition, celui du raisonnement perceptif et du raisonnement proprement dit, est exécuté à seule fin d'arriver à constituer des idées, c'est-à-dire des groupes d'éléments de spécificité composite ayant le double caractère de l'élément, étant donc d'analogie adéquate à leur objet et apte à servir toutes les autres idées, susceptibles de les employer ou d'être employées par elles. Une idée qui n'aurait pas ce double caractère serait « impossible »; à partir du moment où l'on aurait constaté son inaptitude à servir les autres idées, l'intelligence serait obligée de la rejeter. Elle aura été possible jusque-là, elle sera impossible à partir de cet instant. C'est le rôle de toutes les hypothèses qui servent un temps pour être remplacées par d'autres mieux adaptées à l'ensemble de connaissances nouvellement acquises.

L'acquisition d'une idée est hypothétique; cela n'implique pas que l'idée s'impose d'abord avec le caractère de doute qui nous fait admettre provisoirement, faute de mieux, une hypothèse scientifique. Si le mécanisme mental pouvait par lui-même douter, si la sensation ne s'affirmait pas comme positivement et réellement d'analogie adéquate au phénomène extérieur auquel elle correspond, l'intelligence ne pourrait se constituer, étant ébranlée dès la base. En disant que l'idée nouvelle est hypothétique, cela signifie que, comme l'hypothèse, elle sert actuellement, elle correspond aux nécessités actuelles de l'idéation ; mais avec le progrès, ces nécessités peuvent changer et amener le rejet de l'idée juste jusque-là. Il est bien évident que si l'idée n'y satisfait pas au moment où elle va être acceptée, elle serait « impossible » et ne s'imposerait pas. Le critérium logique de l'idée consiste donc dans la possibilité que trouve celle-ci d'entrer dans des rapports autres que ceux ayant permis tout d'abord sa formation, et on aperçoit aussitôt que le critérium physiologique, correspondant au criterium logique, est fourni par l'état sensible que la mentalité éprouve quand telle idée contredit ou satisfait l'acquis.

On pourrait nous reprocher, comme on l'a fait pour la théorie dite *idéaliste*, d'imaginer, pour le besoin de la cause et comme une sorte de *deus ex machina*, l'intervention de la sensibilité mentale. Tout jusqu'ici nous prépare à cette conclusion. En suivant les phases qui précèdent la formation de l'idée, le travail histologique des éléments qui entrent en contact direct ou par influence pour contribuer à cette formation, nous n'avons pas manqué de noter les états affectifs qui en résultent pour la masse. Le critérium de la justesse d'une idée nous paraît être dans l'état affectif mental que cette idée engendre en entrant en rapport avec d'autres ; mais le contrôle logique, bien qu'indirect, est forcé lui aussi, n'étant pas en dehors du phénomène de l'idéation, d'emprunter, au fur et à mesure qu'il se développe, son assurance au sentiment affectif mental. Nous avons l'intuition qu'une idée est juste ou fausse par ce sentiment provoqué spontanément et en quelque sorte comme en synthèse ; avec le contrôle logique, nous obtenons la preuve que cette intuition nous a, ou ne nous a pas trompés en provoquant par l'analyse et la réflexion une succession d'états sensitifs mentaux correspondant à la succession des termes évoqués pour obtenir la preuve cherchée.

Il semblerait résulter de cela que plus une idée serait juste, plus elle devrait nous procurer une satisfaction intense immédiatement sentie, et qu'une idée fausse se signalerait aussitôt par une gêne mentale, d'autant plus forte que l'erreur comprise dans cette idée serait grande. S'il en était ainsi nous n'accepterions jamais que des idées justes, rejetant aussitôt celles qui nous paraîtraient fausses. Le critérium physiologique est tout relatif au progrès de l'acquis, une intelligence d'un progrès médiocre se contentera d'idées qui ne seraient pas admissibles pour une intelligence mieux cultivée. La certitude logique s'appuie nécessairement sur le même critérium ; le contrôle du raisonnement en forme est plus sûr que le résultat du raisonnement naturel ou perceptif, parce qu'il permet, la réflexion aidant, d'opposer à l'idée qui cherche à prendre rang dans l'idéation, une suite d'idées déjà contrôlées, avec lesquelles on sent si, oui ou non, elle concorde ; mais le fond de l'opération repose toujours sur l'état affectif mental.

On se souvient peut-être que Spencer fait consister le critérium de la certitude, au sujet d'une proposition quelconque, sur l'inconcevabilité de sa négative. « Si je touche, dit-il, un corps dans l'obscurité et si j'ai immédiatement conscience de quelque étendue acompagnant la résistance, que dois-je faire pour décider si la proposition, « ce qui résiste est étendu », est l'expression de la plus haute certitude ? J'essaye de penser à l'étendue en dehors de la résistance. Je pense à la résistance, en essayant de refouler l'idée de l'étendue. Je suis absolument déçu dans mon attente : je ne puis concevoir la négative de cette proposition : que ce qui résiste est étendu, et mon impuissance à concevoir la négative me montre que toujours avec le sujet (quelque chose de résistant) coexiste invariablement le prédicat (l'étendue) (1). » A cela Stuart Mill répond que des propositions autrefois acceptées pour vraies parce qu'elles résistaient à ce critérium ont pu être depuis reconnues fausses. Spencer ajoute alors que les « propositions acceptées à tort parce qu'elles semblaient résister à l'épreuve étaient des propositions complexes auxquelles ne peut s'appliquer le critérium et qu'aucune erreur résultant de l'application illégitime du critérium ne peut être invoquée contre son application légitime ». Or le critérium fourni par l'état affectif mental est essentiellement pratique et nous sert en toute circonstance ; le fait qu'une proposition acceptée pour vraie sera reconnue plus tard fausse ne peut faire douter de la valeur de ce critérium, qui est constamment relatif à notre acquis.

Tantôt c'est le raisonnement, tantôt c'est l'expérience qui nous oblige à reconnaître fausse une idée que nous avions tenue jusqu'ici pour vraie, mais dans l'un et l'autre cas, c'est toujours en dernier ressort à la gêne mentale que nous nous rapportons. Ayant crue vraie une idée, nous voudrions résister aux preuves désormais évidentes de l'erreur qu'elle contenait, nous pouvons le faire quelque temps, mais à notre insu, les objections rencontrées contre l'idée s'intègrent dans notre acquis, et, bientôt incorporées dans la masse pensante, elles seront à même de provoquer l'état mental de gêne lorsque nous voudrons leur résister encore ; nous ne pourrons plus concevoir leurs négatives, c'est-à-dire retourner à l'erreur faite précédemment. La forme logique du critérium est bien celle que lui

(1) H. Spencer, *ouv. cité*, t. II, p. 425.

donne Spencer, mais elle agit non point parce qu'elle est logique, mais bien par la gêne que nous éprouverions à passer outre.

Il ne semble pas tout d'abord que l'état affectif puisse intervenir dans l'exercice du raisonnement, surtout s'il s'agit d'idées abstraites ; on ne voit pas le rapport que celles-ci pourraient avoir avec l'état sensitif de la mentalité. En fait, il n'apparaît point que dans presque toutes les opérations abstraites de l'esprit, nous nous laissions guider par autre chose que par des preuves purement rationnelles. Si je m'aperçois que la somme des carrés de l'angle droit d'un triangle rectangle n'est pas égale au carré de l'hypothénuse, pour reconnaître que j'ai fait une erreur de calcul ou que le triangle que je croyais rectangle ne l'est pas, je n'ai pas besoin de m'en référer à l'état sensitif mental...! Eh bien, c'est ce qui nous trompe, car il y aurait gêne, pour ceux qui ont acquis des notions de géométrie, à penser que le carré de l'hypothénuse pourrait ne pas être égal à la somme des carrés des autres côtés du triangle rectangle. Mais pareille gêne est, comme telle, infiniment peu sensible, elle n'intéresse qu'un petit nombre d'idées très spéciales et abstraites; elle deviendrait plus forte si nous essayions de résister à son avertissement et de passer outre. Dans ce cas, nous ne la rapporterions pas à une cause matérielle, c'est-à-dire à un travail nerveux pénible ; nous dirions qu'elle provient du heurt des idées, comme si les idées avaient une existence propre et pouvaient lutter les unes contre les autres sans intéresser dans leur antagonisme leur substratum matériel. Bien plus sensible a été la gêne que nous avons éprouvée, étant tout jeune, lorsqu'on nous a dit pour la première fois que la terre est ronde et qu'elle tourne sur elle-même. Cette idée dérangeait toutes nos expériences antérieures. Si la terre était ronde, comment les habitants qui se trouvent aux antipodes pourraient-ils rester attachés à sa surface ? Si elle tournait, pourquoi ne la sentirions-nous pas ? etc. Depuis, les lois de la gravitation, l'expérience du pendule, la variation de l'intensité de la pesanteur sur la surface de la terre, etc., ont été autant de preuves nous confirmant dans la vérité de l'idée qui nous avait choqués tout d'abord ; ces preuves ont été purement rationnelles pour tous ceux d'entre nous qui n'ont pas été amenés à faire les expériences dont elles sont tirées ; bien qu'idées nouvelles pour nous au moment où on nous les a soumises, nous les avons reconnues chacune en particulier pour vraies, parce qu'elles ne dérangeaient pas notre acquis ; elles se sont intégrées en lui sans conflit. — La gêne mentale, parce qu'elle est engendrée souvent par des « pures » idées, parce qu'elle est relative à l'acquisition d'un ensemble d'idées, acquisition différente d'individu à individu, de civilisation à civilisation, n'en est pas moins le résultat d'accident de nature nerveuse. Si elle ne s'amplifie pas, elle n'est presque point sensible ; amplifiée, elle n'est pas localisable en tant que sensation. Doit-on pour cela oublier son rôle et son importance dans l'exercice et le progrès de la pensée ?

Jusqu'ici nous avons vu que le développement de l'idéation se formait ou se développait automatiquement par ses propres ressources, qui sont la tendance à l'activité et l'application de celle-ci aux jeux histologiques des groupes de neurones formant les idées. Ces jeux, qui sont réglés par les affinités et répulsions de la spécificité composite, s'accommodent du moins grand effort. Les opérations comme celles qui semblent nécessiter la formation de la pensée, abstraction, déduction, induction, volonté, attention, sont mécanisées par ces jeux ; nous n'avons pas à les faire, elles se font comme sans notre participation. L'expérience journalière nous apprend que s'il en était toujours ainsi le progrès de la pensée ne pourrait être conduit fort loin, car à tout instant la pensée en exercice se heurte à des empêchements; elle éprouve des gênes marquant un arrêt que nous ne pourrions vaincre si nous n'y employions le plus grand effort possible. Le principe du moins grand effort applicable au début de l'intelligence serait-il démenti dans la suite? La pensée se développant n'obéirait-elle pas toujours au même principe? La volonté et l'attention conscientes sont-elles des états différant absolument de ceux par lesquels le progrès de l'intelligence s'effectuait inconsciemment? — Toutes ces questions soulignent autant de contradictions; il nous faut montrer que celles-ci ne sont qu'apparentes.

III. — L'autonomie intellectuelle.

§ 59. *Le dynamisme de l'attention*. — En somme, une idée jusqu'alors tenue pour vraie, devient fausse ou paraît telle lorsque, sous l'effet des circonstances qui la modifient, elle ne peut plus convenir au progrès ou à l'exercice de l'idéation. Cette formule est large; elle comprend une infinité de cas, depuis le travail que la pensée opère sur les idées abstraites jusqu'à celui qu'elle exécute automatiquement par le concours d'idées inconscientes. Lorsque je vais ouvrir la porte de ma chambre et que le bouton de la serrure résiste, j'ai inconsciemment l'idée, depuis longtemps acquise, du mouvement nécessaire à l'ouverture de cette porte. Je me heurte à un empêchement; l'idée ne répond plus aux conditions présentes; par rapport aux circonstances et à mon acquis, elle est fausse, pour les mêmes raisons que celles exposées précédemment. Il y a arrêt dans le service que cette idée m'a rendu jusqu'à maintenant, et cet arrêt m'est signalé non seulement par la résistance éprouvée du fait physique, mais, ensuite, pour peu que cette résistance se prolonge, par la gêne idéative. Nous savons tous qu'en pareil cas l'attention consciente peut être éveillée. L'idée qui se fût développée, ou exercée, ou réalisée comme d'elle-même, automatiquement, se trouvant en opposition avec l'événement actuel, il s'en suit que l'ensemble de l'idéation est momentanément mis en éveil. Cela ne signifie pas que le point de départ de l'attention proprement dite ou consciente soit toujours le sentiment d'une erreur, il peut être un fait quelconque dont on cherche à mieux saisir les rapports qui le constituent, et cela parce que nous ne le connaissons qu'incomplètement; mais dans ce cas encore, il existe entre ce fait et notre acquis une certaine opposition.

L'entrée en représentation de la masse pensante est ici exactement comparable à celle d'un groupe d'éléments de spécificité composite provoqué par contraste; les conditions sont les mêmes, mais infiniment plus complexes (§ 7). La masse pensante ne peut certes se représenter tout entière par les myriades de représentations particulières qui la composent, mais elle le fait par sa représentation synthétique, l'idée du moi. C'est ainsi qu'une gêne subite de l'idéation, si elle est intense, a le plus souvent pour premier effet de nous rappeler à l'existence personnelle; nous savons alors que c'est nous qui éprouvons cette gêne.

L'apparition de l'idée du moi est dans cette circonstance un fait de répercussion; l'activité psychique n'a pas à intervenir directement dans le phénomène qui est engagé dans l'activité mentale. Alors même que l'attention porterait sur une idée intéressant le moi, donc étroitement liée au sentiment de la personnalité, ce serait toujours à l'idée en tant qu'idée que s'appliquerait l'effort ; il s'agit là encore d'une opération qui ressort de l'activité mentale et au moment où elle se résout, ce moment exige, si court soit-il, l'évanouissement de l'idée consciente du moi, car notre attention ne saurait se porter utilement à la fois et sur l'idée que nous nous faisons de nous-mêmes et sur celle en cause. L'attention est, comme l'a si justement qualifiée M. Ribot, un état de monoïdéisme.

Ce sont là des vues toutes théoriques ; nous ne sommes pas encore assez avancés pour poser autrement le problème ; mais, en tant que théoriques, elles offrent déjà un terrain suffisant pour la discussion. — L'attention proprement dite, exigeant, disions-nous, l'évanouissement de la conscience du moi, n'en demeure pas moins une opération consciente, éclairée de conscience mentale, mais elle ne demande pas l'intervention effective de l'activité psychique, elle serait donc, ainsi que la volonté proprement dite, un acte de pseudo-suggestion, si paradoxal que cela puisse d'abord paraître.

Entre la suggestion telle qu'elle existe chez l'hypnotisé et la pseudo-suggestion qui suppose l'attention et la volonté, est une différence qu'il importe de bien saisir. L'une et l'autre sont des états monoïdéiques ; mais avec la première, qui est en réalité une succession d'états monoïdéiques, la pensée n'est capable que d'un minimum d'activité. Les idées s'enchaînent, dans ce cas, par association de contiguïté, ce qui marque seulement l'activité passive de la mémoire ou encore par « ressemblance », comme disent les associationnistes, ce qui est le plus faible degré d'affinité entre groupes de spécificité composite voisins, travail insuffisant pour mettre les idées en *reformation*, amorce véritable d'un progrès réel ; très rarement dans le sommeil hypnotique se présentent les « associations par contraste », comme l'a fait remarquer M. Paulhan, travail qui exige, ainsi qu'on l'a vu, un effort supérieur à celui employé par l'association dite par ressemblance ; et, enfin, signe qui ne trompe point pour nous indiquer que dans cet état est seulement engagé un minimum d'activité : le sujet ne s'étonne pas de ce qu'il est appelé à se représenter; il n'a donc pas le sentiment du connu et du non-reconnu, qui est indispensable au progrès, il vit du connu. — Au contraire, dans la pseudo-suggestion telle que nous la rencontrons dans le phénomène de l'attention, l'évanouissement de la conscience du moi n'entraîne pas la diminution de l'activité mentale, dont le travail reste conscient.

Quand l'organe sensoriel répond à l'excitation extérieure on peut dire qu'il est « attentif » à l'excitation ; cet état, génésique de l'attention, n'est autre que le travail d'affinité spécifique entre l'agent extérieur et les éléments internes correspondants. Il y a dans l'exercice de la pensée attention dite spontanée lorsque le travail d'affinité spécifique ne provoque pas aussitôt la résolution du travail engagé; et si l'état de gêne qui en résulte persiste, l'attention devient alors consciente, c'est-à-dire que la conscience porte sur le travail à effectuer. Enfin, pour assurer la persistance de l'état particulier de l'attention, l'attention consciente peut devenir volontaire, son mécanisme participe alors de celui de la volonté ; celle-ci n'intervient ici que pour assurer la possibilité de l'exercice de l'attention, mais reste étrangère au fond même de ce phénomène. Pour l'instant, il nous importe seulement de savoir que l'attention proprement dite, c'est-à-dire consciente, consiste dans un renforcement du mécanisme général servant à la formation et au développement de toute idée. Ce renforcement a un double effet : 1° exalter au profit d'une idée la tendance générale au développement commun à tous les éléments de l'esprit (genèse de la volonté) ; 2° exalter en même temps cette propriété suivant laquelle l'élément nerveux répond à son excitation spécifique (genèse de l'attention).

Le groupe d'éléments qui va devenir objet d'attention consciente excite donc par son opposition à la masse pensante, celle-ci. Avec l'excitation de la masse commence le phénomène d'attention ; il implique une augmentation de potentiel de l'activité mentale. Plus l'idée dont il s'agit est importante, c'est-à-dire plus grand est le nombre d'élément qu'elle emploie, plus la résistance des autres sera grande, plus leur tendance à entrer en représentation sera vive. De ce fait, nous nous rendons bien compte, en sachant que si un groupe d'éléments exalté tend à provoquer l'éveil des groupes qui sont de spécificité la plus voisine de la sienne, il tend aussi à éveiller ceux qui sont de spécificité contraire. Or ici, puisque l'idée, qui se fût développée ou exercée ou réalisée normalement en tout autre circonstance, entre en opposition avec l'acquis, les choses se passent comme si l'ensemble des groupes constituant l'acquis étaient de spécificité contraire ; en effet, l'idée dont nous parlons ne trouve pas d'issues pour se développer et aucune des voies ou aucun des groupes d'éléments composant l'acquis ne peut être utilisé par elle. L'opposition de la masse implique, disions-nous, une augmentation de potentiel ; l'idée du moi peut en être éveillée. Le conflit durera jusqu'au moment où l'idée, cause de l'arrêt, aura trouvé des groupes d'éléments la *reformant* de manière à l'adapter aux nouvelles circonstances qui l'ont fait paraître « fausse » ou « inanalogue » par rapport à l'acquis, ou bien encore la remplaçant par d'autres représentations mieux adaptées aux circonstances. Le fond de l'opération échappe au pouvoir volontaire ; elle se résout par les jeux d'affinité de la spécificité composite, lesquels s'effectuent toujours suivant le moins grand effort. On conçoit que par le fait de l'augmentation de potentiel de la masse pensante, causé par la résistance, ces jeux auront un champ d'opération plus vaste. Par les formes mémorielles d'images, d'idées, de raisonnement enregistrées dans l'acquis et tendant confusément à se représenter, l'idée arrêtée trouvera plus aisément les adjonctions ou connexions de groupes d'éléments utiles à son développement, à son exercice ou à sa réalisation. Si le conflit ne se résout pas, la gêne qui le souligne persistera quelque temps encore pour s'effacer peu à peu ou au contraire s'amplifiera à la longue, prenant le caractère de l'obsession. La résolution serait marquée par la satisfaction mentale, qui n'est certes pas un critérium absolu du vrai, mais qui souligne une part, si réduite soit-elle, du vrai, de l'adaptation exacte d'une idée, celle-ci serait-elle reconnue plus tard comme erronée grâce à de nouvelles circonstances actuellement imprévues. — Telle est, croyons-nous, la nature du renforcement de l'activité mentale, dans lequel consiste l'attention proprement dite, nous réservant de montrer plus tard, avec plus de détails, les possibilités et conditions de ce phénomène.

Ce qui a été dit ici suffit pour permettre d'affirmer que l'attention consciente n'est pas autre chose qu'une phase plus complexe de la formation et du développement de l'idée, phase amplifiée par la réaction de la sensibilité mentale au point de paraître solliciter le plus grand effort de la pensée, tandis qu'elle se résout dans ses détails par le moins grand, se conformant ainsi à la loi commune à tout le développement primaire des éléments intellectuels. — Il en est de même de la volonté.

§ 60. *Le dynamisme de la volition et de la volonté proprement dite*. — A dessein, quand nous avons voulu montrer l'amorce du phénomène d'attention proprement dite, nous avons indiqué deux cas très différents : une idée quelconque en cours de développement arrêtée par son opposition à la masse, son état de non-analogie par rapport à l'acquis, ce que, en logique, on appellerait une idée fausse, et, d'autre part, une idée d'acte à accomplir, celle des mouvements nécessaires et employés habituellement pour ouvrir une porte, arrêtée par une résistance matérielle et de la sorte devenue fausse par rapport à la circonstance présente. Ces deux idées peuvent avoir un même résultat, celui de provoquer l'attention consciente. — Leur différence n'est cependant pas toute dans ce que, pour l'une, l'empêchement est seulement interne et tout d'abord de nature idéative, et pour l'autre, externe et d'ordre physique, mais elle consiste encore en ce que le changement que nécessite la première pour redevenir vraie ou utile peut s'effectuer par le seul mécanisme de l'idéation, tandis que pour que la seconde soit redevenue utile ou vraie, il est nécessaire non seulement qu'elle trouve une résolution idéative, mais il faut encore que celle-ci se réalise en actes et mouvements effectifs. Voulant ouvrir une porte et éprouvant une résistance, il faut, en d'autres termes, non seulement que par l'effet de l'attention je trouve l'idée d'un mouvement autre que celui que j'employais et qui pourrait m'être utile, mais il faut encore que j'exécute cette idée. La volonté ici fait suite à l'attention. L'aboulique veut, mais ne peut exécuter. La volonté consciente ne consiste pas seulement à concevoir un acte réalisable, mais elle implique aussi la réalisation de cet acte. D'une façon générale, elle est la résolution d'une résistance par l'exécution d'actes appropriés. (En particulier pour le maintien de l'attention, elle est l'obtention de mouvements effectifs nécessaires au travail de réflexion que la pensée accomplit consciemment.)

En genèse, ce qui sera la volonté consciente est dans la tendance générale à la réalisation (§§ 48, 50, 51); et cette tendance s'applique également aux activités psychique, mentale et organique. La distinction que nous avons établie entre la volition et le désir (§ 52) tient en ce que le désir s'applique à des idées plus ou moins rattachées au moi et dépend ainsi de l'activité psychique; la volition est cette tendance à la réalisation que nous trouvons à la base de l'activité mentale; mais volition et désir ne deviennent volonté proprement dite, c'est-à-dire consciente et réfléchie, que par un mécanisme mental, étranger au psychisme.

L'attention et la volonté conscientes demandent toutes deux, pour s'effectuer, les mêmes conditions de renforcement, produites comme on l'a vu plus haut (1); mais pour la première le jeu des éléments idéatifs peut suffire à produire la résolution de la gêne mentale provocatrice du renforcement; pour la seconde, la résolution demande la production effective d'actes, c'est-à-dire la réalisation

(1) On pourrait objecter que le renforcement n'est pas toujours nécessairement produit par le gêne mentale; je puis vouloir être attentif à telle idée, vouloir exécuter tel acte sans y être amené par un sentiment de difficulté ou d'impossibilité qu'éprouve ma pensée. Ainsi je veux prendre dans la main un coupe-papier qui se trouve sur ma table; mais si la réalisation tarde tant soit peu à suivre la conception, la gêne viendra aussitôt créer le renforcement et solliciter ainsi la réalisation de l'acte conçu. Cet exemple est un cas factice imaginé pour le besoin de la démonstration. En réalité, la volonté et l'attention conscientes n'interviennent que lorsqu'il s'agit de vaincre un empêchement d'origine externe ou interne; elles n'ont pas d'autre raison d'être.

complète des images motrices impliquées dans l'acte voulu. Toutes deux également demandent, pour s'effectuer, l'évanouissement, si court soit-il, de la conscience du moi. Si cela n'apparaît pas clairement dans l'exercice courant de l'idéation, on en aura la preuve manifeste avec des idées importantes. Nous ne pourrions en effet penser utilement à deux choses à la fois, à l'idée qui nous occupe et à celle de notre personnalité. Comme nous espérons le montrer dans la suite, ce n'est pas l'idée du moi qui seule disparaît momentanément, mais bien l'activité psychique pour laisser opérer celle mentale. On verra aussi que la conscience psychique ne peut entièrement s'évanouir, mais qu'elle est seulement remplacée par la conscience mentale au moment précis où la réalisation, qui demandait l'intervention de la volonté ou de l'attention, s'opère. Réservant le terme d'auto-suggestion pour les manifestations du désir, nous répéterons que la volonté et l'attention proprement dites sont des phénomènes de pseudo-suggestion pour la précédente raison. — Dans la suggestion complète obtenue dans le sommeil hypnotique, le sujet réalise toutes les images sensorielles, sensitives et musculaires, qu'on lui suggère. On lui montre des taches sur une tapisserie en lui disant que ce sont des oiseaux, et il voit des oiseaux; on lui donne à boire de l'eau, et quand il a bu, on lui dit qu'il vient de prendre un émétique, et il ne tarde pas à subir l'effet d'un émétique véritable. A l'état de veille, il est une seule catégorie d'images sur lesquelles un sujet normal conserve un pouvoir entier de réalisation : ce sont les images motrices. Rares sont les personnes pouvant objectiver des images sensorielles au point d'en obtenir l'hallucination et de les objectiver comme dans l'état hypnotique, tandis que nous sommes tous capables de réaliser des images de mouvements au point de rendre ces mouvements effectifs. Si nous ne réalisons pas toutes les idées d'actes que nous pensons, même les jugeant utiles, c'est à cause de l'inhibition que d'autres idées exercent consciemment ou non sur celles-là. Si nous les pensions avec une intensité suffisante pour leur assurer prédominance, nous les réaliserions, fait qui dépend intimement de l'activité mentale.

Le peu de développement que nous donnons ici à ces questions, pourtant si importantes, tient, comme nous en avons averti tantôt le lecteur, à ce que nous n'avons encore recueilli qu'un nombre insuffisant de notions. On y reviendra plus tard. Nous n'avons voulu, pour le moment, qu'indiquer la part que prend, dans le mécanisme de l'attention et de la volonté conscientes, la sensibilité mentale, incitatrice du renforcement nécessaire à la production de ces deux phénomènes.

§ 61. *Conclusion générale*. — Nous avons supposé, au début de ce livre, que l'activité intellectuelle est composée de trois activités fonctionnellement dissociées, les activités organique, mentale et psychique. Les dissociations fonctionnelles sont en réalité encore plus nombreuses ; on pourrait dire que chaque organe sensoriel ou autre, assuré dans son exercice d'une certaine autonomie à l'égard du fonctionnement de l'ensemble, en représente une. C'est le principe même de la division du travail organique que personne ne saurait contester. Or, tous les organes, comme autant d'agents inférieurs, bien qu'ils soient, dans leur exercice propre, relativement autonomes et qu'ils soient solidaires à l'égard de l'ensemble, ne rendent pas compte de leurs travaux à un même chef ; ils se centralisent en des lieux différents ; ils ne concourent pas aux mêmes exercices fonctionnels de l'activité intellectuelle. C'est sur l'autonomie relative de ces derniers qu'a été établie notre triple distinction.

Montrer en quoi cette hypothèse peut s'accorder avec celles des distinctions des centres nerveux supérieurs est une tâche dont nous ne devrons nous occuper qu'en dernier lieu. Il eût été difficile de faire autrement. Le lecteur a dû s'apercevoir que si, autant qu'il est possible, nous nous efforçons de recourir aux données de la psychologie expérimentale, une grande partie de nos affirmations restent de pures théories. Ce n'est qu'après avoir développé celles-ci pour chacune des trois activités supposées de l'intelligence, et avoir montré les raisons de leurs distinctions et leurs rapports, qu'on pourra tenter de rapprocher des données de la neurologie ce qu'on aura alors obtenu.

Des trois activités concourant à l'édification de l'intelligence, on vient d'examiner la mentale, celle qui concerne le travail proprement dit de l'idéation depuis la formation de l'idée jusqu'à son expression extérieure, depuis la différenciation d'un groupe d'éléments que suppose cette formation jusqu'aux différenciations très complexes d'idées qui s'effectuent par les diverses formes du raisonnement, depuis l'exercice idéatif élémentaire conforme à la loi du moins grand effort, jusqu'à la possibilité d'employer le plus grand effort possible pour réaliser nos conceptions. — Toutes les représentations que l'on obtient par l'exercice des activités psychique et organique sont autant d'idées qui, semble-t-il, ne dépendent point de l'activité mentale; mais, en tant qu'idées, elles ne sauraient exister sur un autre pied que toutes les autres idées et elles obéissent aux lois de formation, de connexion et de réalisation communes à toutes. Une chose est lorsque l'individu éprouve un sentiment d'orgueil ou de colère, autre chose lorsqu'il en a seulement l'idée.

Sous peine de ne pouvoir distinguer l'acquis de ce qui n'est pas encore intégré dans la masse pensante ou qui ne l'est qu'imparfaitement, il est impossible que le reconnu et le non-reconnu ne soient pas comme tels les effets d'états cénesthésiques spéciaux de la mentalité. Toutes les discussions sur la valeur du critérium du vrai ne pourraient empêcher d'admettre que ce qui paraît vrai, le paraît grâce à un état sensitif mental, critérium actuel et relatif, mais dont la conduite de la pensée ne pourrait se passer. Le progrès mental s'opère par différenciations successives de l'acquis et il est également impossible de ne pas admettre que les travaux divers que ce progrès suppose ne soient pas, pour les éléments, sensitivement différents, que les modes d'adjonction opérés par l'effet du plus d'affinité de la spécificité composite entre les groupes d'éléments (analogie) correspondent aux mêmes états sensitifs que l'effet du moins d'affinité (contraste). Sans cela, comment éprouverions-nous les sentiments de ressemblance et de différence? Le terme même de sentiment, que le langage courant emploie ici pour exprimer ce que la pensée ressent lorsqu'elle constate une ressemblance entre deux idées, une différence entre deux autres, suppose qu'il s'agit d'une opération de l'esprit qui, à l'origine, avant l'intervention du raisonnement, est mécanisée par les états affectifs de la mentalité. Ces états comme tels sont inconscients; ils ne se traduisent que par leurs effets idéaux. D'une façon générale, on a voulu ici indiquer les conditions probables de ces effets. Dans quelle mesure y avons-nous réussi? nous ne pourrions le juger nous-même; nous croyons seulement pouvoir affirmer que si, dans l'analyse des opérations mentales, on ne remonte pas aux états affectifs conditionnant ces opérations, on n'en donnera qu'une explication plus ou moins superficielle, pour si subtile qu'elle soit.

On a défini le plaisir un sentiment d'activité locale tendant à devenir général. La douleur a la même tendance, à s'amplifier et cela d'une façon bien plus intense. Une douleur qui à l'origine semble n'intéresser qu'une partie d'un membre se propage à tout le plexus innervant ce membre ; si elle est assez forte, elle gagne les plexus voisins et bientôt elle affecte tout l'organisme. Pareillement, la gêne mentale, comme le plaisir mental, est amplifiable ; provoquée, elle ne tardera pas, pour peu que la cause en soit importante, à retentir dans toute la masse pensante ; le plus bel exemple est fourni par l'obsession. Ce fait est d'importance capitale pour le progrès de l'idéation, car il a pour résultat de transformer l'activité automatique originaire, s'exerçant suivant le moins grand effort, en activité consciente capable de solliciter le plus grand effort possible pour obtenir la cessation de cette gêne. Avec ce fait, nous assistons à l'avènement de l'attention et de la volonté proprement dites. L'activité psychique peut réclamer ces phénomènes ; nous pouvons désirer la réalisation de telle ou telle idée de vengeance, de colère, d'appropriation ; on verra, dans un prochain travail que du désir intense naît une impression capable de nous faire réaliser spontanément l'idée conçue, à la manière de l'instinct ; mais ce n'est point là acte de volonté proprement dite. Celui-ci, comme l'attention réfléchie, est un fait dont la résolution dépend de l'activité mentale.

Il peut paraître fort paradoxal d'oser soutenir que l'activité psychique n'a point le pouvoir de réaliser l'objet du vouloir ou d'exercer l'attention, et la façon très incomplète dont la question a été exposée plus haut est loin de réduire ce paradoxe. Nous avons prié le lecteur de réserver son opinion jusqu'au moment où il nous serait permis d'aborder le problème avec des renseignements suffisants. Si l'activité psychique ne peut intervenir effectivement dans la résolution de la volonté et de l'attention, son domaine n'en reste pas moins encore très vaste. Il serait constitué par les réactions que le sentiment de notre personnalité exerce sur l'apport des activités organique et mentale. Avant de l'aborder, venant d'examiner ce qui constitue l'activité mentale, nous devrons encore rechercher en quoi consiste l'apport du travail organique apte à participer directement à l'édification de l'intelligence. Telle est la matière du livre qui fera suite à celui-ci.

Celui-ci peut être résumé en ces quelques lignes.

Notre point de départ a été la constatation que les images littéraires agissant le mieux sur notre mentalité sont celles conditionnées par une analogie sensible. Nous avons remarqué ensuite que les représentations nouvelles de faits naturels soulignent ou appellent l'analogie entre ce qu'elles nous représentent et les représentations antérieurement acquises qu'elles réveillent. Elles *exaltent* ou *reforment* l'acquis toujours par les analogies entre images; elles excitent par cela même l'activité mentale; nous voyons aussi que deux images analogues se représentant dans le même temps, et qui pour ainsi dire *coïncident*, ont encore le même pouvoir excitateur sur la mentalité. Voilà trois cas généraux qui devaient attirer notre attention.

Suivant une hypothèse fort probante, ramenant les idées à des groupes d'éléments histologiques, et leurs rapports à des rapports entre ces groupes, nous nous apercevons que ces rapports ne peuvent avoir lieu que de trois façons possibles, trois modes qui rappellent les cas précédents, les expliquent et nous permettent de saisir la réalité physiologique du terme vague et abstrait d'analogie, employé faute d'autres, parce qu'il nous révèle l'envers conscient du phénomène ; cette réalité est *l'affinité de la spécificité composite*. Nous avons vu, en effet :

a) Qu'un groupe d'éléments exalté par la durée, l'intensité ou la répétition de sa provocation tend à se décharger dans les groupes de spécificité composite la plus voisine de la sienne, puisqu'avec eux l'effort du transfert sera moins grand, c'est-à-dire dans les groupes analogues, ou bien qu'il tendra à provoquer ceux de spécificité composite la plus lointaine, ses contrastes, toujours suivant le moins grand effort puisqu'il faudrait à ces derniers plus de force pour ne pas se représenter, tandis qu'ils sont d'abord provoqués par leur résistance même pour se représenter (*mode d'exaltation*) ;

b) Que deux groupes étant provoqués à la fois, l'un tend à annihiler l'effet de l'autre à moins que tous deux soient de spécificité composite analogue (*mode de coïncidence*) ;

c) Qu'un groupe de cellules de spécificité composite donnant passage à un courant peut être modifié par lui, reformé dans ses qualités, mais que le phénomène ne se produira que si les qualités idéatives du courant sont analogues à celles du groupe traversé, sans cela le passage n'aurait pas été possible (*mode de reformation*). On a dit également que ces trois modes représentent un travail histologique agréable comme surcroît d'activité sauf quand il cause une tension trop forte des éléments. — Telle est la théorie qui a été exposée ici sous le nom de *théorie de l'éréthisme idéatif*. Une foule de conséquences s'en dégage.

La première et la plus importante est de laisser entrevoir, comme étant fonctionnellement autonome, l'activité par laquelle s'opère la formation et l'exercice de l'idéation. La sensibilité qui préside à la fonction mentale ne saurait être la même que la sensibilité générale car celle-ci, plus intense, recouvrirait, perturberait ou inhiberait constamment le mécanisme histologique délicat du travail idéatif. Comme il est des idées « qui nous touchent » (expression de M. Ribot) à côté d'autres qui laissent notre moi indifférent, on peut supposer qu'à côté de la *fonction mentale* existe une *fonction psychique*. Mais la vie réflexe participe, aussi en tant qu'organisatrice, à la vie intellectuelle ; elle est formée la première ; elle constituerait la *fonction organique* qui deviendrait consciente soit par l'activité mentale, soit par l'activité psychique.

Dans le problème de la formation des idées et de l'exercice du raisonnement tel qu'il a été toujours posé, on ne remonte pas assez haut ; on ne se préoccupe que du jeu apparent des idées et non de celui primitif des éléments. Les cas des associationnistes, appliqués à la formation des idées et à l'exercice du raisonnement n'expliquent rien ; celui de contiguïté, notamment, ne marque pas un travail autre que mémoriel ; c'est pourquoi nous avons osé prétendre qu'à la théorie associationniste on pourrait, avec avantage, substituer celle des modes de l'éréthisme idéatif.

Notre théorie permet de suivre jusqu'à un développement avancé l'application à la vie intellectuelle du principe mondial de l'activité suivant le moins grand effort. C'est ainsi que les notions d'analogie, de spécificité, d'affinité de la spécificité composite, de *mimétisme sensoriel* et d'imitation paraissent comme les divers aspects physiologiques de cette même loi. Ce que nous avons appelé *équation sensorio-motrice* rend compte du passage du mimétisme sensoriel à l'imitation proprement dite avec laquelle on assiste à la transformation de la loi physique du moins grand effort en celle biologique du plus grand effort possible par amplification des états de la sensibilité. La genèse de la volonté et de l'attention est dans ce fait. On a vu comment ces deux phénomènes se réduisent à des états complexes de la formation de l'idée.

Mettant en valeur la part de la sensibilité mentale dans le travail de l'idéation, au lieu de discuter, comme on l'a fait trop longtemps, le problème de la reconnaissance, du sentiment, de la ressemblance et de la différence, de l'impression esthétique, du raisonnement comme s'il s'agissait d'un jeu d'idées pures, nous croyons avoir montré que ce sont là des phénomènes se rattachant à des manifestations de l'état affectif mental.

Enfin si nous parvenions plus tard à démontrer que la théorie de l'éréthisme idéatif est encore apte à rendre compte du passage entre l'état organique et l'état représentatif dans l'émotion proprement dite, elle prendrait une étendue tout à fait générale, la même en somme que celle donnée jadis par l'école anglaise aux principes de l'association. — Quelle est la physiologie de ces principes ? telle est la question à laquelle nous pensons que notre théorie peut en partie répondre.

Un dernier mot sera utile pour faire ressortir l'esprit de ce livre.

Les doctrines *idéalistes* les plus récentes, parties de la psychologie, tendent nettement vers la métaphysique, ce qui est très naturel, mais marque un effort qui, peut-être, paraîtra à beaucoup encore trop prématuré. Les doctrines *matérialistes* ne concernent que la psychologie élémentaire ; elles excellent à montrer ce qui prépare l'avènement de l'intelligence ; au delà, elles ne sont qu'hésitation. Nous vivons encore sur Taine ; on a reproché à celui-ci d'avoir montré seulement « ce par quoi l'homme rentre dans la nature ». C'est bien ce qu'a fait aussi la philosophie *positiviste* ; la classification d'Auguste Comte ne laissant pas d'intermédiaire entre la biologie et la sociologie, en intégrant la psychologie dans la biologie, est cause des objections dont on se souvient.

Et, en fait, que devient actuellement la psychologie, ou plutôt la psycho-physiologie ? Elle reste continuellement dans la période de l'analyse pour l'analyse. La physiologie, en tant que science générale apporte au psychologue des renseignements qui pour la plupart restent en dehors du domaine auquel celui-ci s'intéresse. Il n'en serait pas de même avec la neurologie qui, elle, s'occupe de faits très reculés et de mécanismes fins pouvant servir de supports immédiats aux manifestations de la pensée. On peut facilement prévoir que, tôt ou tard, la psycho-physiologie, évoluera en *psycho-neurologie*. Cette nouvelle étude sera synthétique.

Il paraît étrange tout d'abord de parler de synthèse en psychologie parce qu'on ne peut pas instituer des expériences véritablement synthétiques avec les faits de la pensée. « Reconstituer un tout au moyen de ses éléments », paraît dans ce cas impossible. Mais, c'est bien pourtant ce à quoi tendent les neurologues ; ils cherchent comment les éléments constituent le tout. Sans doute, ils ont commencé par faire des analyses avec leurs méthodes propres, comme le psychologue a été lui aussi analyste et menace de le rester longtemps s'il ne change pas de méthode. Cependant, lorsque le neurologue veut faire la synthèse de ses analyses, et se rendre ainsi compte du fonctionnement de l'ensemble, ses recherches viennent corroborer celles du psychologue.

Le psychologue a vu que les cas d'association n'expliquent rien de ce qui concerne la formation des idées ; ce ne sont pas les idées qui s'associent, ce sont leurs éléments : les neurones. Partant de cette constatation, avec les données de la neurologie, il cherchera comment les éléments peuvent se constituer en idées, et suivant quel principe ; il fera ainsi de la synthèse. De même, s'il sait distinguer dans la pensée, ainsi que les neurologues dans l'activité cérébrale, un jeu de fonctions, il se demandera comment les combinaisons de ces fonctions arrivent à constituer des états de la pensée *qui ne se ramènent plus à des rapports immédiats de la matière cérébrale avec la matière extérieure* ; il sera conduit par là à montrer, en partie du moins, « ce par quoi l'homme se distingue de la nature ».

L'esprit philosophique qui se dégage de cette psychologie n'est ni idéaliste, ni matérialiste, ni positiviste, je l'appellerai volontiers *constructif*.

En somme, la *philosophie constructive* s'appliquerait à intégrer les données de la neurologie et de la physiologie proprement dite dans la psychologie, et à faire mieux valoir l'importance du fait psychique dans la sociologie.

TABLE DES MATIÈRES

Introduction
I. — *La Conscience moderne et la Théorie de l'éréthisme idéatif.*   1
II. — *L'Idée de fonction en Psychologie.*   21

CHAPITRE PREMIER. — L'Éréthisme idéatif.

I. *Provocation artificielle et naturelle de l'activité mentale.* — § 1. L'image littéraire ; condition de son intensité ; son renforcement. — § 2. Renforcement de l'idée dans l'hypnose. — § 3. Parallélisme du renforcement à l'état hypnotique et normal ; effet de l'analogie. — § 4. Cas de provocation naturelle de l'activité mentale : exaltation, coïncidence, reformation des perceptions.   41
II. *Les modes de l'éréthisme idéatif.* — § 5. Valeur apparente de la notion d'analogie. — § 6. Conception histologique de l'acquis ; la spécificité composite. — § 7. Les modes de rencontre entre courants intercellulaires. — § 8. Propriétés des modes de l'éréthisme idéatif   54
III. *Conditions générales de l'avènement de l'idée.* — § 9. Sentiment de l'éréthisme idéatif. — § 10. Schéma de la formation de l'idée. — § 11. L'impression esthétique. — § 12. La sensibilité mentale ; sa dissociation fonctionnelle. — § 13. L'autonomie mentale ; indifférence de l'affectivité histologique à l'égard de la connaissance et des relations de celle-ci avec les sensibilités psychique et organique. — § 14. La « surprise » histologique et le plaisir mental. — § 15. L'aberration mentale. — § 16. Conclusion   75

CHAPITRE II. — L'Équation sensorio-motrice.

I. *Rapports des sensations.* — § 17. L'analogie mentale adéquate. — § 18. Équivalence, suppléance et spécificité des systèmes sensoriels. — § 19. Fonction de l'analogie ; structure et mécanisme assurant la permanence de cette fonction. . . .   105
II. *Le mimétisme sensoriel.* — § 20. Le mimétisme homochromique et l'exercice de la vision. — § 21. Hiérarchie des sensations. — § 22. Le mimétisme central et la sensation . . .   115
III. *Provocation sensorielle du muscle.* — § 23. Le muscle considéré comme appareil sensoriel interne. — § 24. L'équation senso-

rio-motrice. — § 25. L'équation sensorio-motrice avec l'accommodation tactilo-musculaire; extension du terme d'accommodation ; principe de l'imitation. — § 26. Union des sensibilités au tact et musculaire. — § 27. Union des sensibilités visuelle et musculaire. — § 28. Union de la sensibilité auditive et de la sensibilité musculaire représentant le système phonateur. — § 29. Union de deux sensations de spécificité différente. . . . 135

III. *L'exercice mimétique et le progrès de l'intelligence.* — § 30. Paradoxe du rapport entre l'exercice mimétique et le progrès intellectuel. — § 31. Origine mentale de quelques manifestations des activités psychique et organique. — § 32. Conclusion. 156

CHAPITRE III. — La sensibilité mentale.

I. *La sensation mentale.* — § 33. Les phénomènes d'autoscopie et la conscience mentale. — § 34. Le processus mental conscient. — § 35. Variétés des sensations mentales 173

II. *Les sensations mentales idéatives.* — § 36. La satisfaction et la gêne mentales. — § 37. Le sentiment de la ressemblance et de la différence. — § 38. Le phénomène de la reconnaissance. — § 39. Sensations mentales d'orientation 178

III. *Les sensations mentales cogitatives.* — § 40. La réception. — § 41. Les fondements de l'idée et de la pensée. — § 42. La linguistique et la sensibilité mentale 192

IV. *Les sensations mentales de répercussion.* — § 43. Le néologisme verbal et le « néologisme mimique »; le rire ; hypothèse sur son processus d'excitation. — § 44. Excitation « à vide » de la sensibilité mentale; effets de la rime et du rythme prosodique. — § 45. Le plaisir comme sensation mentale de répercussion. — § 46. La gêne comme sensation mentale de répercussion. — § 47. Conclusion. 209

CHAPITRE IV. — Dynamique mentale.

I. *La pensée comme dynamisme.* — § 48. Du besoin que l'idée a de s'exprimer. — § 49. De l'inhibition que la pensée exerce sur elle-même. — § 50. Particularités diverses de la tendance à la réalisation. — § 51. Nature de l'activité mentale. — § 52. Volition et désir. — § 53. Lois du dynamisme mental. 237

II. — *Le Raisonnement et la Logique mentale.* — § 54. De la connexion des idées. — § 55. Le syllogisme et le raisonnement perceptif. — § 56. Le raisonnement et la raison. — § 57. Les variétés du raisonnement. — § 58. Critérium physiologiste du vrai 257

III. *L'autonomie intellectuelle.* — § 59. Le dynamisme de l'attention. — § 60. Le dynamisme de la volition et de la volonté proprement dite. — § 61. Conclusion générale 296

2911. — Tours, Imprimerie E. Arrault et Cⁱᵉ.

www.ingramcontent.com/pod-product-compliance
Lightning Source LLC
Chambersburg PA
CBHW060410170426
43199CB00013B/2077